改訂第2版

E判定からの限界突破勉強法

BREAK THROUGH YOUR LIMITS:
THE ACADEMIC UNDERACHIEVER'S GUIDE TO STUDYING

黒流
監修：南極流宗家
著者：柏村真至　武田康　村田明彦
弓場汐莉　与那嶺隆之

KADOKAWA

キミは、天才になれる

大学入試は、頭の良さを競うものじゃない。根性があるかどうかを試すものだ。根性さえあれば、あとは秘密のスイッチを押すだけで、キミの能力は全開する。

秘密のスイッチとは何か？——自分を〝限界状況〟に追い込むことだ。

〝そこ〟から逃げない。〝そこ〟で言い訳しない。〝そこ〟を乗り越えたとき。

キミの才能は、天から降ってくる。


学校にも父親にも見離された少年は〝限界状況〟を乗り越えて、天才発明家になった。

国を追われたチェリストは〝限界状況〟を乗り越えて、天才芸術家になった。

大学受験に失敗した無国籍の青年は〝限界状況〟を乗り越えて、天才科学者になった。


もしも、キミが夢を持って、それを本気で叶えるために行動すれば、逆境《ぎゃっきょう》（＝思うようにならない運命）がやってくるだろう。逆境《ぎゃっきょう》に、努力してうちかてば、さらなる試練《しれん》（＝本気《ほんき》の程度をためされる苦しみ）が襲ってくる。試練《しれん》を乗り越えようとするとき、いよいよ〝限界状況〟がおとずれる。

そのとき、キミの、秘密のスイッチが入る。キミは、天才になれる。

はじめに

「京大めざしてるんですけど、やる気、出ないんです……」

聞けば、教師に、京大をめざせ、と言われて勉強してきたが、苦しくなってくると、勉強から逃げたくなってしまうのだとか。

わたしは答えた。

「やる気が出ない原因は、明らかだ。

それは、京大なんて、〝ちんけなもの〟をゴールにしているからだよ（笑）

べつに京大をディスってるわけじゃない。いい大学さ。

だけど、未来ある若者が、ゴールにすべき対象ではない。
東大、京大であれ、それは、単なる通過点だ。
あこがれ、将来の夢、ゴールとしては、ふさわしくない。
〝ちんけなもの〟に心をあずけたって、誰も、熱くなれないし、やる気なんか出ない。
むしろ、10年後、20年後。いや、それより、もっと先に。
キミが、どれだけ、自己を実現し、輝いているかの方が、
はるかに大事だろ？　そう思わないか？」
彼は、うなずきながら、はっと息を呑んだ。

わたしは、彼に問う。

「キミの、将来の夢は？　何になりたいの？」

彼は、答えた。

「け、建築士です！」

私は、話した。

「そうか、建築士か。ならば、話そう。

大学に入ったら、ぜひ、

毛《も》綱《づな》毅《き》曠《こう》

高崎正治《たかさきまさはる》
西岡常一《にしおかつねかず》
隈研吾《くまけんご》
アントニ・ガウディ

といった、伝説的建築家《レジェンド》の作品を、その眼で実際に見てみるといい。すごいから。

そこから、レジェンドたちの
パッション（熱さ）、センス（感受性）
を感じてみてほしい。
それが、インスパイア（触発）される、ということだ。
その気にさせられること。やるぞぉ！　っていう気に、させられることだよ。

どんな道を歩むにせよ、まずは、ハートからだ。

ハートで、ビビッときて、熱さを感じることが、センスの第一歩だよ。

そこから、五感を、総動員する。

よく見る。ちゃんと聞く。味わう。察知する。肌で感じ取る。覚悟《ハラ》を作ってゆく。

つまり、本気《ほんき》になる、ってことだね。

そうすると、インスピレーション（直感）が得られるようになる。

受験勉強も同じこと。

頭じゃなく、ハートで！　五感で！　ハラで！

頭は、have《ハフ》 to《トゥ》。自己犠牲的。やらなきゃ……っていうマインドだ。

ハートは、want《ウォント》 to《トゥ》。自分を大切にする。ズキュン、されることだ。

心から、やろう！　って気にならなかったら、

センスも、身につかないし、直感も、降りて来ないからね。

かしこい人、すごい人、尊敬できる人から、パッションを感じ取って、

どうやったら、その人みたいになれるかを、一心に、

朝《あさ》な夕《ゆう》な、考えて、学んで、行動し続けたら、

もう、だいぶ、この時点で、インスパイアされているよ。

そうなりゃ、しめたものだ。

あとは、必死のパッチで勉強すれば、あこがれの人の感覚に近づける。

やがて、英語でも、数学でも、なんでも、インスピレーションが働くようになる。

どうすれば、残り、数カ月のあいだで、逆転合格できるのか？　とか。

どういう頭の働かせ方をすれば、合格最低点以上、とれるようになるか？　とか。

英語はどうするか？　数学は？　国語は？　物理は？　化学は？　共通テストは？

そういった、直感、ひらめき、センスの始まりは、誰かにインスパイアされることだ。

ところでね。さっき、レジェンドたちのことを話しただろ。

彼らは、みな、〝知《ち》〟の巨人さ。だから、〝知〟の直感が働く。

その直感は、数学、物理学、化学、生物学、哲学、宗教、歴史、芸術といった、

さまざまな分野の〝知〟が、絡《から》みあって、すべてが、繋《つな》がったときに、閃《ひらめ》く。

これは、なにも、建築に限った話ではなく、どんな分野でも、そうなっているよ。

そもそも、人類は、〝知〟を追い求めて、受けついで伝えて行くことに、命がけだった。

何千年もの間《あいだ》、数多《あまた》の先人たちが、〝知〟をめぐっては、争い、多くの血が流れた。

人は、なぜ、そこまで、やるのか？

そもそも、〝知〟の目的は、なにか？

思うに、それは、やすらぎ、ではないだろうか？

あらゆる学問、信仰、芸術のゴールは、やすらぎ、だろう。

直感《インスピレーション》は、やすらぎの、副産物にすぎない。

人類は、やすらぎを求めて、戦い、争い、そして、彷徨《さまよ》った。

ようやく辿《たど》り着いた安住《あんじゅう》の地《ち》で、父《ちち》と、乳《ちち》（＝母）が、血を繋《つな》いで、治《ち》を整えてきた。

知、血、地、父、乳、治、そして命《いのち》。ぜんぶ〝ち〟だ。

〝ち〟は、人類が、やすらぎに至る道、を示す暗号なのかもしれない。

だとしたら、その道すがらは、絶望と、苦しみ、悲しみ、でいっぱいだろう。

けど、最後まで、あきらめなかった。そのおかげで、今がある。

先人の苦労を思えば、直感《インスピレーション》や、才能を、得る為に、

必死で、努力することは、もちろん、必要だが、

感謝と、敬意を忘れてはならない。それが、礼節ってもんだ。

遠《とお》つ御親《みおや》よ。先人たちよ。ありがとうございます！　と、心で、つぶやく。

〝ち〟かしこみ申《もう》す！　と、心で、唱える。

さて。さて。

今、キミは〝目指すべきゴールは京大じゃない〟ことを知ったね。

ゴールは、もっと、もっと、先にある。

たとえば、

10年後の、キミは？　世界は？　どうなっている、と思う？

20年後は？　どうなっているかな？

キミは、今よりも、賢いかい？　やさしいかい？

世界は、今よりも、あったかい？　やすらぎはある？

大学入試よりも、はるか先の未来に、いったい、何が起きているか。

想像の眼《まなこ》を見開いて、よく、よく、見てみるがいい。

（すぐには、見えないかもしれないが、いつか、必ず、見えてくるよ）

そのとき、初めて、わかることがある。

キミは、ずいぶん、苦しんだ。悲しかった。さみしかった。

けれど。そのぶんだけ、キミは、愛のある、かしこくて、やさしい、大人になれたね。

そんな未来が、きっと、見えてくるはずだよ。

だから、安心しな。

勇気を持って、向き合うんだ。自分の弱さと。それが本当の強さだ。

この際だから、言っとくよ。

学歴の為。親に言われたから。先生に言われたから。だから勉強するのって。

べつにいいよ。けどね。本当のキミ、本来のキミにとって、それは、ふさわしくない。

これこそが、智仁勇兼備《ちじんゆうけんび》、と言ってね。昔から、かっこいい大人の代名詞さ。

ちなみに。かっこいい大人って、完全じゃないよ。むしろ、逆さ。

欠点も、負けも、失敗も、後悔も、あっていい。

そのほうが、キミは、もっと、輝く。

10年後、20年後も、心配いらない。

きっと、キミは正しい道を歩んでいる。

最後に、言いたい。

さあ。若者よ。

どう生きるか。どう勉強するか。

どんな未来が待っているか。

すべては、現在、只今の、キミしだいだ。

おそれるなかれ。遠慮するなかれ。

人の目なんて気にするな。

最期まで、あきらめるな！

思いきって、やれ！」
と、喝《かつ》をいれた。

～この本の読者に贈る～

青年よ。

一生に一度くらい、人生の景色が、ガラッと変わってしまうぐらい、勉強してみないか？

本書には、受験勉強を通して、人生を変える方法が書かれている。

本気のキミに、ぜひ、読んでほしい。

この小さな町から、キミの10年後、20年後の活躍を、心から願っている。

南極老人

著者からのメッセージ

私は、トンデモナイ人物に出会いました。

あれは、そう、忘れもしません。平成15年の3月24日の午後4時のこと。

その2時間後に、私の人生が、ガラガラッと音をたてて変わってしまったのです。

いったい、何があったのか？


当時の私は、京都大学をめざして受験勉強するも、偏差値44しかなく、京大どころか受験した大学にことごとく落ち、すでに浪人が決まっていました。そんなとき、友人から「すごい先生がいる」といううわさを聞き、早速大学受験塾ミスターステップアップを訪ねます。

そして……。

「生まれてこのかた、こんなすごい話は聞いたことがないぞ！」

というぐらいのびっくりする話を塾長の南極老人から聞かされます。

正直、「なんで、この小さな町に、こんなすごい先生がいるんだろう？」と不思議でした。

でも、本当にいたんです。それを実感した日、私はあることに気づいたのです。それは、南極老人と会って以来、私の人生からは一切の不安や迷いが消えてしまったのです。これは本当に驚くべきことです。

そうなると、ものごとは、よいほうによいほうにと進んでいくようで、浪人中の1年間は、モチベーション（やる気）も偏差値も上がりっぱなし。気づけば、どの教科も偏差値80を軽く超えていました。

そして、当たり前のようにして、第1志望の京都大学・文学部をはじめ慶應義塾大学（文）、早稲田大学（一文）、上智大学（文）など、受験したすべての大学に合格しました。

あの日以来、私が南極老人からどんな勉強法を教わってきたのか。南極老人は、今までどういう指導をしてきたのか。その中身については、すでに刊行されている『改訂第2版 E判定からの大逆転勉強法』（KADOKAWA）にすべて書かせていただきました。

しかし実は、どうしても書けなかった内容、というよりは〝これを書いてしまったらヤバイだろう……〟という内容が存在するのです。勉強法として公開するには、少々過激なので、どうしても書けなかった部分です。

私が所属する大学受験塾ミスターステップアップの「スクーリング」や「大逆転の会」では、ときおり話してきましたが、それらの回を増すごとに、「ぜひ続きが聞きたい」、「すべて教えてほしい」という生徒の声が集まりました。

もちろん私も、「こんなすごい話を秘密にしておくのはもったいない。ぜひ、多くの受験生に知ってほしい」という思いが強くなりました。そして南極老人の許可を得て、これまでごく一部の生徒にしか伝えなかった秘密「黒流《こくりゅう》勉強法」を世に出すことを決意しました。

名づけて『限界突破勉強法』です。

幸いにも「黒流勉強法」の文章化には、十数年前に、南極老人から「黒流勉強法」で直接指導を受けて、ある国立大学医学部に、ご本人いわく「奇跡的に」合格された医師・亀井ジュンさんに全面的にご協力いただけました。

人は誰でも、どんな大学にでも合格できる能力を秘めている。

これは、私が塾講師として受験生を指導するうえで信念にしていることです。その能力を発揮できるかどうかは、まず、この本に書かれた衝撃の事実を知り、正しい勉強法を実践し、それを最後まで続けられるかどうかにかかっています。

なぜ、そう断言できるのか？

すべてはこの本を読めば、わかっていただけるはずです。

あなたが本気なら、その本気の程度に応じて、この「黒流勉強法」は、あなたの運命をよい方向に変えるでしょう。大げさに聞こえるかもしれませんが本当です。多くの受験生が運命を変えてきました。そして、私の人生も大きく変わりました。

次は、あなたの番です。この「黒流勉強法」で、あなたの人生は変わります。

著者を代表して　柏村真至

CONTENTS

第1章　限界突破勉強法の威力

第2章　女医・亀井ジュンが語る　限界突破勉強法の奥義

第3章　限界突破の5つの秘訣

第4章　教科別　限界突破勉強法

第1章

限界突破勉強法の威力

伝説の青年があみだした限界を突破できる「黒流《こくりゅう》勉強法」

その昔、1人の〝変わり者〟の青年がいました。彼の愛称は、南極青年。

英語、数学、国語、物理、化学、生物、日本史、世界史、地理、倫理、政経のすべての科目で、全国模試1位を獲得しました。

「黒流勉強法」は、南極老人が、まだ青年（南極青年）だった頃に生み出した勉強法です。

当時、南極青年は、大阪の、とある小さな塾でアルバイトをしていました。

「あの塾には、受験勉強の天才がいるらしい」

「すべての科目で全国1位をとった〝バケモノ〟がいるらしい」

「あの勉強法を使えば、誰でも成績が爆発的に上がるらしい」

とうわさがうわさを呼び、多くの受験生が南極青年のもとをぞろぞろ訪れました。

勉強の相談から人生相談まで、相談者がひっきりなしに列を成していました。

「あと半年で偏差値を20以上、上げる方法を教えてください」

「入試で8割以上とる方法を教えてください」

「最近、彼女にフラれて、勉強が手につきません……」

「人は、なんのために生まれてきたんですか?」

などなど。当時（十数年前）の南極青年を知る人たちは、こう言います。

「あの若さで、どの教科も並の予備校講師をしのぐほどの学力を身につけていたなんて驚異ですが、さらにすごいのは、どんな悩み相談にも的確に答えてくれたことです」（京都大・経済学部合格／M・K君）

「さっきまで、なにも手につかない……と気分がドン底まで落ち込んでいたのが嘘のように、晴れ晴れした気持ちと、やる気でいっぱいになれました」（兵庫医大合格／M・M君）

「私はもともと心配性で、不安ばっかり抱える性格でしたが、勉強をみてもらい、偏差値だけでなく、性格も楽天的で積極的に変われました」（産業医大合格／I・Sさん）

「あの方は魔法使いです。あれよあれよというまに偏差値が52から75まで上がりました」（阪大・医学部合格／A・M君）

「本当にこの人、人間なのかな?と思いました。私にとっては神様のような存在です」（鹿児島大・医学部合格／K・Jさん）

南極青年のウワサは伝説化していました。今から十数年前、のべ数千人の受験生を難関大学に導き、そのノウハウを確立していた、知る人ぞ知る〝合格請負人《うけおいにん》〟だったのです。

その指導内容をわかりやすく説明したのが、『改訂第2版　E判定からの大逆転勉強法』（KADOKAWA）です。この本で解説したのは、東大、京大、阪大をはじめとする難関国公立大、早慶上智、関関同立、明青立法中など、どの大学受験対策にも通用する勉強法です。また、中学入試、高校入試、英検、TOEIC、資格試験、国家試験、医師国試など、大学入試以外のあらゆる試験にも通用します。

実際、南極老人は、青年時代から、大学生やサラリーマンにTOEICのスコアを伸ばす方法を教えたり、医学部6年生や国家試験浪人生に医師国家試験の勉強法を教えたり、行政書士試験、司法試験の勉強法も、片手間《かたてま》で教えていました。

私が浪人生の頃の話ですが、30歳ぐらいの医学部生が南極老人に医師国家試験の勉強を教わっているのを目にしたことがあります。その方に聞いた話によると、

「医師国家試験対策は、電話帳の厚さで10冊分ぐらいの量を勉強しなければならない。自分は大学の工学部を卒業後に医学部に再入学したこともあって、年齢的にも暗記がつらくてつらくて限界だった。そんなとき、南極老人に相談すると、1冊のノートを手渡されてこう言われたんだ。

『このノートを毎日90分間、音読するだけでいいよ』と。

僕は耳を疑って、もう一度聞き返した。『えっ？　たったこれだけで？』と。南極老人は『大

丈夫だよ』と笑顔で答えてくれたんだ。そして、言われたとおりにやってみると、3カ月後、驚くべきことが起きた。なんと、それまでは5割とるのがやっとだった国家試験の問題が、コンスタントに7割以上とれるようになった。そして、医学部内の席次もワーストテン（下位10人）からベストテン（上位10人）にまで上がった」のだと。

そんなすごい勉強法ですから、大学受験においては「半年で偏差値が20上がった」とか、「中卒で京都大学に合格した」というような体験談は、数えきれないぐらいあります。ちゃんと教えられたとおりにやれば、その効果は絶大で、奇跡のような勉強法なのです。

しかし、そんな勉強法を確立していた南極青年も、じつは、ある〝限界〟を感じていました。それは、この勉強法では、能力が全開になる一歩手前で、止まってしまう人も多かったからです。なぜなら、この勉強法では、中途半端に、いいかげんに深く考えずに勉強しても、ある程度の効果が得られてしまうからです（ここが盲点です！）。

受験勉強に対する心構えがしっかり身につく前に「成績が上がる」とか、「偏差値が上がる」、「共通テストで良い点数がとれる」という良い結果が（不幸にして）出てしまうと、その段階で受験勉強自体をナメてしまう人が多いのです。

そうすると、心にスキができて、気がゆるんでしまい、いちばん大事なところ（＝最後まで徹底的にやりぬく精神）がおろそかになってしまいます。最後の最後で足をすくわれて、どんでん返しを食らってしまうのです。

「成績が上がる」とか「偏差値が上がる」とか「手応えを感じる」というのは、たしかに受験生にとってはプラスの要素です。しかし、決して、それらのもたらす満足感に心を奪われてはなりません。

成績も、偏差値も、手応えも、参考（＝手がかり）にすぎず、大学受験のゴールは、あくまでも大学に合格することなのです。

そこを勘違いすると、「クラスで1番になった」「学年で上位になった」「偏差値が急上昇した」「共通テストで9割以上とれた」「苦手科目が得意になった」「勉強が好きになった」にもかかわらず、あと一歩のところで志望大学合格には届かなかった……という残念な結果に終わることになるのです。

南極青年の話によると、こんな受験生が実際にいたそうです。

- 全国模試1位（偏差値90以上）、センター試験で9割以上とったにもかかわらず、福井大学医学部に不合格になってしまったAさん
- 毎年、東大合格者数100人以上の進学校でトップの成績だったにもかかわらず、東大文科Ⅰ類に3年連続して不合格になったB君

・知能指数が210もあり、小学6年で英検1級に合格し、中学1年で大学受験レベルの微分積分ができたにもかかわらず、2浪しても、東大にも早慶にも合格できなかったC君
・京大模試で全国3位になったにもかかわらず、京大法学部に不合格になったD君

たしかに、これらは珍しいケースかもしれませんが、その原因をたどれば、あなたの受験とも、決して無関係ではないことが、わかっていただけると思います。

大学受験でいちばん大事なのは、頭のよさではありません。むしろ、根性です。忍耐です。嫌なことから逃げず、目標を最後まで貫ける意志の力です。

たしかに、さきほどの例にあげたAさんも、B君も、C君も、D君も、頭は非常によいのです。しかし、残念ながら、受験に成功するためのスピリッツ（精神）を身につけていなかったということです。

母なる愛と父なる愛

そもそも勉強法、とは何か？

それは〝勝負に勝つ方法〟です。人生にはさまざまな勝負があります。

試験、スポーツ、恋愛、就職、仕事、結婚、子育て、教育において、「どうすれば、この戦

いに勝てるか?」(どうすれば、よりよい選択ができるか?)が毎日、問われ続けます。よい勉強法は、その問いに対する直感を与えてくれます。見方を変えれば、勉強法とは、

「どうすれば(自分は)成長できるのか」
「どうすれば(自分は)自由になれるのか」
「どうすれば(人から)愛されるのか」
「どうすれば(人を)愛せるのか」

という気づき(直感)を得る方法といえるでしょう。

なぜなら、人が「戦いに勝ちたい」とか「よりよい選択をしたい」と思う裏には、成長したい、自由になりたい、愛されたい、愛したいという人間の根源的な欲求が潜んでいるからです。

つまり、百戦百勝(戦えば必ず勝つこと)の秘訣《ひけつ》は、「この戦いに勝てば、最大の成長、自由、愛が得られる、と確信できるような戦い方をすること」です。

では、最大の成長、自由、愛は、どうすれば得られるでしょう。それにお答えするのが、この本の目的であり、使命です。ぜひ、最後までお読みください。

ここで、いきなり抽象的な話を始めますが、本題に入る前に、今しばらく、お付き合いください。

まず、愛には2種類あります（愛だけではなく、成長も自由も2種類あるのですが、話をわかりやすくするために、ここでは愛を例にあげて説明します）。

その2種類とは、母なる愛と、父なる愛です。

『改訂第第2版 E判定からの大逆転勉強法』で紹介した南極流勉強法を、ひと言でいうと、ソフトラブ（soft love）――母なる愛です。

お母さんの愛情は、あたたかくて、優しくて、ソフトです。子どものペースに合わせて、できるまで待って、待って、見守ります。それと似ていて、ゆっくり、ゆっくり、ちょっとずつ、しかし確実に「勉強脳」を育てていくやり方です。そのときにカギとなるのが、潜在《せんざい》意識という〝もうひとりのあなた〟の存在を自覚し、目覚めさせることです。

人の意識は3層になっています。

「顕在《けんざい》意識」、「潜在意識」、「無意識」です。

人の意識には、オモテとウラがあります。今していることが自分でわかっている顕在意識をオモテだとすると、ウラのほうを潜在意識（＝自覚されないまま潜んでいる意識）といいます（無意識については、のちほどお教えします）。

実は、人のなにげない言い方、好み、損得、勝ち負け、愛憎をウラで支配するのは潜在意識です。人によって違う当たり前の感覚や、得意とか、不得意という感覚の違いも潜在意識が決めています。

顕在意識（オモテ）で、どんなに強がりを言っても、潜在意識（ウラ）でビビッていたら、どんな勝負にも勝てません。それは大学受験でも同じことです。「私は偏差値が高い」「私は進学校出身だ」「私は努力した」といういっけん強そうな顕在意識（オモテ）でさえ、潜在意識（ウラ）には、かないません。潜在意識（ウラ）は、顕在意識（オモテ）よりも、何十倍、いや何百倍も強いのですから。

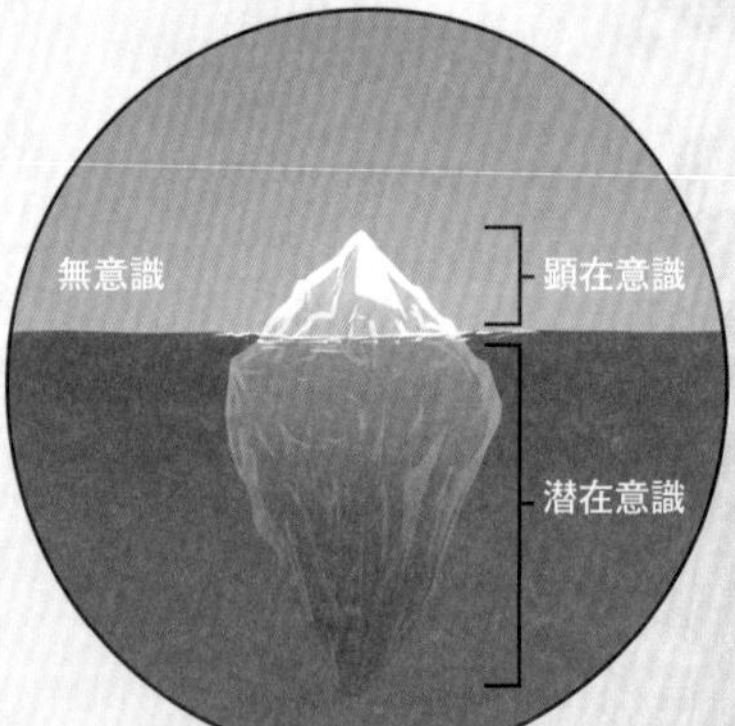

顕在意識・潜在意識・無意識のイメージ図：水面上の氷（顕在意識）、水面下の氷（潜在意識）、その他（無意識）のような関係になっている

南極流勉強法は、この潜在意識に働きかけることでニガテ意識を得意に変えていきます。具体的には、日々、自分が確実にできることを見つけて、「それを今日中にやる！」と宣言して、行動して、完了する良いクセをつけるのです。

これを繰り返すことで、デキる行動、デキる思考、デキる習慣を身につけて、潜在意識レベルでの自信（＝本当の自信）に変えていくのです。

本当の自信ですから、見せかけだけの、いわゆる自意識《じいしき》とは違います。少々のこと（失敗、ショック、挫折《ざせつ》）があっても揺れ動くことのない自信です。なにも特別なことをする必要はありません。「日々できること」を間《かん》なく、断《だん》なく、実践していき、習慣化すればいいのです。

具体的にいうと、効率的な受験勉強とは、むやみに丸暗記するのではなく、入試問題をただ解きまくるのでもありません。

「これならできそうだ」と思える薄っぺらい問題集を5回、6回と繰り返し、2カ月、3カ月の間、ひたすら反復練習するのです。そうやって、入試に出る基礎知識を頭の奥の奥の潜在意識にまで落とし込んでいくのです。と同時に、あなたの表面(オモテ)の意識と、潜在意識との間に「やればできる!」という〝信頼関係〟を育てていくのです。そうすることで、願ったことが叶《かな》いやすくなるのです。

自主性のワナ

南極流勉強法は、自主性を重んじます。反復練習の回数や1日のうちにすべきこと、そして勉強時間はすべて「これだけは必ずやり遂げる(できる)」と本人が判断し、宣言し、実行するのです。ここが肝心なところです。ここを間違えたら、どんなに一生懸命努力しても、思ったほどの成果は得られません。

その理由はこうです。もしも、あなたが無理な宣言をしすぎて、それが実行できなかったという、〝小さな裏切り〟を何度も重ねてしまうと、あなたの表面(オモテ)の顕在意識と、裏(ウラ）の潜在意識との間に「やっぱりダメか……」という冷めきった関係が成立してしまうからです。そうなると、あなたが願ったことが叶《かな》わなくなってしまうのです。これではせっかくの努力も水の泡《あわ》です。

潜在意識を味方にするポイントは、本人の意志で「これなら100％確実にできる」と思える反復回数、1日のうちにすべきこと、勉強時間を設定し、実行し、それを続けるのです。続けて続けて、習慣化するのです。そうすると、当然、人によって反復回数、1日のうちにすべきこと、勉強時間が異なってきます。

大学合格の可能性も、反復回数、1日のうちにすべきこと、勉強時間に、ある程度比例するわけですから、自主性を重んじると、どうしても効果の出方に個人差（＝限界）があります。本人のペースに合わせているだけでは、どうしても合格できない大学があるということです。

時間もお金も自由に使えて、かつ、モチベーション（やる気）は下がらず、集中して受験勉強を続けられる受験生がいるなら話は別です（そういう受験生なら、南極流勉強法をコツコツ続けるだけでも、今の自分にとっては雲の上かと思えるような難関大学、または、東大理Ⅲ、京大医、阪大医など〝最難関《さいなんかん》〟でさえ、合格圏内に入れます）。

しかし、残念ながらそういう恵まれた受験生（いや、人間）は、ほとんどおりません。なぜなら、適度なプレッシャー（制限や縛《しば》り）がないと、人間の能力は開花しないからです。時間も、お金も、楽しみも、湯水のごとく好きなだけ自由に使える状況では、モチベーションも、集中力も決して上がらないのが人間なのです。

「いついつまでに受験を終わらせなければならない」という時間の縛りや、「これ以上のお金は使えない」というお金の縛りや、「このままではダメだ」という心の縛りは、多すぎると、精神的に押しつぶされます。なかったらなかったで、能力は開花しません。すべての受験生にとって、入試までに残された時間は限られています。

ですから、どうしても限られた時間と条件の中で学力を上げていくしかないわけです。

限られた時間の中で、最難関をめざし、かつ、成績もあまりよいとはいえない、という三重《さんじゅう》苦《く》を前にして、「自分のペースでできることだけをやり続ければ大丈夫！」とか、のんびりしたことは言っていられません。

三重苦の中でもいちばんナメてはいけないのが、時間です。1年、2年なんて、本当にあっというまですから！　医学部受験の場合、気がつけば1浪、2浪、3浪……とズルズルいってしまうケースが多々あります。浪人を重ねれば重ねるほど、学力は上がるのかといえば、決してそうではなく、むしろ下がっていくことが多いのです。

南極老人は、

「3浪以上の受験生で、最難関に届くほどの高い学力を維持している受験生は非常にまれだ。おそらく3浪生の90%は、ほとんど勉強していないか、かりに勉強していたとしても、きわめて低い学力の状態にある。その最大の原因は、自分を〝限界状況〟に追い込んでいないからだ。だから、いつまでたっても、持って生まれた才能が開かないのだ」

と言っています。

最難関を本気でめざすのであれば、自主性だけでは限界があります。やることがドンドン甘くなるからです。そう、だんだん自分に、甘く、甘く、甘くなってゆくのが人間の性分《しょうぶん》ですから！

そこで登場するのが、潜在意識のさらにその奥の〝無意識〟の力を目覚めさせる「黒流勉強法」です。これは、はっきりいって、キツイです。

そりゃあ、そうですとも。是《ぜ》が非《ひ》でも、いやが応《おう》でも、なにがなんでも「自分の夢を叶えたい！」、「目標を達成したい！」というあなたの期待にお応《こた》えする方法なんですから。決して甘くはありません。

「黒流勉強法」を、ひと言で言うと、タフラブ（tough love）。父なる愛です。

お父さんの愛は、いっけん、冷たくて、厳しくて、ハードです。

「かわいい子には旅をさせよ」といいますが、子どもは甘やかして育てるより、手もとから離して、つらい経験をさせ、世の中の辛苦をなめさせたほうがよいという意味です。

江戸時代に剣術で最強と謳《うた》われた柳生家《やぎゅうけ》では、男子は13歳になったら1カ月の一人旅に出される掟《おきて》があったそうですが、これもタフラブ（父なる愛）といえるでしょう。あえて厳しい課題を与え、突き放し、忍耐力を養い、いかなる困難や挫折にも屈しない強さを身につけさせるのです。あったかくて、やさしい、お母さんの愛とは違った、もう1つの愛の形です。

潜在意識から、無意識へ

潜在意識を味方にすれば、人はすごい力を発揮できます。これをスポーツでたとえるなら、

- 50mを6秒ぐらいで走れる走力
- 腕立て伏せが、5分間で200回以上できる腕力
- 時速140キロ以上の速球が投げられる投球力
- 90分間、サッカーの試合に出て、グランドで走り続けてもバテない持久力

・テニス、卓球、サッカー、野球で、球が行く方向に、自然に身体が動く反射神経
・やろうと思えば100回でも200回でも、ラリー、リフティングが続けられる集中力
・自分よりデカイ相手、強い相手、格上の相手でも、ひるまない精神力
・絶体絶命のピンチでも、勝負をあきらめない意志力

といったこれらを正しいトレーニングを積むことによって、いくらでも鍛えられる能力です。

潜在意識を薬にたとえるなら、漢方薬《かんぽうやく》といえそうです。即効性はないですが、継続して服用することで、ジワジワと病気にかかりにくい体質を作ります。

潜在意識を味方にしていく勉強法を毎日継続することで、ゆっくり確実に、あなたを勉強体質に変えていくのです。勉強体質とは、あなたの潜在意識が「私は勉強ができる」と確信している状態のことですが、いったんそうなってしまえば、学校の成績が上がるのも、全国模試の偏差値が上がるのも、志望大学に合格するのも、あとは時間の問題です。

走力、腕力、投球力、持久力、反射神経、集中力、精神力、意志力といった、訓練可能な自分（個人）の能力を伸ばす方法に対し「黒流勉強法」は、スポーツでたとえるなら、訓練やトレーニングでは獲得しにくい能力を発揮する方法です。たとえば、

・いつも、いいところで、ストライク、三振、ゲッツーがとれる！（ピッチャー）
・いつも、いいところで、ヒット、ホームランが打てる！（バッター）
・いつも、いいところで、パス、ドリブル、シュートが決められる！（サッカー）
・いつも、いいところで、ボールがキャッチできる！（野球、サッカーゴールキーパー）
・いつも、いいところで、ラリーに打ち勝てる！（テニス、卓球）

といったような、ここ一番の重要な場面での勝負強さ、タイミングのよさ、強運《きょううん》っぷりを発揮するのが「黒流勉強法」です。勉強でいうと、こうです。

・たまたま、問題の解き方を思いついた！
・たまたま、前日に勉強したところが試験に出た！
・たまたま、知ってる問題が試験に出た！

いいえ、これらは、たまたまなんかじゃありません。

本番での勝負強さ、タイミングのよさ、運の強さがないと、どれだけ偏差値が高くても、どんなに頭がよくても、どれほど懸命に努力しても、大学入試の一発勝負には勝てません。

こんな体験談があります。

「入試の前日のことでした。私と友人のJは、どちらが英語ができるか、という話題で盛り上がりました。私は冗談半分に『南極老人さん、試してください！』と頼みました。南極老人は教室のホワイトボードに、サラサラーッと即興で日本語を書き、『2人とも前に出て英訳してみなさい』と言いました。私とJは一生懸命に英訳しました。南極老人は、その場で添削と採点をしてくださり、結局、僅差《きんさ》で私が勝ちました。そして翌日。驚くべきことが起きたのです。なんと、私が受験した防衛医大の入試問題に、前日、南極老人が教えてくれた英作文と同じものが出題されたのです」（防衛医大合格／S・T君）。

「私は古文が苦手でした。通信添削のZ会に入会した当初は〝頑張るぞぉ！〟と思ったものの、ちゃんと問題を解いて提出したのは1回だけで、残りの35回は未提出でした。とうとう古文は苦手のまま本番を迎えたわけですが……。さて、入試本番。得意のはずの英語、数学が難しく、思ったほどの出来ではなく、最後の望みを苦手な国語に賭けるしかない、という絶体絶命のピンチでした。しかし、天は私を見捨てませんでした！　古文の問題を見た瞬間、鳥肌が立ちました。なんと、その問題は、私がたった1回だけ提出した、あの問題と同じだったからです」（京都大・文学部合格／K・Y君）。

潜在意識を味方にすれば、自分の能力、自分の強さ、自分の計算力、自分の読解力、自分の暗記力、自分の集中力、自分の忍耐力を伸ばすことができるのに対し、「チームのため」、「みんなのため」、「世のため人のため」に自分の限界を超えた能力を発揮するには、無意識の力を借ります。それが「黒流勉強法」です。

人間の意識の裏っ側《かわ》にある潜在意識のはるか奥深くに横たわる世界が無意識なのですが、潜在意識よりも、無意識のほうが、はるかに広くて、大きくて、強いのです。

なぜなら、潜在意識は、「自分」の意識のウラとつながっていますが、無意識は、「みんな」の意識のウラとつながっているからです。

さきほど、人の意識を氷山にたとえました。この図でいうと、1つの氷山が1人の顕在意識にあたります。では、無意識は何にあたるのか？　氷山のまわりを包みこむ大海も、大気も、すべてです。

世界中の氷山は、南極でも、北極でも、同じ海に浮かび、同じ空気にさらされています。遠く遠く離れていても、実はまわりの環境を通して、たがいに

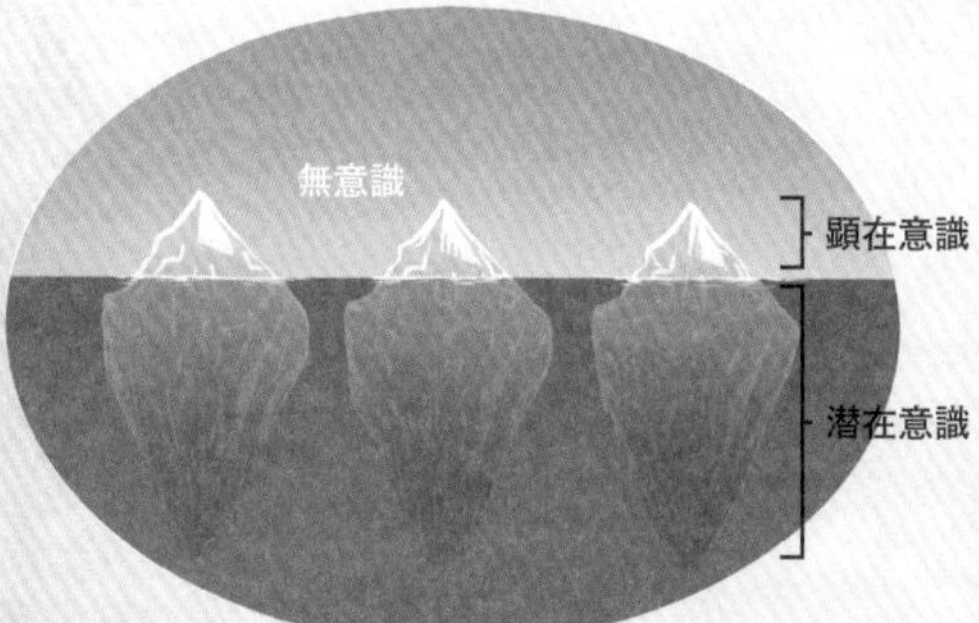

顕在意識・潜在意識・無意識のイメージ図。顕在意識（水面上の氷）と潜在意識（水面下の氷）は無意識（海、大気）を介してつながっている。

影響を与えあっているのです。これは、人の意識も同じ。一人ひとりの人間もまた、世界中、およそ70億人の人類「みんな」の無意識と繋《つな》がっています。

本番での勝負強さ、タイミングの良さ、運の強さというのは、どんなにＩＱが高くても、1人では生み出すことができません。まさに、「みんな」の無意識が味方になったときにこそ、発揮されるのです。

ここでいう「みんな」とは、他人、チーム、組織、地域、国、世の中、世界、人類のことです。だから、無意識のパワーは、私利私欲（自分だけの利益や欲望）のためには使えません。

「みんな」の許可、すなわち、無意識の許可が必要だからです。「みんな」の無意識がオーケーを出さないと許可がおりないのです（許可をもらう方法は、のちほどお教えします）。

無意識を薬品にたとえるなら、ニトログリセリン、です。ニトログリセリンは、あのダイナマイトにもなり、心臓の薬にもなります。

応用範囲は広く、効果抜群ですが、使い方を間違えると非常に危険です。ダイナマイトのおかげで、たしかに文明は進歩しましたが、多くの命も失われました。「爆発的な効果があるかわりに、それ相応のリスク（危険）をともなうのが黒流勉強法」と言いたいわけですが、恐れることはありません。要は、正しい使い方をすればリスク（危険）は最小限で済みますし、そもそも爆発的な効果とひきかえに、リスク（危険）をともなうのは「黒流勉強法」に限った話ではなく、普遍《ふへん》の真理で、私は当たり前の話をしているだけなのです。

本当に効果があるもので、なんのリスク（危険）もともなわないものは存在しません。

ハイリスク・ハイリターン（high-risk high-return）と言えるかもしれません。

多くの天才は、その才能とひきかえに、つねに孤独です。多くの大富豪も巨万の富とひきかえにささやかな幸せを犠牲にしています。有名スポーツ選手も、名声と高収入の裏で、人知れず苦労を重ねているものです。では、「黒流勉強法」において、劇的な成績アップとひきかえに、いったいどんなリスク（危険）を背負う必要があるのでしょうか？　このようなエピソード（実話）があります。

3週間で、10倍、頭がよくなる方法

晴子さんは、ある都立高校の3年生。定期テスト（数学・物理・化学）で連続3回、赤点をとって、次のテストでどの教科も80点以上とらないと、留年決定でした。そこで南極青年が晴子さんの家庭教師をすることになったのです。試験まで残り3週間しかありません。おまけに

赤点しかとったことがないという苦手教科ばかりですから、基礎から積み上げて……、なんて言ってられません。

そんな晴子さんに、南極青年はどういう指導をしたのでしょう。まず初めに、次のような約束をさせたそうです。

誓い1 私は、このままいくと、期末テストで失敗し、留年が決定し、学校を退学する運命にあることを認めます。私は、その運命を変えるべく、以下の約束を守ります。

誓い2 私は、期末試験が終わるまでの3週間、（南極青年から）与えられた課題をすべて完ぺきにやり遂げます。

誓い3 私は、期末試験が終わるまでの3週間、（南極青年に）逆らったり、言い訳したりしません。

誓い4 私は、期末試験が終わった後も、急に勉強をやめるのではなく、最低2カ月は、試験前の約50％（半分ぐらい）のペースで勉強を続けます。※注

誓い5

私は、運命を変えることによって起きるであろうトラブル、苦しみ、悩みをすべて受けいれます。

なぜなら、運命を変えるとは、あらかじめ決められた潜在《せんざい》意識と無意識のシナリオ（予定）を書き換えるということだから、それにともなう

・人間関係の変化（＝古い関係が壊れ、新しい関係がはじまること）

・環境の変化（＝生ぬるい環境から、自分が鍛えられる環境に変わること）

・考え方の変化（＝甘い考えから、自分に厳しい考えに変わること）

は当然だからです。

※注　試験が終わっても勉強を続けるのは、潜在意識・無意識のリバウンド（はねかえり）を避けるためです。たとえば、ダイエットをやめた人が反動で以前より太ったり、使用していた薬を急にやめると症状がひどく悪化するのと同様に、潜在意識・無意識を利用して成功した後、感謝の気持ちを忘れたり、大切な誓いをおろそかにすると、思わぬ〝しっぺ返し〟にあうことがあるので注意が必要です。

南極青年は、この約束文を、晴子さんに毎日１００回は、読み上げさせたそうです。

さて、約束文の次は、具体的な勉強内容です。

まず、試験範囲に登場する最小限の知識（公式・用語）を1枚の紙（B4用紙）にまとめて、1日で丸暗記します。

2日目からは、いきなり試験の範囲の問題を解きます。といっても、もちろん解けるはずがないし、模範解答を読んでも理解できません。では、どうやったかというと、問題文と模範解答のすべての漢字、数式、記号に振りがなをふり、声に出して10回読みます。たとえば、数学の問題と模範解答に振りがなをふり、声に出して10回読むのです。その後、問題文と模範解答ごと丸暗記します。

そして、だいたい丸暗記できたところで、初めて、問題と模範解答の説明を受けます。

丸暗記できるまでは、「いったい、どういう意味なのだろう？」という疑問とストレスの固まり（＝疑団《ぎだん》）になりますが、そこがポイントです。つまり、心中にわだかまって解けない疑問とストレスの固まりを、理解を深めるためのエネルギーに変えるところが「黒流勉強法」のポイントなのです。文章を頭にいれ、エネルギー源（疑問とストレス）をたくさんためてから解説を聞くと、わかったとき、「そうか！　そういう意味だったのか！」という発見の喜びがあるので一発で理解できますし、なかなか忘れられません。

そうやって要領をつかんだら、今度は毎日、びっくりするほどの量の宿題（問題文と模範解答の丸暗記）を与えられます。そして南極青年は、ひと言、こう言ったのです。

「いいね、約束だよ。この宿題ができていないとわかった時点で、私は帰るからね。それが3回続いたら家庭教師は打ち切りだからね」と。

そうして約3週間、「黒流勉強法」のエッセンスを使って晴子さんは勉強しました。

すると、どうでしょう。なんと、なんと、いきなり数学、物理、化学で学年トップになってしまったのです。それまで赤点しかとったことがない数学、物理、化学で、晴子さんは95点以上の点数をとったのです。留年寸前だった晴子さんの人生が激変した瞬間でした。担任の先生からも、クラスメイトからも、ひどく驚かれたそうです。

なぜここまで短期間で成績が上がったのか? それは〝時間〟に秘密があります。

時間を濃縮すれば、3カ月で別人になる

3週間で、赤点から学年1位に!

そんな晴子さんのような例は、決して珍しい話ではありません。

例えば、あなたも同様に黒流の誓《ちか》いをたてて、100%本気で3カ月間、必死のパッチで勉強したとします。そうすると、3カ月後「もはや別人か?」と思えるほどの変貌《へんぼう》ぶりを経験するでしょう。

例えば、

・discoverという単語の意味も知らなかった山本君。3カ月後、関西大合格。
・数学が苦手で共通テスト模試で0点だった佐藤さん。3カ月後の本番で、満点ゲット。
・偏差値50前後だった榎木君。直前3カ月の猛勉強で、早稲田大合格。

なども、実際にあった話です。

もしも、スタートの条件がもう少しよければ、例えば、

・accept,discuss,experimentという単語の意味を知っている
・数学が苦手だが、共通テスト模試で6割ならとれる
・偏差値55前後

だったら、ワンチャン3カ月で医学部合格は、ありえそうです。

では、なぜそんなことが可能か、といいますと……。

理由は、潜在意識《せんざい》には〝3の周期で書き換わる〟という法則があるからです。

例えば、ずっと遊びほうけていた受験生が急に、「よし。やろう。今日から勉強するぞ!」と思っ

たとします。しかし、たいていの場合は3日以内に挫折してしまいます。まさに「三日坊主」です。

けれど、いちばんツラい最初の3日を超えると、「あ、できるかも」という気持ちになります。潜在意識が書き換わり始めるからです。

それが3週間という単位を超えますと、潜在意識がだいぶ書き換わり、心もそうですが体も勉強に慣れてきます。このあたりから、だんだん勉強することが苦ではなくなります。

「黒流勉強法」では、ここからがいよいよ勝負のはじまり。本当のスタートだと考えます。

なぜなら、〝3の周期〟の次の段階、3カ月という単位に向かおうとしているからです。

これの何がスゴイのかといいますと、ここに来てようやく〝時間の濃縮〟が使えるからです。

〝時間の濃縮〟とは何か？

賢い人、すごい人、尊敬できる人というのは、ふつうの人と較《くら》べていったい何が違うのかと言いますと、今まで生きてきた時間の濃度というか、密度がぜんぜん違います。

圧倒的に濃いのです。

南極老人いわく、

「現代人は、時間というものを1秒、1分、1時間、1日、1週、1月、1年……といった、物理的時間のみが存在すると思い込んでいるが、真実の時間は人それぞれだ。

とくに、時間の濃さは人によって違う。時間は10倍にも、20倍にも、濃縮できる」と。

時間を10倍濃縮するとは、1日で10日分生きたぐらいの濃さを経験するということです。

人気漫画『ドラゴンボール』に登場する〝精神と時の部屋〟を知っていますか？

外の世界と時間の密度が違う、異次元の部屋のことです。その部屋に入って、1年間過ごしても、いざ部屋の外に出ると、わずか1日しか過ぎていないのです！

主人公の孫悟空《そんごくう》は、その部屋で鍛えに鍛えて、もはや別人のようになって、部屋を出ます。けれど、部屋の外では1日しか経《た》っていませんから、「いつのまに、そんなに強くなったんだ⁉」と、まわりは驚く、という、受験生にとっては、夢のような部屋なのです。

ふつうなら「どうせ、マンガの世界の話でしょ？」で終わるところですが、南極老人は断言します。〝精神と時の部屋〟は、実現可能だと。

そもそも、時間の〝感じ方〟はその時々によって変わります。

誰だって、好きな人とデートしたり、思いっきりスポーツしたり、楽しい時間はあっという間に過ぎたという経験があるでしょう。これは時間密度が〝濃い〟ときです。

濃い時間は、ずっと記憶に深く残り、いつまで経っても忘れません。

逆に、時間密度が〝薄く〟なるのは、退屈なときです。「あ～ぁ、つまらない授業だなぁ」

というときほど、長～く感じてしまいますよね。

毎日、つまらなそうに仕事する退屈な大人になったら、それこそ「10年前と比べて、なにも成長してない（むしろ劣化したかも）」なんてことは、ザラにあります。

ですから、時間はどんな人にも平等に流れている、という常識は〝半分ウソ〟です。

実際は、人それぞれ経験している時間の長さは違うのです。

たしかに、この世に生きている限り、1日が24時間であるという限界を〝物理的〟には超えられません。だから、「昨日まで、ガリガリだったのに、急にマッチョになった！」とか、「1日で5000km走った」なんてことは、ありえません。

けれど、〝精神的〟には、「たった1日で、1カ月間、勉強したくらい感覚が変わった！」「昨日までの自分とは、全く別人になった」ということは、充分、ありえるのです。

たとえば、あなたの友達のなかに、「あいつ、（自分と）同い年なのに、ずいぶん大人だなぁ……」と思う人はいませんか？　いわゆる、「精神年齢が高い」ってやつです。

そういう人は、たいてい、人生のどこかで、とんでもない悩み、苦しみ、悲しみ、試練を乗りこえた経験を持っているものです。

では、どうすれば圧倒的に〝濃い時間〟を経験できるのか？

南極老人によると、そのヒントが、「時間」という漢字に隠されているのです。

物理的な時間を決めるのは、「太陽（日）の動き」です。日が昇って、日が沈む。それが1日のリズム。「時間」から「日」を抜くと、「寺門《じもん》（お寺の門）」になります。

寺の門をくぐる、とは、修行僧になることです。

修行とは、時間を圧縮して、濃く、濃く、していくことです。言い換えると、普通なら途方もないくらい長い長〜い時間をかけて、（仏教の世界観でいうと、何十回も、何百回も、魂の生まれ変わりを繰り返して）やっと到達できるような、悟り、心の平安、深い気づきに、わずか数年で至ってやろう！　ってことです。

でも、お寺でやっていることとは、とっても地味で、地道なことばかり。

毎日、念仏を唱える。お寺の雑巾がけをする。庭の落ち葉を拾う。座禅する。

同じような毎日が、ただひたすらに続いていく。

現実的には、なにも進歩していないように、感じてしまうでしょう。

これって、受験生も似ていると思いませんか？

毎日、毎日、勉強机と向き合う。そんなときに、まわりの友達が楽しそうに遊んでいたり、旅行に行ったり、恋人とデートしたり、大学生ライフを満喫《まんきつ》しているのを見ると、なんだか自分だけ取り残されて、遠回りしているような気持ちになるでしょう。

修行とは、その湧き上がってくる気持ちと、向き合うことです。

要は、受験勉強を通して、それをやればいいのです！

逆にいうと、ほとんどの人は自分の内面と向き合うことからすぐ逃げてしまいます。だから、時間の密度が〝薄く〟なるのです。

南極老人にも、少年時代に、そのことに気づいた思い出がありました。

小学生のときに、同じ塾に通っていたツネオ君。彼は、勉強もスポーツも万能。イケメン。めちゃくちゃ性格もいい。人気者。おまけに、ケンカも強い。いつも、いじめっ子から、弱い子を、守ってあげていました。完ぺきです。天は二物を与えず（神様は、1人の人間にいくつも才能を与えることはない）というけれど、彼は2つどころか、5つも、6つも、才能に恵まれた〝完ぺきな人〟に見えたそうです。

そんな彼を見て、南極少年は、内心、こんなふうに思っていました。

「いいなぁ、ツネオ君は。この世って、不公平だよな」と。


それから数年後。高校生になった南極少年のもとに、電話がはいります。

ツネオ君のお母さんからの、あまりにも急な知らせでした。

「うちの子、昨日、亡くなったの。よかったら、お葬式に来てあげて」

死因は白血病。南極少年は、電話を切ってしばらく、呆然《ぼうぜん》と立ち尽くしていました。

翌日、告別式に顔を出します。そこでツネオ君のお母さんから、1冊のノートを手渡されたのです。

それは生前、彼が書いていた日記でした。

南極少年は、恐る恐るノートを開きます。

すると次の瞬間、とんでもないものが目に飛び込んできました。

信じられないほど、美しい字。どこぞの作家かと、見紛《みまご》うばかりの文章力。

未だかつて、こんなにも真剣に、食らいつくように、人の文章を読んだことがあっただろうか？　というくらい、その迫力に胸ぐらをつかまれたのです。

そのときの感覚は今もなお、まるで昨日のことのように臨場感をもって、思い出すことができるとのこと。

けれど、南極少年を最も驚かせたのは、彼の達筆《たっぴつ》さでもなく、文章力でもありませんでした。そこに書かれた内容の深さであり、彼の〝人生の濃さ〟でした。

これを、自分と同じ年齢の人が書いたの？　信じられない……。

人前では気丈に振る舞っていたツネオ君の人生が、人知れぬ葛藤《かっとう》に満ちていたことを、そのノートは痛いほど語っていました。忍び寄る病魔の影。弱っていく身体を感じながら、それでも必死に生きよう、それでも誰かの幸せのためにもっと自分を磨こうと、毎日、毎夜、彼は闘っていたのです。最期の1日まで。

そんな彼を遠目に見て、あろうことか、「あいつが羨《うらや》ましい」なんて思っていた……、そんな昨日までの自分を思いっきりぶん殴ってやりたいくらい、もう恥ずかしくて恥ずかしくて、たまらなかったそうです。

人生に対する〝真剣味〟が、まるで違う。

自分は、ぜんぜん、本気じゃなかった……

甘かったなあ……

そこで感じた、みじめさ、くやしさ、言葉にならない憤《いきどお》りが、南極少年を覚醒させます。この日を境に、何をするにしても、時間の濃さを意識するようになったそうです。

そうです、これこそが「精神と時の部屋」の正体です。

あなたも、感じたことはありませんか？

私って、ほんとダメだなぁ、とか。マジでイケてない、ダッセぇなぁ、自分、とかって。

さぁ！　そのとき、あなたに選択肢は、2つしかありません。

Fight《ファイト》 or Flight《フライト》.すなわち、「戦う」か「逃げる」か。


「戦う」とは、ダメな自分、恥ずかしい自分と、ちゃんと逃げずに向き合うこと。これはいっけん、「辛《つら》そう」「キツそう」に思えるかもしれません。

だから、たいていの人は、自分を甘やかしてくれる「人（家族、友達、恋人……）」や「環境（遊び、趣味、ゲーム、ＳＮＳ……）」に、逃げてしまうのです。

でも、そうやって逃げた日々をあとで振り返ったとき、「あぁ、自分はなんて薄っぺらい毎日を送っていたんだ……」と、悔やんでも、もう手遅れです。

「逃げる」か「戦う」か。勉強していたら毎日、毎瞬、問われるでしょう。

逃げたくなったとき、自分の内面から目を背けたくなったとき、それはチャンスです。

そのとき、あなたの目の前に開かれているのです、「精神と時の部屋」の扉が。

戦いましょう。己自身と。

向き合うからこそ、時間の壁を超えられるのです。

では、もう1つエピソードを紹介しましょう。

「黒流勉強法」のリスク

多田君は、医学部をめざして3浪中。入試まで約半年でしたが、偏差値は55ぐらいありました。しかし、「毎年、夏までは調子がいいんですが、秋ごろからは……」。多浪生によくあるパターンです。そんな多田君に、

「なんでも言うことを聞くから医学部に合格させてほしい」

と懇願《こんがん》されて、南極青年はある条件を出しました。

「今から〝約束〟することを絶対に守ること。いいかい？　それが、この勉強法（黒流勉強法）の生命線であって、どの教材を選ぶか、どんな解説を聞くのかは、正直、重要じゃない。さらにどうでもいいのは、キミの偏差値だ。偏差値が高いから合格するんじゃない。低いから落ちるんじゃない。〝約束〟を守るから合格するんだ。死にものぐるいで〝約束〟を守るからキミの運命が変わるんだよ」

「今のままでは、100％、医学部はムリだと思っています。だからこそ、運命を変えたいんです。言われたことは絶対に守ります！」と、多田君は言いました。

「わかった。じゃあ言うよ。まず、必ず宿題をやること。これは当然だけどね。宿題っていう

のは、大量のプリント（一問一答）を用意するので、100％即答できるように、答えを暗唱することだ。それと、私に逆らわないことだね」

「わかりました。絶対やりますが、逆らわないってどういう意味ですか？」

と多田君は質問しました。南極青年は、

「もしもだよ、私の指導にナットクがいかない点があったとしても、口答えせず素直にやることだ。そもそも、口答えするぐらいなら、私に頼まなければいい。どうしても頼みたいなら、入試が終わるまでは絶対服従《ぜったいふくじゅう》が条件だ。なぜなら、キミが3浪した原因は、自分のナットクを優先させてきたからだ。キミが伸び悩んでいる原因も、自分がナットクしたことしかやらなかったからだ。ある意味〝限界を超える〟とは、〝自分の（低いレベルでの）ナットクを超える〟ということなんだよ」

と答えました。

「なるほど。わかりました」

と多田君は返事をしました。

「これからは、キミがナットクできないことも、バンバン言わせてもらうからね。べつに意地悪で言うんじゃない。すべてはキミが志望大学に合格するためだから覚悟してね」

と南極青年は言い、多田君は、少々引きつった表情で深くうなずきました。

「では、早速だが、入試が終わるまで絶対に友達と会ってはいけない。電話で話すのもダメだ。この約束が守れるなら勉強を教えよう。もしも1回でも約束を破ったら、私は手を引くけど、それでもいいかな？」

「は、は、はい、わかりました。絶対に守ります！」

と多田君は誓い、指導がスタートしました。

入試が終わるまで友達と会うな。電話もするな。いっけん、無茶な命令と思われたかもしれませんね。

でも、これにはちゃんとした理由があるんです。

実は、南極青年は、多田君がダラダラと3浪もしていたのは〝逃げる性格〟に原因があると見抜いていたからです。〝逃げる性格〟とは、たとえば勉強がつらくなったら友達のところに行って愚痴を言って気分をまぎらわすとか、ストレスがたまったら友達に電話をして発散するとか、勉強に集中しているときに限って友達から遊びの誘いの電話がかかってくるとか……。

これでは、どんなに頭のよい人でも、限界は突破できないでしょう。どんなに優れた指導者に出会えても才能は開かないでしょう。なぜなら、苦しみから逃げたり、事あるたびにストレスを発散するのは、並の人生でのやり方です。並から抜け出したかったら、苦しみやストレスをエネルギーに変えるすべを身につけることです。もちろん、ずっとそうしろと言っているのではありません。長い人生からすれば、たった数カ月〜1年のことです。

たった数カ月〜1年の辛抱ができない人間が、人生において、なにを成し遂げられましょう？

ここにおいて、「黒流勉強法」のタフラブ（父なる愛）が発揮されます。

さて、基礎力はあったものの、あと一歩、というところで伸び悩んでいた多田君でしたが、南極青年の指導のおかげで、メキメキ成績を伸ばし、11月の模試では偏差値70前後、大阪市立大学医学部A判定というところまできていました。

ところが、指導がスタートして4カ月を過ぎた頃（12月）、多田君の態度が急変したのです。宿題の確認テストをしていると、なんだかおかしい。そうです。いつもならラクラク答えられるはずの宿題に、今日に限って、パッパッと答えられないのです。

「どうした？（宿題を）やってこなかったのか？」

「いいえ、やってはきたんですが……」

「はは〜ん。キミは、天狗《てんぐ》になってるな。たかが、A判定をとったぐらいで。まさか、友達に自慢したんじゃないだろうな？　会うな、話すな、と約束したのに？」

図星でした。多田君は、

「（友達と）模試の帰りに偶然会って……」

と言い訳しました。南極青年が、

「なぜ、無視しなかったの？」

と尋ねても、ハッキリとした返事を返せませんでした。南極青年は、

「残念だが、約束は約束だ。私は、今日限りで手を引くよ。あとは自分でやりな」

と言って席を立とうとしました。多田君は、涙ながらに指導の継続を懇願《こんがん》しました。

南極青年は答えました。

「べつに怒ってるわけじゃない。これが黒流（勉強法）の掟《おきて》だからそうするんだ。南極流（勉強法）は、自分にできそうなことを、『やる！』と宣言して、確実に実行することで自分と自分の潜在意識との間に信頼関係を作って、持ち前の能力を発揮し、１００％の運命を生きる方法だ。南極流はやさしいから、何度でもやり直しがきく。

一方、黒流（勉強法）は、やり直しがきかない。１回限りだ。自分が好きなことを犠牲にして、1年間ガマンする。友達と遊ぶことが好きなら、『会わない』と宣言する。ゲームが好きなら、『やらない』と宣言する。それを絶対に守る。そのかわり、持ち前の能力を超えた２００％の運命を呼び込む秘法だ。

黒流（勉強法）のポイントは、ガマン、忍耐、ストレスを、エネルギーに変えるところだ。ガマンし続けるのは苦しい。だから、ガマンしているのを忘れるぐらい、勉強に没頭するのだ。ああ、こんなに苦しいなら、勉強しているほうが、はるかにラクだ。むしろ楽しい。そう思え

たら成績は劇的に上がる。

人間には、せっぱ詰まらないと出てこない〝チカラ〟ってもんがあるんだよ。人生は余裕をかましているうちは、とうてい200%の運命は呼び込めない。

南極流（勉強法）のめざす、100%の運命とは、マックス（最大値）の自分、あるがままの自分、と考えてもいい。黒流（勉強法）のめざす、200%の運命とは、本来の運命を超えた自分、いまだ見ぬ自分、と考えてもいい」

多田君は真剣に聞いていました。そして言いました。

「わかりました。たしかに僕は、黒流（勉強法）失格です。でも、まだ南極流（勉強法）が残ってますよね？　お願いです。ぜひ、南極流（勉強法）で指導していただけませんか？」

そう言われて、しかたなく南極青年は指導を続けることにしました。が、その日を境に、多田君への指導方針は、厳しい「黒流勉強法」から、やさしい南極流勉強法に、ガラッと変わりました。「黒流勉強法」の〝約束〟は1回限りだからです。

1回でも約束を破ったら効果がなくなる――潜在意識を超えた無意識の世界に願いが届かなくなる――そう考えるからこそ、大きなリスクが生まれ、不思議なチカラを授かり、キセキが起きるのです。

多田君は、「黒流勉強法」によって、途中までは、4カ月で偏差値20以上も伸ばすという快挙を成し遂げましたが、〝約束〟を破って以降は、彼なりに全力を尽くしましたが、惜しくも最終的なキセキ（国公立大医学部合格）には恵まれませんでした。

しかし、なんとか難関私大医学部（大阪医科大学、関西医科大学、順天堂大医学部）には合格できました。

次章では、「黒流勉強法」について、具体的にどういう勉強法なのかを詳しく解説するために、「黒流勉強法」の第1号の経験者である女性医師、亀井ジュンさんのレポートをそのまま掲載します。「黒流勉強法」の奥義が、ここに初めて明かされます。

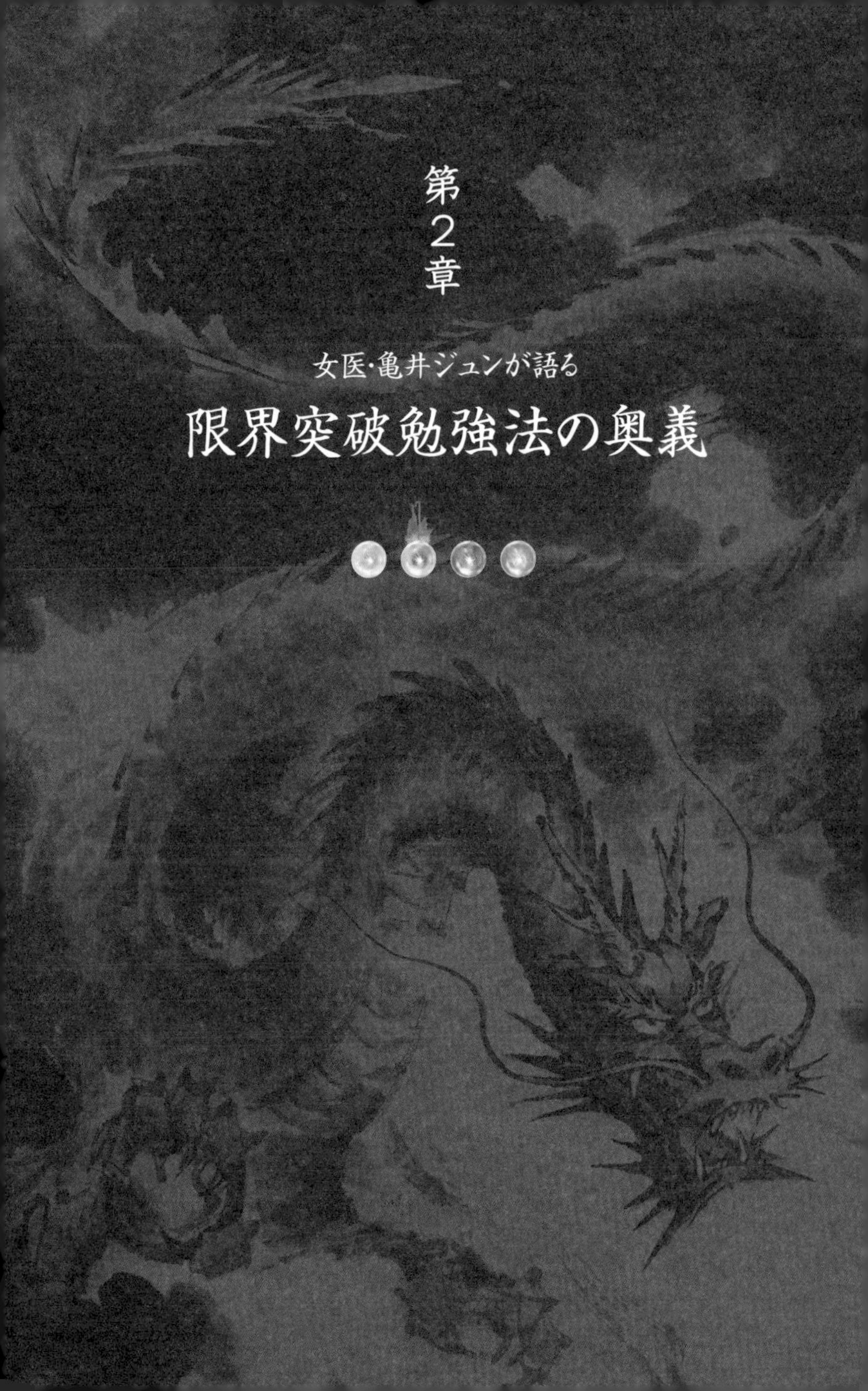

第2章

女医・亀井ジュンが語る

限界突破勉強法の奥義

亀井《かめい》ジュンさんは、現在、大阪で「ポラリス診療所」を開業し、医学博士、内科専門医の資格をもつ優秀な医師です。その昔、南極青年の指導を受けて、国立大学医学部に合格しました。

南極青年との出会い

当時、私（亀井ジュン）は医学部をめざして浪人していましたが、偏差値は50そこそこ、模試の判定はつねにE判定。とうてい医学部に合格できるような成績ではありませんでした。

どれほど勉強しても、医学部は雲の上のようで、

「このままでは絶対にムリだろうな……」

「頭も悪いしダメだな……」

というネガティブ（否定的）な思いでいっぱいでした。

どの有名な参考書、問題集をやっても、有名講師の授業を聞いても、心の中では、本当にこれでいいんだろうか……とつねに不安にさいなまれて、勉強に集中できたためしがありませんでした。予備校の先生からも、

「医学部はやめたほうがいいんじゃない？」と言われました。

まわりの友人からも否定され続けて、いつしか自分でも、

「あぁ、医学部は無理かもしれないな……」

と弱気になっていました。

しかしどういうわけか、「それでも医者になりたい」という気持ちが消えることはありませんでした。心のどこかで静かに燃え続けていたのです。

2浪目に突入した春の日、私はあるウワサを耳にしました。

伝説の南極青年のウワサです。なんでも、南極青年は自らの大学進学には興味なく、浪人（フリーター）のまんま、何年間も全国模試で1位をとり続けているという伝説の受験生でした。

「質問して、答えられない問題はない」

「勉強を教えてもらって行き詰まりが打開できた」

「解説してもらった問題が試験に出た」

「公園のベンチでいつもタイム誌、ペーパーバッグを読んでいる」（注：タイム誌はアメリカの雑誌。ペーパーバッグは洋書）

「いつも違う種類のスカーフを首に巻いている。（かなりオシャレ）」

大阪の某予備校では、彼のウワサを耳にしたことがない人はいないぐらい有名でした。彼のもとには、毎日多くの受験生が訪ねてきては、勉強の質問や悩みの相談をしていました。

私も、南極青年がとある小さな塾でアルバイトをしているというウワサを聞きつけて、そこを訪ねていくことにしました。

御堂筋《みどうすじ》線（大阪地下鉄）の緑地公園駅を降りて、歩くこと5分。

噂の南極青年が働いているという小さな塾の看板が見えました。期待は、いよいよ高まります。

その小さな塾の玄関先のベンチで、きれいなスカーフを首に巻いたおしゃれな青年が受験生の相談にのっていました。

「あの人が南極青年に違いない……」

そう思ったと同時に、何故か、私は直感的に、

「この人に全面的に頼るしかない」という衝動にかられました。

次の瞬間、口をついて言葉がでてきたのです。

「突然ですいません！　私、絶対に国公立の医学部に行きたいんです。勉強を教えてください。できれば、全教科お願いします」

私の突然の申し出に一瞬（えっ？）という表情をされましたが、

「まぁまぁ、落ち着いて。話は聞くから。でもね、僕はこの塾では勉強を教える仕事はしてないんだ。単なる掃除と留守番のバイトなんだよ（笑）。だから勉強を教えたり、質問に答えたりするのは趣味みたいなもんだから……」

と言ってくださいました。

1時間後、近くの公園のクラブハウスで待ち合わせをしました。南極青年は現れました。

「どうぞ」と缶ジュースを手渡されて、「あっどうも……」と頭をさげるやいなや、いきなり

本題に入りました。

「今、偏差値はどれぐらいなの？」とやさしく聞かれました。

「50ちょっとです。やっぱり、間に合わないでしょうか？」と私は言いました。

少しの沈黙の後、南極青年は私の目をじっと見て、静かに口を開きました。

「偏差値50……。受験まであと8カ月かぁ……。うん、大丈夫。まだ、間に合うよ」と。

私はスーッと肩の力が抜けました。だって、周囲の誰からも、さんざん、無理だ、あきらめた方がいい、と言われ続けてきたからです。

南極青年は、こんどは一変して吸い込まれそうな強い目力《めぢから》で、ひと言こう言いました。

「だが、相当な覚悟が必要だよ」と。

私はとっくに覚悟はできていましたから、ウンウンと大きくうなずきました。

すると南極青年は、こう言いました。

「ある勉強法を使えば間に合う。ただし。それを教えるには条件がある」と。

「条件？　かまいません。医学部に合格できるなら、なんでもやります！」と私が答えると南極青年は、

「わかった。じゃあ教えよう。条件とはほかでもない。受験勉強においてリスクを背負ってもらいたいんだ」と言いました。

「リスク？」

一瞬、なんのことだかわかりませんでした。リスクは「危険」の意味です。

たしかに難関大学の受験は不合格というリスクを背負いますが、南極青年の言いたいのは、そういう単純なことではなさそうです。

しかし私は、もうすでに覚悟が決まっていました。何が何でも南極青年についていき、言われることすべてに従おうと。なんだかわからないけど、リスク、どーんと来い！　という気持ちでした。私は躊躇《ちゅうちょ》せず言いました。

「大丈夫です。覚悟はできています！」

という私の決意を聞かれると、静かにうなずかれました。

こうして、私の人生にとっての〝伝説の語り〟（＝南極青年から受けた初のレクチャー）がはじまったのです。

南極青年から最初に、こんなことを教えていただきました。

「リスクとは、苦しみに耐え抜くことだよ。どんな苦しみか？　人はレベルアップする前に、必ず苦しみを経験するものだ。高くジャンプする前には、低く屈《かが》まなければならない。

苦しみとは何か。それについて話そう。

あなたの全身、あなたの心、あなたの欲望、あなたの怒り、あなたの妬《ねた》み、あなたの喜び、あなたの楽しみ、あなたの悲しみ。それらは、あなたの中にある、目に見えない、微細なエネルギーで作られている。

自分の中にあるエネルギーを、すべてとは言わないが、その多くを、自分の夢や目標を実現させるために使えるなら、おそらく、たいていのことは叶《かな》うだろう。

受験生でいうなら、自分の行きたい大学に合格できるだろう。

しかし多くの人は、自分の気分、感情、快楽、考え、思い、といった全くどうでもいいことにエネルギーを浪費し、たれ流しにして生きている。べつに否定はしないが、それでは夢は叶わないし、目標は達成できないし、志望校には合格できない。

では、どうすれば自分の中のエネルギーを志望校合格に向けて流入させ、集中させることができるのか。

まず、「○○大学に合格したい」と宣言する。入試まであと何日かをカウントし、合計日数を3で割って、序盤、中盤、終盤に分けて、序盤にすべきこと（反復練習・音読・書き写し）、中盤にすべきこと（過去問・入試問題練習）、終盤にすべきこと（丸暗記・復習）を書き出す。

序盤では、毎朝「今日すべきこと」を宣言し、それを就寝までに100%実行し続けることで、自分と、自分の潜在意識との間に信頼関係を築くことがポイントだ。

100の計算、100の入試問題、100の英文、100の短文、100の一問一答など、なんでも100をワンセットにして、完ぺきに身につくまで、反復練習・音読・書き写しを行う。腕に自信があれば、いきなり過去問を解いて〝丸呑《まるの》み〟する。

中盤では、少々背伸びをする。宣言文（↓後述）を活用する。序盤で身につけた知識・パターンをあてはめながら入試問題が解けるように練習する。解けなかった問題、読めなかった英文・古文・現代文を何度も何度も音読する。

この段階でだいぶエネルギーは流れてきているが、まだ足りない。たしかに成績は上がり、偏差値は上がり、運気もある程度は上がっているかもしれないが、まだ運命が変わるほどではない。

運命を変える為には、苦しみ抜く（耐え抜く）というプロセスが足りない。うんうん唸《うな》りながら、時に泣きながら、考え抜いて、暗記し尽くす！

私は、幼い頃、セミのさなぎが木の上で脱皮して成虫になって飛び立つまでをずっと眺めているのが好きだった。あるときセミが脱皮しづらそうにしているのを見てかわいそうになって、あろうことか、脱皮の手助けをしてあげた。そうやってセミが殻から出てきたとき私は嬉しかった。しかし何時間たってもそのセミが大空を飛ぶことはなかった。なぜか？　私がいらない手助けをしたからだ。

実は、セミが脱皮しづらそうにしていたのには意味がある。そうやって苦しみながら全身のエネルギーを羽根に流入させ、集中させて、立派な羽根を作ると同時に全身を飛びやすいように軽くして、飛ぶための準備をしていたのだ。
人間も、このセミと同様に、苦しみながら工夫して、自分のエネルギーを自分の将来の夢や目標に流入させ、集中させて、能力を磨くと同時に、心を軽く柔軟にすれば夢は実現する。
わかるだろうか？　苦しみとは、自分の中のエネルギーを夢実現に向けて流入させ、集中させるための（目に見えない）通り道を作る大事な作業なのだ。脳内に新たな思考回路を作る作業だといってもいい」と。

その日の最後に、南極青年は力強くこう言いました。

「じゃあ、次回から必勝法を伝授しよう」

と。そして伝説の受験指導がスタートしたのです。

あの2時間で人生が変わった

あれから数十年経《た》ちましたが、今でもあの日の鮮烈な印象と深い感動は、生涯、私の心から消えることはありません。たしか、初めての受験指導では、このようなお話を聞きました。

「キミは〝時間〟というものが、過去↓現在↓未来……に流れると思い込んでいないだろうか？　過去にあったことが、積み重なって現在を作っていると。やがてそれが未来を作ると。そう信じていないか？　残念ながら、それじゃあ夢は叶《かな》わない。

たしかに、学校でもそう習ったかもしれないし、常識的に見ても、過去に努力した結果が現在で、現在、努力したことが未来につながると思えるよね。

夢を叶える人の〝時間〟は、未来↓現在↓過去……にも流れている。そういう感覚で生きている。夢、合格、成功、幸福、インスピレーション、アイデア、というものが、野球のボールだとすると、未来から現在に向かって剛速球が飛んでくるかんじなんだ。

だから、その剛速球が打てるように、または、受け止められるように、よく練習して、トレーニングを積んで、心を空《から》っぽにして、日々を真剣に生きなきゃいけないよ」と。

心を空っぽにするとは、無心になるまで勉強することです。ぐちゃぐちゃ頭で考えたり、あれこれ先のことを心配したり、不安になったり、焦ったり、というのは無心とはいいません。

「よけいな〝思い〟が湧いてくる時間《ひま》もエネルギーもなくなるぐらい、絶えず、入試問題を考えたり、英文を音読したり、古文を音読したり、英単語や化学反応式を暗記したり、（数学や物理や化学の）計算練習をしなさい」と言われました。

先のことを心配したり、あれこれ思い煩《わずら》うのは〝ヒマ〟だからだ、と教えられました。

また、このようなお話も心に深く残っています。

「過去のことはどうでもいい。いっさい振り返らなくていい。今やらなければいけないことをやっていれば必ず偏差値は上がる。

いいかい？　キミは今日から勉強法を変えるんだ。勉強法を変えるとは、生き方を変えるということだ。

では、生き方を変えるとは、どういうことか？

それは、考え方と、行動と、習慣を変えるということだ。

考え方が行動をうみ、行動が習慣になり、習慣が人生を作る。わかるだろうか？

入試で失敗するか、成功するかは、考え方と行動と習慣で決まる。

これが成功パターンに入っている人は、しぜんに合格するし、失敗パターンに入っている人は、どうあがいても合格できないのだよ。

要は、成功パターンに入れる考え方を反復練習して身につけ、(自分がついて行くと決めた相手に)〝やれ〟と言われたことは、素直に、即、行動し続けたら、成功習慣が身につく」と。

私が受験生だった頃とは、ずいぶん違いますから、おしなべては言えませんが、今だったら、「携帯電話は解約しろ」とか、「すべてのアドレスを消去して着拒しろ」ぐらいのことは言われたでしょう。

明らかに、友達との狎《な》れあいが原因で大学に落ちている人が、私の周りにも何十人もいましたし、南極青年は、それこそ何百人、いや、何千人もそういう受験生を見てきたことでしょう。

あと、

「テレビは見るな」

「友達と1分以上話すな」

「早寝早起きしろ」

「デートなんかとんでもない」

とも言われました。ご尤《もっと》もです。

人間は、あんがい弱いのです。受験生は、とくに不安定です。外からネガティブな(=やる気を奪う)情報が入ってくると、〝心理的〟に影響を受けて、調子を崩《くず》しやすいのです。そうなると、たちまち、失敗パターンに陥《おちい》ってしまうのです。

外部からのネガティブな情報の発信源は、主に、テレビ、友達、学校です。今ならスマホでしょう。場合によっては家族すらも、無意識のうちに、あなたから〝やる気〟を奪っていくので注意が必要です。

南極青年いわく、

「受験は心理戦だ。どっちが頭がいいかではなく、どっちが〝やる気〟を失わなかったかという戦いだ。合格に必要な要素――集中力、忍耐力、直感力、時間、情熱――は〝やる気〟からうまれる。それゆえ〝やる気〟を奪う情報は、決して目にいれてはならない。耳にいれてはならない。口にしてはならない。見るな、聞くな、言うな」と。

こういったお話を聞いているうちに、不思議なことに、

「こんな私でも、国公立大の医学部に合格できる……」と、だんだん思えるようになりました。

その日から毎日、私は、机に向かって勉強する時間以外にも、お風呂、トイレ、電車、バス、食前、食後、散歩、寝る前……といった5分、10分の細切《こまぎ》れ時間を見つけては、言われたとおりに勉強しました。

無心になるまで勉強して、心を空《から》っぽにすると、不思議なことに、(この鈍感な私にもハッキリ自覚できるほどに)直感力のようなものがついてきて、問題を見た瞬間に、「ハハ～ン、この問題はこう解くんだな……」とか、「これは出題者の引っ掛けだな……」とか、「今度の模試で、この問題が出そうだな……」とかが見抜けるようになってきました。

また、南極青年から必要ないと言われた参考書や問題集は全て捨てました。考え方を変えました。行動も変えました。そうやって3カ月が過ぎた頃には、私の中の〝失敗パターン〟がどんどん書き換えられて〝成功パターン〟に変わりつつあるのを実感できるようになりました。

自分で、自分に魔法をかける

ある日、南極青年から、潜在《せんざい》意識について、このように教わりました。

「いま、キミは19歳だから、生まれてから19年間に、見たこと、聞いたこと、読んだこと、思ったこと、触れたこと、想像したこと、それらの全てが記憶の海に沈んでいる。

記憶の海は、キミの脳の中にもあるし、ハートの中にもあるし、お腹《なか》の中にもある。記憶の海には、意識があってね。意識と記憶が結びついて、人格とか性格を作っていく。

その結果、できた人格、性格を潜在意識という。

潜在意識が思いを作り、思いが考え方を作り、考え方が行動を作り、行動が習慣を作り、習慣が人生を作る。

キミの人生は、失敗も、成功も、幸福も、不幸も、キミが自由に選んだものではなく、実は、キミ自身の潜在意識に支配されて、影響を受けて、決定されている。

だから、どうしても叶《かな》えたい願望があるなら、神社でお願いをするように、自分の潜在意識にお願いすればいい。

毎日、このように語りかけてごらん。

『潜在意識さん。どうか●●大学医学部に合格できるほどの自分（名前）になれるように導いてください』ってね。

そしてさらに、1年後、2年後、医学部に合格した後の自分の姿を〝完了形〟でイメージしながら……

『自分とご縁のある、運命の大学に合格させて頂いて、ありがとうございます（↑完了形）。今後も一生懸命に勉強して、立派な医師になって、世のため、人のために尽くします』

と、本当にそうなっているかのように、目で見るようにはっきり見えるぐらいイメージし、感謝し、宣言するとよい。大学名は、ばくぜんとでもかまわない。

すでにそうなった自分に100%なりきって、

『私（自分の名前）はすでに●●大学医学部に合格できるほどの自分になれた。私（自分の名前）は勉強すること、努力することが何よりも楽しい。私（自分の名前）は充実した毎日を過ごしている』

と宣言して、ふわーっと気持ちよくなるぐらい〝成りきる〟のもよい。

ただし、やり過ぎてはいけない。やり過ぎると逆効果だからね。毎日15分以内にとどめることだ」と。

はじめて聞いた話でしたが、純粋にやってみたいと思い、「はい、わかりました」と答えました。

すると次の南極青年のお言葉が衝撃的でした。

「ポイントは、『●●大学に合格させてください』と言わないことだ」と。

「えっ、どうしてですか？」と訊《き》きました。

「人は、実にさまざまな願望を持って生きているが、どういう状態のときが、最も願望成就しやすい（願いが叶《かな》いやすい）のかと言うと、それは無我夢中のとき。我を忘れるほど、物事に熱中しているとき、心に障害物（＝思い）がなくなるから、潜在《せんざい》意識まで願いが通りやすい。逆に、願いが叶わないのは、思いが強すぎて、それにとらわれているとき。迷っているとき。頭でぐちゃぐちゃ考えているとき。うじうじ悩んでいるとき。そういう受験生は合格できないね。例えるなら、神社やお寺で『●●大学に合格させてください』とお願いするよりも、我を忘れるほど勉強に熱中してるほうが、神様や仏様は応援してくれる、ってわけ。

とくに潜在意識は、気まぐれで、〝あまのじゃく〟だから、『○○を叶えてください』と祈っても、言うことを聞いてくれない。けれど、そんな潜在意識を、その気にさせる、とっておきの方法があるんだ。それは潜在意識の、さらにその奥の〝無意識〟の願いを聞いてあげる、ってことなんだ」と。

「無意識の願い……ですか？」

「そう。実は、無意識は、潜在意識よりもずっと強くて、いわば〈主人〉みたいなもの。だから潜在意識を活用する極意は、無意識を味方につけること。そして、その近道が、自分から進んで無意識の願いを聞いてあげる、ってことなんだ。

じつはね、人間の無意識には、ある共通の願いがある。それは、人類全体が幸せになることであり、あなたがそれに貢献できるような（たとえ、どんなに小さな貢献でもいいから）そういう立派な人間に成長することなんだよ。

要は、キミ自身の人間的成長への願いに、志望大学（国公立大医学部）合格の願いを重ね合わせられれば、潜在意識はもちろんのこと、無意識も、喜んでキミに協力してくれるよ」と。

このとき、目から鱗《うろこ》が落ちました。私は、合格したい、合格したい、と焦るあまりに、すっかり落ち着きをなくし、自分自身が人間的に成長することを忘れていたのです。

あるとき、南極青年が、おやつにとミカンをくださいました。私は、勉強に集中するあまり、机の上に置いてあったそのミカンをコロンと下に落としてしまいました。

あっ……と言って拾い上げたときに、南極青年が、ぼそっと言ったことがあります。

「果物を盛るには、籠《かご》が必要なように、美味《おい》しい料理には、それを盛り付ける為の器《うつわ》が必要だよね。人生において美味しい結果を出したいなら、まず、それに見合うような立派な人間的〝器〟

を用意しないとね……」と。

果物《くだもの》は、果実《かじつ》とも言いますが、果実という言葉は、よく、努力したことが実った結果にたとえられます。成功の果実《かじつ》は、それを盛るための器がないと、ポロッと転げてしまいます。

南極青年は、よく食べ物に例えてお話をしてくださったのですが、それは私が食いしんぼうだからという以上に、深い教えが大変わかりやすく説かれていました。

ダメな自分と決別する方法

南極青年に言われたとおりのことを日々実践するうちに、まわりの人、親、姉妹からも、

「最近、明るくなったね」

「積極的になったね」

と言われるようになりました。

それ以前の私を知る人にとっては、信じられないような変化だったようです。なんせ1年前（1浪目）の私は本当にひどいものでしたから。成績ももちろんですが、もっとひどかったのは心の状態でした。焦りと不安。いつも心はノイズィ（騒がしい状態）で、ざわざわしていました。そして何故《なぜ》か、時に漠然《ばくぜん》とした悲しみに襲われたものです。季節が秋に近づくにつれ、

その現象は顕著《けんちょ》で、ひとりで公園の池を眺めながら、思わず知らず、涙を流していたこともありました。

秋は受験生（特に浪人生）を悲しい気持ちにさせます。たとえ夏までは順調でも、秋には現役生（高3生）も力をつけてくるので、浪人生にとっては自分の本当の実力を突き付けられる時期なので、何かと不安になるようです。

その独特のセンチメンタルな気持ちを恋愛感情と勘違いして付き合い始めるカップルもよく見かけました。たいていのカップルは、受験が終わったらすぐに別れてしまいます。

南極青年いわく、

「そんなのはホントの恋愛じゃないよ。擬似位相恋愛《ぎじいそうれんあい》といってね、受験に対する不安やドキドキ感を、すぐ隣にいる異性に対する恋愛感情と勘違いして、一時的にのぼせてしまっているだけなんだから。

たいてい、ポーッとなってしまった方が大学に落ちて、冷静だった方が合格する。私の知るかぎりでは、受験にマイナスにならないような恋愛をしているカップルは、１００組のうち、3組もいない」と。

さて、１浪目の秋といえば、私の成績は当然のことながらE判定で、なにもかもが中途半端な状態でした。不運なことにまわりにはやたらと成績が優秀な人ばかりが集まっていました。

なぜ不運かというと、まだ基礎的な勉強が仕上がっていないのにもかかわらず、そんな段階はとっくに通り越している成績優秀者の勉強に惑わされてしまうからです。

しかも、成績優秀者はそんな泥臭いことをやってきた自分の姿など微塵《みじん》も見せようとはしません。その真実の姿なくして、今日の成績優秀者はないというのに、それを知らないから、この参考書が良かった、あの参考書が良かった、という話を聞いては、浮気心を起こしてしまい、今自分がやっている参考書に自信が持てなくなり、違う参考書に目移りしていったのです。

「自分はやっぱりダメなのかな……」

「この人（成績優秀者）たちとは、住む世界が違うんだ……」

と自信も失っていきました。

弱気になって、医学部はどこか遠くにあるような気がしていました。

南極青年に出会っていなければ、私はこの〝できない自分〟から抜け出すことができなかったでしょう。

意識革命

南極青年に出会う以前の私は、次のようなネガティブ（否定的）な思い込みをかかえていました。

・偏差値が低いから自分はダメ……
・〝医学部はムリだ〟と言われてショック……
・偏差値の高い友だちに対する劣等感……

そんな私に、南極青年がこんな話をしてくださいました。


「人間のカラダは食べ物で作られているよね。じゃあ、ココロは何で作られていると思う?

ココロはね、考えたこと(思ったこと)で作られているんだよ。

例えば、キミが、今、自信が持てない(というココロの状態を作った)原因は何か?

偏差値が低いから自分はダメ……。

おまえは医学部はムリだ、と言われてショックを受けた……。

偏差値の高い友達に対して劣等感をいだいた……。

それらはすべて〝思ったこと〟であって、真実ではない。

ましてや、真理ではないし、キミの宿命でもない。

わかるだろうか? すべて〝思い込み〟なんだよ。

その思い込みが、今のキミのココロを作ってるわけだから、健康になりたければ、まず、食べ方を変えればいいように、自信を持ちたかったら、考え方を変えればいいんだ。

じゃあ、どういうふうに考え方を変えればいいのかというと、まず、理屈抜きに自分は運がいい、と信じることだ。

そして、自分は素晴らしい人間だ、と信じることが大事なんだ。

自分は素晴らしい人間だから、どんなピンチ、試練、逆境にあっても、必ず乗り越えられるし、目の前の現実がどんなに暗くとも、自分の未来は絶対に明るい。

そう信じているとね、偏差値が低いから自分はダメだ、といったネガティブ（否定的）で、消極的で、暗い考え方がわいてこなくなるよ。

むしろ、偏差値が低いところからスタートするほうが有利だ、とさえ思えてくる。

なぜなら、少々危機感を感じているぐらいのほうが、潜在意識も無意識も100％本気になって〝なんとかしよう！〟と目覚めるからだよ。

その分、加速度がついて、勢いに乗れるかもしれない。

だから絶対に合格できるんだ、と考えられればしめたもの。

それが、いつも勝負に勝てる人の考え方だから。

さらに、どこかの誰かさんに〝おまえは医学部はムリだ〟なんて言われても、ショックを受けるどころか、逆に、燃えてくるだろう。そうなれば、もはや、誰に何を言われても落ち込まなくなる。

また、〝自分は素晴らしい人間だ〟と理屈抜きに信じることができたら、誰かと自分とを比較することもなくなるから、誰に対しても劣等感なんか持たなくなる。

いつも、何か考えるとき（思うとき）は、そこを出発点にして、例えば、私は素晴らしい人間だから、必ず医学部に合格できるし、それ相応の努力をするわけだから、いつか必ず偏差値は上がる、というふうに、最初は無理やりでもいいから、考えるようにしなさい」と。

私たちは、日常的にネガティブな言葉を口にします。私も、南極青年に出会う前は、いとも簡単に、「ムリだ」、「不可能だ」、「苦手だ」、「最悪だ」というふうな言葉を口にしたり、思ったりしていました。

例えば、「毎日13時間も勉強なんて出来るわけがない」、「偏差値70なんて別世界だ」、「数学は苦手だ」、「英語は苦手だ」、「この前の模試、最悪ぅ～」といったぐあいに。これは南極青年に言わせれば、れっきとした〝催眠《さいみん》〟であり〝洗脳〟です。自分に対して自分で、そういう催眠をかけてしまっているわけです。なぜ、そんなバカげたことをするのかと言えば、「自分は素晴らしい人間だ」と理屈抜きに信じることができないからです。

目の前に立ちはだかる人生の壁に対して、「ぶつかるのが怖い」、「飛びこえる勇気がない」、「そんな弱い自分を見たくない」というのがホンネではないでしょうか。

とことんまで、やりもしないうちに、苦手だ、ムリだ、不可能だ、と決めつけるのは、自分の可能性に、自分から蓋《ふた》をして「それが当たり前だ」と思いこんで偽《いつわ》りの安心感にただ浸《ひた》りたいだけなのです。そんなの、ちっとも幸せじゃありませんし、そもそも、そんな人間のどこに魅力があるというのでしょうか？

思い込み、とは恐ろしいもので、「ムリだ」、「不可能だ」、「苦手だ」、「最悪だ」と思うのが日常で当たり前になると、潜在意識《せんざいいしき》の世界では、1日に何万回も「ムリだ」、「不可能だ」、「苦手だ」、「最悪だ」と自分に対して言い続けている状態に匹敵するそうです。

私はこの時、生まれて初めて、思い込みの怖さを知りました。

「数学が苦手だ」と思い込んでいるうちは、その催眠《さいみん》が解けない限り、数学を得意科目にすることはできませんし、「偏差値70なんて別世界だ」と思いこんでいたら、どんなに頑張っても、偏差値70は超えられないわけです。

南極青年いわく、

「思い込みに縛《しば》られている人は、セルフイメージ（自分が自分に対して持っている印象・評価）が低いんだ。セルフイメージとは自分からみた自分自身の価値や可能性のことをいう。自分は数学が出来ない（↓出来なくて当たり前）という思い込みも、偏差値70以上なんてムリ（↓ムリで当たり前）という思い込みも、〝低いセルフイメージ〟が原因なんだ」と。

たしかに南極青年のいうとおりでした。私は、ダメだった1浪目までは、自分のことが嫌いだったし、心のどこかで、自分はダメなんだと思い込んでいました。南極青年にこう訊《き》かれたのです。

「頑張っても、頑張っても、成績が上がらない人は、セルフイメージが低いからだ。例えば、模擬試験を受けて、その模擬試験の結果がものすごく悪かったら、キミはどう思う？」と。

私は答えました。

「えっ、どうかな……。きっと不安になると思います」と。

南極青年は言いました。

「多くの人は〝やっぱり自分はダメなんだ〟と自分を責めるだろう。そうやって、自分で自分に、低い自分像を植えつけているんだ。その結果、成績が低い状態が、当たり前化、している」

「セルフイメージの高い人なら、どう思うんですか？」と質問しました。

南極青年は、

「まず、模擬試験の結果が悪いくらいで、いちいち落ち込まない。『おかげで自分の弱点が発見できた』と思えるからね。

そして、『どうすれば、もっと良くなるのか？』と考えて、その時の直感に従って、すぐに行動する。思考、直感、行動に間《ま》が入らない。それが自分の限界を超えられる人の秘密だよ」

と教えてくださいました。

私が目指していたのは、医学部です。当然、「○○はムリ…」、「○○はニガテ…」なんて甘っちょろい言い訳は通用しません。そういうくだらない思い込みは、できるだけ早い段階で無くしておく必要があります。そこで私は、心の中の「ムリ」「ニガテ」を徹底的に見つめ直したのです。

「ムリ、と思っていることは何か？」

「ニガテ、と思っていることは何か？」

南極青年は、低いセルフイメージは、世間、友達、先生、親から植《う》えつけられたものがほとんどだと言っていましたが、確かに、私の場合もそうでした。

「あなたに医学部なんてムリ…」

「偏差値70なんてムリ…」

と周囲からさんざん言われてきましたから。

私はその思いこみを、ようやく自覚できる段階まで来ていました。そして、それを乗りこえる決意をしたのです。

南極青年に言われたとおりの考え方、行動のしかた、勉強のしかた、ライフスタイルに変えていきました。するとどうでしょう。自分の行動も少しずつ変わっていったのです。ネガティブな言葉は、口にしなくなりました。自分にとってマイナスだと感じる人とは、自然と関わりを避けるようになりました。そして、気づいたときには、考え方まで変わっていったのです。

「自分は医学部に合格して当たり前」

「自分は偏差値70以上とって当たり前」

と、何の根拠もなく、思えるようになったのです。私のセルフイメージは、格段に高くなりました。

見た目には何も変わりませんが、私にとっては、生まれてはじめての意識革命でした。

悪いヤツから自分を守る方法

ある日、喫茶店でコーヒーを飲みながら、南極青年に勉強を教わっていたときのことです。

「念のために言っておくが、今あなたがこうして教わっていることは、誰にも話しちゃいけないよ」と言いました。

突然の言葉に、私は不意をつかれました。南極青年は、私の目を見て、こう話を続けました。

「困るのは、僕じゃない。キミだからね。例えば、想像してみな。キミが、もし、魔法のランプを持っていることを多くの人に言いふらしたら、どうなると思う？　きっとどこからか〝悪いヤツ〟がその魔法のランプを奪いに来るだろね。もちろん、ここでいう〝悪いヤツ〟というのは、たとえだけど、人間の本性《ほんしょう》の中にはこの〝悪いヤツ〟がいっぱい潜《ひそ》んでいるからね」と。

この言葉を聞いたとき、私が1浪目だった頃の、ある出来事をふと思い出しました。

ある全国模擬試験の日のことです。友達のともちゃんと一緒に試験を受けに行き、お昼休みに食事をとっていたところ、その友達のクラスメイトがつかつかとやって来たのです。見上げると、不機嫌そうな表情でこちらを見下げていました。何ごとかと思った次の瞬間、いきなりその子がともちゃんを攻撃し始めました。あれやこれやと難癖をつけたあげく、

「あなたのことがずっとキライだったのよ！」

と大声でののしり、去って行きました。

「ええーっ？」

空気は凍りつきました。今まで仲良くやってきたクラスメイトから突然、罵声《ばせい》を浴びせかけられたのです。ともちゃんは泣き出してしまいました。当然のことながら試験どころでなくなりました。

ともちゃんは「帰る！」と言い出して筆記用具をしまいはじめました。私も、その場の空気に巻き込まれて、そそくさと片づけ、一緒に試験会場を後にし、その日1日、ともちゃんにつきあいました。

模擬試験を1つ無駄にしてしまったばかりでなく、その日1日をも無駄にしてしまったのです。人間のネガティブな感情は、ネガティブな行動を生み、貴重な時間が、おそろしく浪費されていっていたのです。

・他人の成功を嫉《そね》む気持ち。

・他人の成功を、心から喜べない気持ち。

・他人の挑戦、チャレンジ、努力を素直に応援できない気持ち。

そういったネガティブ（否定的）な気持ちは、多かれ少なかれ、誰の心の中にもあるものです。いっけん善良そうな人でも、注意が必要です。南極青年は、そのことを私に教えてくれました。うっかり気を許してしまうと、他人のネガティブ（否定的）な感情を引き受けてしまいます。たったそれだけで体調を悪くしてしまう敏感な方もいるようです。

他人から受けるネガティブ（否定的）な感情は、元気、やる気、積極性を奪います。潜在意識にとっては大変なダメージです。だから、魔法のランプを持っていることは、決して悪いヤツ（悪い心）には知られてはいけないのです。

南極青年はさらに、こう続けました。

「誰もが、心の中に持っている悪い心を煽《あお》るような言動や、周囲を不快にするような自慢も、ひかえなくてはならないね。『私はこんなすごい勉強法を知ってるんだ』なんて、間違っても人に言ってはいけないよ。それを聞いた人の99・9%は、『うらやましい～』と思うか、『なにそれ？　バカじゃないの？』と思うか、『教えて、教えて……』と大事なノウハウを聞き出そうとするかだからね。

人間関係を悪くして、よけいなストレスを受けてしまったり、キミの潜在意識を汚《けが》してしまったり、とにかく、ろくなことはない」と。

思えば、一浪目の私にはたくさんの友達がいました。いいえ、本当に、友達と呼べるのでしょうか。ただ不安をたれ流すための相手でした。そんな相手からは、感情においても、思考においても、いい影響を受けるはずがありませんでした。私も、相手に対して、悪影響を与えていたでしょうから、当然のことです。よいものどうしは引き合い、集まっていきますが、悪いものどうしもまた引き合い、群れるものです。自分がネガティブであれば、ネガティブな人を引きつけていってしまうものです。

そしてネガティブはさらに増幅されていくという悪循環を生じてしまう、そういう人間関係を作っていました。

この日から、私は〝魔法のランプ〟を手に入れたことを、そっと自分の胸の中だけに秘めることにしたのです。

毎日、生まれ変わる方法

その日も私は、いつもの公園のクラブハウスで南極青年と待ち合わせをしていました。

カッ、カッ……という革靴の心地よい響きとともに現れた南極青年は、開口一番、

「お待たせ。じゃあ始めよう。まずは、**宣言文から**」

と言いました。

宣言文とは何か？　南極青年が、毎回、お話してくださった受験勉強の心得を、ダイジェス

ト（要約）にして、暗誦《あんしょう》しやすくした呪文のようなものです。

南極青年が最も重視したのは、言語化《げんごか》です。なんでも、はっきり言葉に出すようにクセづけることです。

「あいまいな表現じゃダメだ。あらゆることを、きっちりと言葉にできるようにならないと、ダントツの成績をとることはできないよ」

と南極青年は言っていました。

私は、もともと、引っ込みがちな性格で、なにかと、はっきり言えないところがありました。南極青年から見て、それは本番にも不利だし、医者にも向いてないから、

「性格を変えなさい」

と言われました。じゃあ、どうやって変えるのか。それが、この宣言文の活用です。新しい自分に生まれ変わるための積極的で発展的な宣言文を、潜在《せんざい》意識にまで染《し》み込ませる、という方法です。

当時、私が宣言していたのはこれです。

●私は、このままいくと、国公立大学医学部に落ちる運命にあることを認めます。私は、その運命を変えるべく、以下の宣言文を毎日声に出し、約束を守ります。

●私の潜在《せんざい》意識さん、無意識さん、◯◯大学◯学部に合格できる自分に（それにふさわしい人間的器に）成長できるようにお導きください。必ずや立派な医者になって、世の為、人の為、みんなの為に人生を捧《ささ》げます。

●私の潜在意識さん、無意識さん、◯◯大学◯学部に合格できるような自分に成長させていただき、ありがとうございます。（※完了形で感謝の先取りを行う。）

●私は、入試が終わるまで時間と労力とエネルギーのすべてを勉強に捧げました。

●私は、現在の自分よりも、やや高めの目標を設定し、「やる」と宣言したことを確実にやり遂げました。

●私は、入試までに、何を、どれだけ勉強しなければならないかを知っています。だから、今日、何をどれだけ勉強すべきかがわかります。

●私は、自分の成長にとってマイナスになる言葉は目にいれません。耳にしません。口にしません。万が一、それが記憶と印象と感情に残ってしまった場合は、それが消え去るまで、宣言文を唱えるか、「黒流マントラ」を音読するか、「黒流ヤントラ」を写経するか（第4章194ページ、巻末特典を参照）、英語、現代文、古文の音読をするか、問題集を反復練習します。

●私は、「黒流勉強法」の秘密を守りました。
●私は、お風呂、トイレ、電車、バス、食前、食後、寝る前などの1分、5分、10分の細切れの時間を見つけて、つねに勉強しました。
●私は、『でも……』『できない』『わからない』を口にしません。『はい！』『できるとしたら……』『わかるとしたら……』と考えてつねに不可能だと思うことを可能にできるように工夫し努力します。
●私は、現在ただ今がよければ、過去も未来もよくなると知っているので、取り越し苦労も、過ぎ越し苦労もせず、ただ今に生きます。

まだまだ他にもあったと思いますが、こういった宣言文を毎日唱えるだけで、「性格が変わる」というのは事実のようです。実際、私は〝別人〟といわれるほど明るくポジティブに変わりましたし、多くの方にこの方法をすすめたところ、宣言文の内容は人によって違いますが、みな一様に良い結果が得られているようです。

イメージと言語の重要な関係

言語化についてお話しました。よどみなく、すらすらと、はっきりと、言葉に出すクセをつけるのは、宣言文のみならず、受験勉強のすべてに通じます。

ここで、さらに重要なお話をさせてください。

漢字は、それぞれの字にイメージ（意味）がこめられています。例えば、「鳥」という字が、鳥をイメージして作られたように（下図）、すべての漢字には特定のイメージ（意味）がこめられています。

漢字だけじゃありません。すべての文字や言葉もそうですが、受験勉強でよく登場する公式も、英単語も、古文単語も、日本史や世界史や現代社会の用語も、それぞれが特定のイメージ（意味）を含んでいるのです。

たとえば、sin（サイン）も、log（ログ）も、∫（インテグラル）も、Σ（シグマ）も、C（コンビネーション）も、F = ma（運動方程式）も、C（炭素）も、N（窒素）も、PV = nRT（気体の状態方程式）も、それぞれが特定のイメージ（意味）を含んでいます。

南極青年いわく、

「偏差値70以上の受験生の特長は、よく出る公式、単語、用語に含まれたイメージ（意味）を、よどみなく、すらすら、はっきり、正確に、言葉になおせることだ」とのこと。

「鳥」という漢字の成り立ち

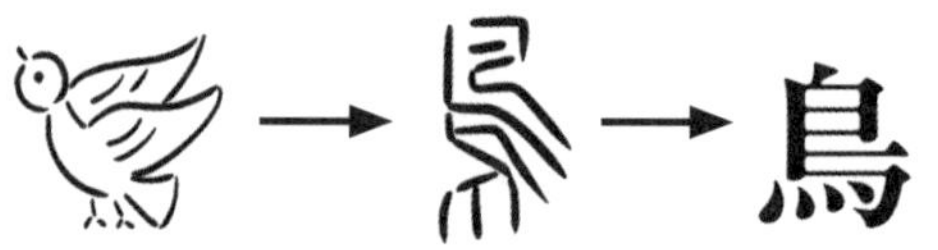

逆に言うと、一生懸命に勉強しても、偏差値がなかなか伸びない受験生は、よく出る公式、単語、用語を、いちおう知ってはいるのですが、それについて質問されても、よどみなく、すらすら、はっきり、正確に言葉に出せないのです。

論より証拠。私が南極青年に受けた指導を再現してみましょう。

英語編　これが偏差値70以上の感覚だ！

南　極「アイエヌジー（ing）のはたらき　3秒で」
ジュン「進行形、動名詞、現在分詞形容詞用法、分詞構文」
南　極「OK。では、現在分詞形容詞用法と分詞構文の違いは？」
ジュン「アイエヌジー（ing）が形容詞のときが現在分詞形容詞用法で、副詞のときが分詞構文です。」
南　極「OK。名詞節thatが、主語＋should＋動詞の原形を導く動詞、形容詞7つ、7秒で」
ジュン「demand, require, decide, advise, propose, suggest, necessary」
南　極「OK。次は、〝〜しないように〟7通り。10秒で」

ジュン「えっと…、not to 動詞原形。so that 主語 may not 動詞原形。for fear 主語 should 動詞原形。in order not to 動詞原形。in case 主語 should 動詞原形。lest 主語 should 動詞原形。」

南　極「遅い！　18秒もかかってるじゃないか。では次、〃にぶんのいち（½）〃を英語で言って」

ジュン「a half」

南　極「さんぶんのいち（1/3）は？」

ジュン「one-third」

南　極「さんぶんのに（2/3）は？」

ジュン「two-thirds」

南　極「よんぶんのさん（3/4）は？」

ジュン「three-fourths」

南　極「よんぶんのいち（1/4）は？」

ジュン「a quarter」

南　極「じゅうごぶんのに (2/15) は？」

ジュン「two-fifteenths」

南　極「ひゃくぶんのいち (1/100) は？」

ジュン「a-one hundredth」
南　極「ひゃくぶんのさん(3/100)は？」
ジュン「three-one hundredths」
南　極「OK。では、not to mention と同じ意味の熟語を3つ。5秒で」
ジュン「not to speak of ~ /without mentioning ~ /to say nothing of ~」
南　極「次は of を使わずに〝ピカソの絵〟を英訳して。3秒以内に」
ジュン「a picture by Picasso」
南　極「OK。〝1つのアドバイス〟を英訳して。3秒以内に」
ジュン「a piece of advice」
南　極「OK。〝赤い服の女の子〟を英訳して。3秒以内に」
ジュン「a girl in red」
南　極「OK。〝数学の権威〟を英訳して。3秒以内に」
ジュン「an authority on math」
南　極「OK。〝財産の所有〟を英訳して。3秒以内に」
ジュン「a title to the property」
南　極「OK。〝富士山は日本で一番高い山だ〟を4通りに英訳。20秒以内に」
ジュン「えっと…Mt. Fuji is higher than any other mountain in Japan.

それと…No other mountain in Japan is as high as Mt. Fuji.

No other mountain in Japan is higher than Mt. Fuji.

あとは…Mt. Fuji is the highest mountain in Japan.」

南　極「ＯＫ。ギリギリ言えたね。でもまだ完ぺきとは言えない。何十回も反復してね。では次。〝もし（今）水がなかったら…〟をWithout water, …以外の３通りに英訳して。５秒以内に」

ジュン「If it were not for water, …/ Were it not for water, …/But for water, …」

南　極「ＯＫ。こういうのは一息で言えないとね。では次。characterの意味を４つ」

ジュン「性格、特質、登場人物、文字」

南　極「ＯＫ。じゃあ、He can't swim, nor can I. の意味は？」

ジュン「彼は泳げないが、私も泳げない」

南　極「ＯＫ。では次。two days agoとtwo days beforeの違いは？」

ジュン「two days agoは、今から2日前。two days beforeは、過去の一点から2日前」

数学編　これが偏差値70以上の感覚だ！

南極青年が言いました。

「もしもキミが、数学者になりたい…というのなら話は別だが、たかが、大学受験の数学ごときで、才能があるか、ないかは関係ない。

実際、僕は、数学の才能なんか、まったくないが、全国模試で1位になったり、39度の高熱にうなされながらでも、センター試験は満点だった。

たしかに、そうなれるまでに(僕は)3年かかったが、(キミがめざす)医学部に合格できるぐらいの実力なら半年もあれば十分可能だ。では、どうすればいいか…。

ずばり、偏差値70の感覚を身につけなさい!

要は、数学における、上手な頭の働かせ方を反復練習すればいい。

まず、「受験数学の14の考え方」を丸暗記しなさい。これは、デキル受験生の感覚を言葉にしたものだ。

受験数学は、公式を覚える↓計算練習する、という段階も必要だが、せっかく身につけた公式も、計算力も、それを使うタイミングを知らなければ役に立たない。

この14個の考え方を、つねに意識しながら、入試問題を考えるようにすれば、公式を使うタイミングがわかるようになるし、数学がデキル感覚(偏差値70以上の感覚)が流入してくるだろう。

そして、数学の問題を解く前は、これを毎回、暗唱しなさい」と。

そして、サラサラ~っと、紙に書いてくださいました。

これをみなさんがわかりやすいように整理してみましょう。

受験数学14の考え方

①問題をシンプルに考えよ（単純化、似た式＝式 or グラフ or 図形 or 問題タイプ）
②条件を翻訳せよ（数文⇕和文　※巻末特典の「数学マントラ」参照）
③ゴールを予想せよ
④ゴールから、問題文の条件をどう使えば（どう変形させれば）いいか考えよ
⑤時間を止めてみたり、逆に戻してみたり、順に送ってみよ
⑥困難は分割したり、消去したり、置き換えたり、誘導に乗って考えよ
（似た式は引け、部分分数分解、動くものは消せ、動点固定、問題の誘導に乗れ）
⑦式の意味を考えよ（絶対値＝距離、ベクトル＝方向と大きさ）
⑧具体化せよ（数値を代入する、具体例を書き出す）
⑨グラフ化せよ、図示《ずし》せよ
⑩極端な場合を考えよ（ゼロ、１、直角、１８０度、有名角、対称性、規則性）
⑪公式は作れるようにせよ（三角関数、数列、漸化式、微分積分）
⑫問題の見方を変えよ（別解を作って、そのメリットとデメリットを吟味せよ）
⑬必要条件からスタートせよ（ゴールで十分条件をチェックする）

⑭解答を吟味せよ

私は、南極青年に言われたとおりにやってみました。

「問題をシンプルに考えよ」（①）が、あたりまえの感覚にまでなったら、東大京大の入試問題でもサクサク解けるようになります。私の場合は、秋頃までかかりましたが、その頃には、数学の偏差値は65〜70ぐらいありました。

南極青年は、「条件を翻訳せよ」（②）を重視し、「偏差値60ぐらいならこれだけで行ける」と断言されていました。お手製の「数学マントラ」で、私も、苦手数学を得意にできました。

「ゴールを予想せよ」（③）は、〝数強《すうきょう》〟といわれる受験生（偏差値70〜）に特有の感覚です。このアンテナを立てながら問題を解くようにすると、なんとなく「答えは、こうなんじゃないかなあ……」という直感が当たるようになります。

たとえば、3の倍数になることを証明する問題では、ゴールの形は、3×■がパッと浮かびます。

「ゴールから、問題文の条件をどう使えばいいか考えよ」（④）は、証明問題では常識。A＝Bを証明せよという問題では、まず、証明したいA＝Bの式を、解答の一番下に書き出して逆算すると、ひらめきやすい。

「時間を止めてみたり、逆に戻してみたり、順に送ってみよ」（⑤）は、確率、軌跡、関数などで活躍します。

「困難は分割したり、消去したり、置き換えたり、誘導に乗って考えよ」⑥は受験数学らしい考え方です。難しい問題に出会ったとき、数学が苦手な人は、はじめから「ムリだ」と決めつけます。ちょっと得意になってくると、無理やり力ずくで解こうとしますが、やっぱり解けません。難問をスマートに解くためには、ひと工夫することが大事。似た形の式は引いてみたり。XもYも、ちょろちょろ動かれたら困るので、一方を定数とみなして止めてみたり。あるいは、1文字を消去してみたり、別の文字で置き換えてみたり。（共通テストなら）問題文の誘導に乗って考えてみたりするのが大切です。

「式の意味を考えよ」⑦を使うと、行き詰まったときに解答の糸口が見つかります。∫（インテグラル）やΣ（シグマ）は、ある条件にもとづいて、多くの数の足し算をするときに使う。$\sqrt{●^2+▲^2}$の形をみると、2点間の距離をあらわしていることに気づく。

「具体化せよ」⑧は、文字がある数式に、具体的な数字を代入すると、解き方が見えてきます。nの個のサイコロを使う問題では、例えば3個だったらどうか、と考えてみることです。

「グラフ化せよ、図示《ずし》せよ」⑨は、当たり前に思うかもしれませんが、数学ができるかできないかの分水嶺《ぶんすいれい》（分かれ目）です。二次、三次関数の最大値、最小値を求める問題ではグラフ化は有効ですし、不等式や大小関係を考えるときは、グラフや図にすると、パッとわかります。三角関数は単位円で考えると秒殺《びょうさつ》できます。確率も図や表で書くと、ひらめきやすいです。

「極端な場合を考えよ」⑩は、問題の切り崩し方として覚えておくと便利です。図形問題の場合は、直角三角形を作ると解ける問題が多いです。有名角の0、30、45、60、90を中心に考えると、75は30＋45とうまくいきます。図形問題で対称性があるものを見つけると、計算を短くできます。

「公式は作れるようにせよ」⑪も、意外と大事。三角関数の40個もの公式や、数列・漸化式の公式や、微分積分の面積体積公式は、すべて瞬間的に導けるように練習しました。

特に、三角関数の公式は、単位円からスタートし、加法定理、二倍角、三倍角、和積、積和、…etc ぜんぶ1枚の紙（B4用紙）に何も見ずに書けるように練習すると、爽快な気分を味わえます。この作業を10分以内にできるようになれ、と厳しく指導されました。ちなみに、南極青年は、わずか7分で書けていました。

「問題の見方を変えよ」⑫も重要です。ある入試問題について、ABCの3通りの解き方が考えられるとします。Aなら60分かかり、Bなら15分かかり、Cなら5分で解けるとします。Aという解法を選んだ時点で、入試は負けです。Cは、めったに思いつかないでしょう。だから、Bの解法を選びます。問題を読みながら、1～2分で解き方の方針を決めます。これを「アタリをつける」というのだと教わりました。解き方の方針が決まったら、後は、速く、正確に、がめつく（完答できなかったとしても、1点でも多く、部分点を稼ぐ）解くだけです。そういう練習をふだんから積んでおくことです。私は、「90題の入試問題を、90分かけて、アタリをつける練習」を1カ月に1回くらいやるように教わりました。

「必要条件からスタートせよ（ゴールで十分条件をチェックする）」⑬は、a_n=○○が全ての整数で成り立つためには、例えばnが1の時に、成り立つために必要な条件から考えるということです。すべての子供（全ての整数）が喜ぶプレゼントが何かを考えるとき、まず、ひとりの子供（n=1）が喜ぶプレゼントを見つけます。

「解答を吟《ぎん》味《み》せよ」⑭は、最終確認はもちろんのこと、要所要所で、間違いがないかを確かめながら解き進めよう、という意味です。計算間違いは命取りですからね。

こうやって、14の考え方が習慣化されてくる頃には、あれほど苦手だった数学が、いつのまにか、チョー得意になっていました。

ここでは具体的に、京都大学の入試問題で、実際、どのようにして、この14個の考え方が使われているかを見てみましょう。左の問題を見てください。

いかがでしょうか？　この1問だけでも、14個の考え方のうち7個（つまり半分も）使っています。

ところで、南極青年の口ぐせは、「全ての入試問題は、見かけだおし」です。いっけん難しそうだったり、複雑そうに見えるのは、いわば、化粧をしているようなもの。化粧を落として、目、鼻、口だけにしてしまえば、あんがい簡単に解けるものです。

「14の考え方」の実践例①（京都大学の入試問題）

実数a, b, c,に対して $f(x) = ax^2 + bx + c$とする。このとき

$$\int_{-1}^{1}(1-x^2)\{f'(x)\}^2dx \leqq 6\int_{-1}^{1}\{f(x)\}^2dx$$

であることを示せ。

問題文に$f'(x)$があるから微分
②条件を翻訳せよ

条件を具体的に代入
⑧具体化せよ

（左辺）≦（右辺）を証明したいから（右辺）−（左辺）≧0を証明すればいい。
①問題をシンプルに考えよ
④ゴールから考えよ

$f'(x) = 2ax+b$ より，

$$6\int_{-1}^{1}\{f(x)\}^2dx - \int_{-1}^{1}(1-x^2)\{f'(x)\}^2dx$$

$$= \int_{-1}^{1}\{6(ax^2+bx+c)^2-(1-x^2)(2ax+b)^2\}dx$$

$\int_{-1}^{1}(\bigcirc)dx+\int_{-1}^{1}(\triangle)dx$ を１つに統一する $\int_{-1}^{1}(\bigcirc+\triangle)dx$
⑥ 困難は分割したり、消去したり、置き換えたり、誘導に乗って考えよ

$$= \int_{-1}^{1}\{10a^2x^4+16abx^3+(-4a^2+7b^2+12ac)x^2 +(-4ab+12bc)x-b^2+6c^2\}dx$$

$$=2\int_{0}^{1}\{10a^2x^4+(-4a^2+7b^2+12ac)x^2-b^2+6c^2\}dx$$

$$=2\left[2a^2x^5+\frac{-4a^2+7b^2+12ac}{3}x^3+(-b^2+6c^2)x\right]_0^1$$

$$=2\left(2a^2+\frac{-4a^2+7b^2+12ac}{3}-b^2+6c^2\right)$$

奇関数は消えて、偶関数だけ２倍 ⑪公式は作れるようにせよ

$$=\frac{4}{3}(a^2+6ac+9c^2+2b^2)$$

$$=\frac{4}{3}\{(a+3c)^2+2b^2\}\geqq 0$$

よって与式は成立する。

0 以上であることを証明したいから ●2≧0 という形を作りたい ③ゴールを予想せよ

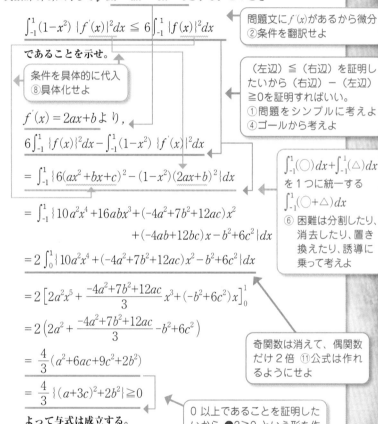

さて、この京大の入試問題ですが、これも典型的な見かけだおしです。

要は、$\int_{-1}^{1}(1-x^2)\{f'(x)\}^2dx \leqq 6\int_{-1}^{1}\{f(x)\}^2dx$ のところが、いっけん複雑そうに見えますが、やさしく考えれば、不等式の証明問題なわけですから、単純に（右辺）−（左辺）≧0 を証明するだけです。このパターンの問題では、

「右辺から左辺を引いて、0以上になるように式を変形していくだけ」

という基本は誰でも知っていますから、その誰でも知っている形に近づけて考えるだけです。

どんな問題でも、「つねに、誰でも知っている簡単な形に近づけて考えなさい」と教わりました。

そうすることで、考えがシンプルになり、難問でもビビらず、落ち着いて考えられるようになったわけです。

続いて、東京大学の入試問題を見てみましょう。左の問題を見てください。この問題も、やはり見かけだおしです。要は、面積を求めろ、と言っているわけですから、グラフを書いて、どこからどこまで積分するのかを調べるだけです。たったそれだけです。

このように、14個の考え方を暗唱し、使いこなせるようになるにつれて、数学の入試問題を解く際に、「まあ、なんとかなるわ」と思えるようになりました。そうなると、実際にスラスラ解けるようになるから不思議なものです。

「14の考え方」の実践例②（東京大学の入試問題）

a を正の定数とし,x の関数 $f(x)=x^3-ax^2-a^2x$ のグラフを C とする。$f(x)$ が極大となる x の値を b とするとき点 $(b,\ f(b))$ における C の接線と C とによって囲まれる部分の面積を a で表せ。

x	$\cdots$	$-\frac{a}{3}$	$\cdots$	a	$\cdots$
$f'(x)$	+	0	−	0	+
$f(x)$	↗	(極大)	↘	(極小)	↗

$f(x)=x^3-ax^2-a^2x\ (a>0)$ より,

$$f'(x)=3x^2-2ax-a^2$$
$$=(3x+a)(x-a)$$

増減表は右図

これより, $f(x)$が極大となるxの値b は

②条件を翻訳せよ

$$b=-\frac{a}{3}$$

点 $(b, f(b))$ における Cの接線$y=f(b)$ とCとの交点のx座標をc とする

$f(x)=f(b)$

$f(x)-f(b)=0$ の解が $x=b, b, c$ と言えるから

⑦式の意味を考えよ

解と係数の関係より

$$2b+c=a$$
$$\therefore\ c=a-2b$$
$$=a+\frac{2}{3}a$$
$$=\frac{5}{3}a$$

①問題をシンプルに考えよ

この値は$b=-\frac{a}{3}$ より大きい

$f(b)-f(x)=-(x-b)^2(x-c)$ より

求める面積S は,

$$S=\int_b^c\{f(b)-f(x)\}dx$$
$$=\int_b^c\{-(x-b)^2(x-c)\}dx$$
$$=\int_b^c(x-b)^2(x-c)\,dx$$
$$=\frac{1}{12}(c-b)^4=\frac{4}{3}a^4$$

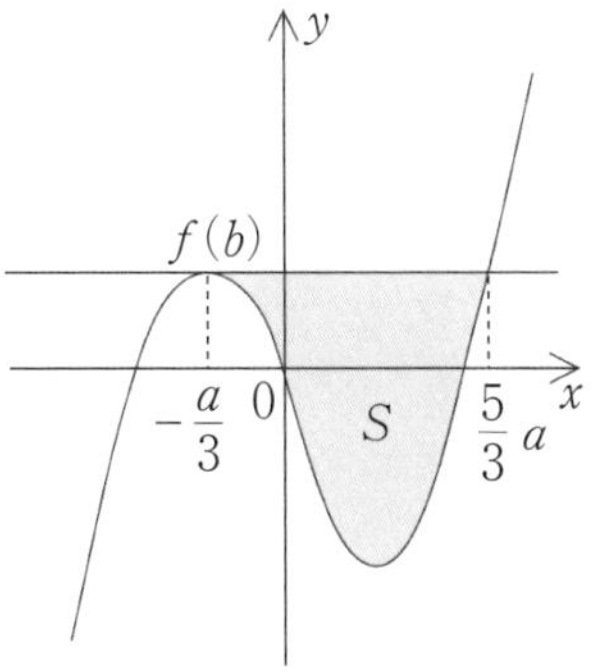

では、実際に私が南極青年から受けていた指導を再現してみましょう。

南　極「では、$y=ax^2+bx+c$ が x 軸より常に上側、常に下側にあるためには？」

ワイ イコール エーエックスのにじょう プラス ビーエックス プラス シーが エックスじくよりつねにうえがわ、したがわにあるためには？

ジュン「えっと、つねに上側は、グラフが下に凸（$a>0$）かつ x 軸と共有点なし（$D<0$）つねに下側は、グラフが上に凸（$a<0$）かつ x 軸と共有点なし（$D<0$）」

つねにうえがわは、グラフがしたにとつ（エーダイナリぜろ）かつ エックスじくと きょうゆうてんなし（ディーショウナリぜろ）つねにしたがわは、グラフがうえにとつ（エーショウナリぜろ）かつ エックスじくと きょうゆうてんなし（ディーショウナリぜろ）

南　極「遅い。20秒もかかっている。次、$p \Rightarrow q$ が成り立つとき、pはqであるための何条件か？　また、qはpであるための何条件か？」

ピーならばキューがなりたつとき、ピーはキューであるための なにじょうけんか？ また、キューはピーであるためのなにじょうけんか？

ジュン「$p \Rightarrow q$ であればpはqであるための十分条件。qはpであるための必要条件」

ピーならばキューであれば ピーはキューであるための じゅうぶんじょうけん。キューはピーであるためのひつようじょうけん

南　極「OK。$\sqrt{2}$や$\sqrt{3}$が無理数《むりすう》と証明したいときは？」

ルートにや ルートさんが むりすうと しょうめいしたいときは

ジュン「一般的に背理法《はいりほう》で示す」

いっぱんてきに はいりほうで しめす

南　極「OK。今回の場合なら、有理数と仮定して矛盾を導く。では次、$\vec{a}$の単位ベクトルは？」

エーベクトルの たんいベクトルは？

ジュン「$\dfrac{\vec{a}}{|\vec{a}|}$」

ぜったいちエーベクトル ぶんの エーベクトル

南　極「OK。$\vec{a}$と$\vec{b}$の内積は？　２通りで」

エーベクトルと ビーベクトルの ないせきは？

ジュン「$\vec{a}\cdot\vec{b}=|\vec{a}|\cdot|\vec{b}|\cos\theta$　$\vec{a}\cdot\vec{b}=a_1b_1+a_2b_2$」

エーベクトルとビーベクトルのないせき イコール ぜったいち エーベクトル カケル ぜったいち ビーベクトル コサインシータ エーベクトルとビーベクトルのないせき イコール エーワンビーワン プラス エーツー ビーツー

南　極「OK。$\vec{a}$と$\vec{b}$ が垂直といえば？」

エーベクトルと ビーベクトルが すいちょくといえば？

ジュン「$\vec{a}\cdot\vec{b}=0$《エーベクトルとビーベクトルのないせき イコール ぜろ》」

南極「OK。だいぶスラスラと答えられるようになってきたね。この調子でパッと聞かれたら、即座にノータイムで答えられるようにしていこう」

化学編　これが偏差値70以上の感覚だ！

南極「化学の計算は物質量《モル》の計算ができるかどうかで決まる。じゃあ、確認するよ。では、物質量《モル》の粒子数からの求め方は？《モルの りゅうしすう からの もとめかたは?》」

ジュン「$\frac{\text{粒子数}}{6.02\times 10^{23}}$《ろくてんぜろに カケル じゅうのにじゅうさんじょう ぶんの りゅうしすう》」

南極「OK。では物質量《モル》の原子の質量からの求め方は？《モルの げんしの しつりょう からの もとめかたは?》」

ジュン「えっと、$\frac{\text{原子の質量}\ (g)}{\text{原子量}}$《げんしりょう ぶんの げんしの しつりょう (グラム)》」

南　極「OK。次に、物質量《モル》の分子の質量からの求め方は？」
モルの ぶんしの しつりょう からの もとめかたは？

ジュン「$\dfrac{\text{分子の質量}(g)}{\text{分子量}}$」
ぶんしりょう ぶんの ぶんしの しつりょう（グラム）

南　極「OK。物質量《モル》の標準状態の気体の体積からの求め方は？」
モルの ひょうじゅんじょうたいの きたいのたいせき からの もとめかたは？

ジュン「$\dfrac{\text{標準状態における気体の体積}(\ell)}{22.4}$」
にじゅうにてんよん ぶんの ひょうじゅんじょうたいにおける きたいのたいせき（リットル）

南　極「OK。電流 I（アンペア）で時間 t（秒）間に、流れた電子の物質量《モル》の求め方は？」
でんりゅうアイ（アンペア）で じかんティー（びょう）かんに、ながれた でんしの モルの もとめかたは？

ジュン「えっーと、$\dfrac{I(\text{アンペア}) \times t(\text{秒})}{96500}$」
きゅうまんろくせんごひゃく ぶんの アイ（アンペア） カケル ティー（びょう）

南極「遅い！　答えに6秒もかかっている。何度も反復してスラスラ言えるようにしないとダメだ。では次、質量パーセント濃度の求め方は？《しつりょうパーセントのうどの もとめかたは?》」

ジュン「$\dfrac{\text{溶質の質量 (g)}}{\text{溶液の質量 (g)}} \times 100\ (\%)$《ようえきのしつりょう（グラム）ぶんの ようしつのしつりょう（グラム）カケル ひゃく（パーセント）》」

南極「OK。モル濃度の求め方は？《モルのうどの もとめかたは?》」

ジュン「$\dfrac{\text{溶質の物質量 (mol)}}{\text{溶液の体積 }(\ell)}$《ようえきのたいせき（リットル）ぶんの ようしつのぶっしつりょう（モル）》」

南極「OK。質量モル濃度の求め方は？《しつりょうモルのうどの もとめかたは?》」

ジュン「$\dfrac{\text{溶質の物質量 (mol)}}{\text{溶媒の質量 (kg)}}$《ようばいの しつりょう（キログラム）ぶんの ようしつのぶっしつりょう（モル）》」

南極「OK。飽和溶液での溶解度と溶質、溶媒、溶液などの関係式は？」《ほうわようえきでの ようかいどと ようしつ、ようばい、ようえきなどの かんけいしきは？》

ジュン「$\frac{\text{溶質の質量 (g)}}{\text{溶媒の質量 (g)}} = \frac{\text{溶解度}}{100}$ ・ $\frac{\text{溶質の質量 (g)}}{\text{溶液の質量 (g)}} = \frac{\text{溶解度}}{100+\text{溶解度}}$」《ようばいのしつりょう（グラム）ぶんの ようしつのしつりょう（グラム）イコール ひゃくぶんの ようかいど カケル ようえきのしつりょう（グラム）ぶんの ようしつの しつりょう（グラム）イコール ひゃく プラス ようかいど ぶんのようかいど》

南極「OK。では電離度の求め方は？」《でんりどの もとめかたは？》

ジュン「電離度＝$\frac{\text{電離した電解質の物質量 (mol)}}{\text{溶解した電解質の物質量 (mol)}}$」《でんりど イコール ようかいした でんかいしつの ぶっしつりょう（モル）ぶんの でんりした でんかいしつの ぶっしつりょう（モル）》

南極「OK。電子の物質量から、析出量（g）の求め方は？」《でんしの ぶっしつりょうから、せきしゅつりょう（グラム）のもとめかたは？》

ジュン「$\frac{\text{原子量} \times \text{電子の物質量 (mol)}}{\text{イオンの価数}}$」《いおんのかすう ぶんの げんしりょう カケル でんしの ぶっしつりょう（モル）》

南極「OK。組成式（CxHyOz）の求め方は？」

そせいしき（シーエックス エイチワイ オーゼット）のもとめかたは？

ジュン「$x:y:z = \dfrac{Cの質量}{12.0} : \dfrac{Hの質量}{1.0} : \dfrac{Oの質量}{16.0}$」

エックス タイ ワイ タイ ゼット イコール じゅうにてんぜろ ぶんの シーの しつりょう タイ いってんぜろ ぶんの エイチの しつりょう タイ じゅうろくてんぜろ ぶんの オーの しつりょう

南極「OK。イオン化エネルギーの定義を5秒以内に」

イオンかエネルギーのていぎをごびょういないに

ジュン「原子から電子1個を取り去って、1価の陽イオンにするときに必要なエネルギー」

げんしから でんしいっこを とりさって、いっかの ようイオンに するときに ひつような エネルギー

南極「OK。電子親和力の定義を5秒以内で」

でんししんわりょくの ていぎを ごびょう いないで

ジュン「えっと、原子が電子1個を取り込んで1価の陰イオンになるときに放出されるエネルギー」

げんしが でんしいっこを とりこんで いっかの いんイオンに なるときに ほうしゅつされる エネルギー

● 物理編　これが偏差値70以上の感覚だ！

南　極「投げ上げで元の位置に戻るときは？《なげあげで もとのいちにもどるときは?》」

ジュン「$v_0t-\frac{1}{2}gt^2=0$《ブイぜろティー マイナス にぶんのいち ジーティーのにじょう イコール ぜろ》」

南　極「そのときのtは？《そのときのティーは?》」

ジュン「$t=\frac{2v_0}{g}$《ティー イコール ジーぶんのにブイぜろ》」

南　極「OK。では、仕事率pを示せ《しごとりつ ピーを しめせ》」

ジュン「$p=\frac{W}{t}$《ピー イコール ティー ぶんの ダブリュー》」

南　極「OK。位置エネルギーは？《いちエネルギーは?》」

ジュン「mgh《エムジーエイチ》」

南　極「OK。弾性力kxによる《だんせいりょくケーエックスによる》位置エネルギーは？《いちエネルギーは？》」

ジュン「$\frac{1}{2}kx^2$《にぶんのいち ケーエックスのにじょう》」

南　極「OK。等速円運動をしている《とうそくえんうんどうをしている》物体が《ぶったいが》受けている力の向きとその大きさは？《うけているちからのむきとそのおおきさは？》」

ジュン「中心向きで《ちゅうしんむきで》$\frac{mv^2}{r}$《アール ぶんの エムブイのにじょう》」

南　極「OK。次。単振動の《たんしんどうの》（時間的な）《（じかんてきな）》角度を示す量θを《かくどをしめすりょうシータを》なんというか《なんというか》」

ジュン「位相《いそう》」

南　極「θを求める式は？《シータをもとめるしきは？》」

ジュン「$\theta = \frac{2\pi}{T}t$《シータ イコール ラージティー ぶんの にパイスモールティー》」

南　極「OK。波の速さは？《なみのはやさは？》」

ジュン「$v = \frac{\lambda}{T}$《ブイ イコール ティー ぶんの ラムダ》」

国語編　これが偏差値70以上の感覚だ！

南　極「今から読み上げる語句を正確に書いて。〝せんもんのがくもんをおさめる〟」

ジュン「専門の学問を修める」

南　極「OK。〝専門〟の門には口はいらないけれど、学問の問には口をつけることに注意。

また、〝おさめる〟には収める、納める、治めるなどの同音異義語があるので、文脈に応じて使い分けられるようにしておく。同音異義語は、〝たいしょう〟ならば対象・対照・対称などがある。では続いて〝けつえんとちえんはにんげんのれきしのなかでしゅうねんぶかくおをひいてきた〟」

ジュン「血縁と地縁は人間の歴史の中で執念深く尾を引いてきた」

南　極「〝がっこうにおけるえんげきにたいしてはひかくてきかんだいでときにはしょうれいさえされた〟」

ジュン「学校における演劇に対しては比較的寛大で時には奨励さえされた」

南　極「ＯＫ。次は現代文用語の問題。〝主観〟の意味を５秒以内に」

ジュン「自分ひとりの考えや感じ方」

南　極「ＯＫ。対義語である〝客観〟の意味を５秒以内に」

ジュン「みんなが納得する考えや感じ方」

南　極「ＯＫ。〝抽象〟の意味を５秒以内に」

ジュン「ものごとのある共通する性質をひき出して、ひとまとめにとらえること」

南　極「ＯＫ。対義語である〝具体〟の意味を５秒以内に」

ジュン「はっきりとした姿や形を持っていて、直接感覚でとらえること」

南　極「ＯＫ。〝絶対〟の意味を５秒以内に」

ジュン「比較・対立するものがないこと」
南　極「ＯＫ。対義語である〝相対〟の意味を５秒以内に」
ジュン「比較・対立などの、他との関係において存在すること」
南　極「ＯＫ、次はカタカナ語の問題。〝モラトリアム〟の意味を５秒以内に」
ジュン「猶予期間。とくに青年期に大人としての役割を果たすことを免除される期間のこと」
南　極「ＯＫ。それでは古文にいこう。まずは古文単語のチェックから。〝いとやむごとなき際にはあらぬが〟の現代語訳を７秒以内に」
ジュン「あまり高貴な身分ではない方で」
南　極「ＯＫ。助動詞〝べし〟の接続・意味を10秒以内に」
ジュン「終止形接続、推量・意志・可能・当然・命令・適当です」
南　極「ＯＫ。助動詞〝む〟の接続・意味を10秒以内に」
ジュン「未然形接続、推量・意志・婉曲《えんきょく》・適当・仮定、あともう１つは……」
南　極「遅い、もう１つは勧誘。古典文法は何度も口に出して暗記して。次、〝老ゆ〟の活用の種類を３秒以内に」
ジュン「ヤ行上二段活用です」
南　極「ＯＫ。〝まゐる〟の尊敬語と謙譲語の意味を10秒以内に」
ジュン「尊敬語はお飲みになる・召し上がる、謙譲語は参上する・参詣《さんけい》する、です」

南極「OK。〝たまふ〟の尊敬語と謙譲語の活用の違いを10秒以内に」

ジュン「尊敬語はハ行四段活用、謙譲語はハ行下二段活用」

南極「OK。〝上達部〟の読みと意味を7秒以内に」

ジュン「〝かんだちめ〟と読み、大臣・大納言などの三位《さんみ》以上の上級の役人を指します」

南極「OK。今から読み上げる古文を現代語訳して。〝ひとのいのちはあくるをまつものか〟」

ジュン「人の命というものは夜が明けるのを待ってくれるか、いや待ってくれない」

南極「OK。もう1つやろう。〝もののけにあずかりてこうじにけるにや〟」

ジュン「物の怪にかかわって疲れてしまったのだろうか」

南極「OK。旧暦の月の名前を15秒以内にすべて答えて」

ジュン「睦月《むつき》、如月《きさらぎ》、弥生《やよい》、卯月《うづき》、皐月《さつき》、水無月《みなづき》、文月《ふみづき》、葉月《はづき》、長月《ながつき》、神無月《かんなづき》、霜月《しもつき》、師走《しわす》」

南極「OK。では漢文にいこう。再読文字を9つすべて15秒以内に答えて」

ジュン「未《いま》ダ〜ず、将《まさ》ニ〜ントす、且《まさ》に〜ントす、当《まさ》ニ〜べし、応《まさ》ニ〜べし、須《すべか》ラク〜べし、宜《よろ》シク〜べし、猶《な》ホ〜ガごとシ、盍《なん》ゾ〜ざル」

南極「OK。〝故人〟の読みと現代日本語訳を7秒以内に」

ジュン「こじんと読み、親友という意味です」

南極「OK。〝是以〟の読みと現代日本語訳を7秒以内に」

ジュン「ここヲもってテと読み、こういうわけでという意味です」
南　極「OK。次の漢文〝信而見疑〟の書き下し文と現代日本語訳を15秒以内に答えて」
ジュン「信なれども疑はると読み、誠実であるにも関わらず疑われるという意味です」
南　極「OK。受身の句形だね。〝将飲酒〟の書き下し文と現代日本語訳を10秒以内に」
ジュン「将（まさ）に酒を飲まんとすと読み、今にも酒を飲もうとしているという意味です」
南　極「OK。〝衣無若新〟の書き下し文と現代日本語訳を15秒以内に」
ジュン「衣は新たなるに若《し》くは無しと読み、着物は新しいのに及ぶものはないという意です」
南　極「七言律詩《ななごんりっし》の特徴を10秒以内に」
ジュン「一句が7文字で、八句構成。第一句末と偶数句末が押韻《おういん》となる」

トマトから学んだ教え

南極青年の指導がスタートして2カ月が過ぎた頃のこと。

いつものクラブハウスで朝から勉強していると南極青年が現われて、「どうぞ……」と美味しそうなトマトをくださったのです。

「ありがとうございます！」

と言って、食いしん坊な私は、そのままかぶりつきました。

「美味しい！　どこのトマトですか？」

と質問しました。南極青年は、こう言いました。

「うちの庭で作ったトマトだよ。今、スーパーで売られているトマトは水につけると浮いてしまう。糖分も少ないし、中身がつまってないから、軽いし、甘くない。でも、このトマトはドボーンと水に沈むぐらい、ぎっしり身が詰まっているから甘くて美味しい。要は、育てられた環境の違い。ぬくぬく育てられたトマトと、水も養分も少ない飢餓《きが》状態で育てられたトマトとでは、中身に差がつくのはあたりまえ。受験生と同じだよ」

「受験生と同じ、ですか……」

「まあいいや……。明日やろう……と言って先延ばしにする受験生と、飢餓状態で知識を吸収しようとする受験生とでは、中身に差がつくのはあたりまえ、ってことだよ」

「なるほど。飢餓《きが》状態がだいじってことですね。そう言われると、私はまだまだなぁと思いますね。たとえばどうすればもっと飢餓状態になれますか？」

と私は質問しました。すると、南極青年いわく、

「そうだね。まずは、できるかぎり毎日17時間勉強する、と決めるんだ。僕と一緒にいる時間も勉強時間にカウントしていいから。そうすると、睡眠と入浴とトイレと食事と新聞に軽く目を通すのに7時間は必要だから、それを引くと17時間。つまり、よけいなことを考えているひまがないぐらい勉強する。そして僕が出した宿題は完ぺきにやり抜くことだね。そうすれば、しぜんと飢餓状態になれるよ」

私はこの1年間、できるかぎり、毎日12~17時間は勉強しました。テレビを見たこともありません。服装はほとんどTシャツか、トレーナーにジーンズで、おしゃれなんかしたこともありませんでした。

いっけん、外見はムサーイ浪人生でしたが、内面はいつもとびきり輝いていました。そう、あの甘くて美味しいトマトのように!

模範解答

「そろそろ、小論文の対策もはじめようか」

と南極青年が言ったのは、たしか、夏休みが終わる頃でした。

そう、それまで私は、まったく小論文の対策をしていませんでした。

「はい。何からはじめればいいですか？」

「そうだな…、まずは実力試しだ。今度の駿台《すんだい》の小論文模試を受けてみようか」

「わかりました。それまでに、小論文の勉強はしておかなくても大丈夫ですか？」

「しなくていい。思うままに、書いてきなさい」と。

私は、南極青年に言われるがまま、〝ノー勉〟で小論文模試を受けることになったのです。

何の対策もせず、模試の会場に着きました。

問題用紙と、解答用紙が配られ、試験が始まります。皆、いっせいに小論文のテーマに目をやりました。私は、ただ思うままに筆を進め、制限時間いっぱいつかって文を完成させました。

手応えは、まぁまぁ、といった感じでした。

試験から帰り、早速私は南極青年に報告にいきました。

「どうだった？」

「まぁまぁ、できたような気がします」

「そうかい。結果が楽しみだね」

南極青年はそう言うと、なにかしら意味ありげな笑みを浮かべられました。そして、およそ1カ月が経ったある日のこと、模試の結果が出ました。なんと、全国1位です。

驚いたのはそれだけではありません。私はその模範解答を見た瞬間、目を丸くしました。

「あれっ、これ私の書いた文章……」

一瞬、わけがわかりませんでした。目をこすってよく確かめましたが、そこには確かに〝模範解答例〟と印字されていました。そう、私の書いた小論文が、そのまま、模範解答例として掲載されていたのです。

私はただ、南極青年が日々勉強の合間に聞かせてくださったお話を、私なりに解釈して、そのまま書いただけでした。それで、100点満点の小論文になっていたのです。早速、南極青年に私の書いた小論文を見ていただくと、

「よくやったね。でも、これってぜんぶ、僕が喋った話だね（笑）」

と、笑っておられました。私は改めて南極青年の雑談の威力を知ることになったのでした。

白いカラスを探す

南極青年のもとで勉強するようになってしばらくたったある日のこと、こんなことを教えていただきました。

「毎日100円ずつ貯金箱にいれて貯金していこう。1カ月に一度、住吉大社にお参りに行き、貯金箱にたまったお金を賽銭箱にいれるんだ。

そのとき自分のことは祈ってもいいけど、1割程度にね。○○大学に合格しますように、というような執着のお祈りではなく、世のため、人のために役に立つ医者になりますので、御縁のある大学にお導きください、というように祈ったらいいよ」

住吉大社は私の産土《うぶすな》（地元の）神社でした。お参りに行った時には神様に感謝し、両親やまわりの人の幸せを祈るように教えられました。

そこで早速、特別にお賽銭用の貯金箱を用意しました。それから毎日、貯金をし、言われた通り1カ月に一度、住吉大社に参拝するようになりました。

参拝するようになって何度目かのある日のことでした。

南極青年との勉強が終わったとき、こんな話から始まりました。

「今日は住吉大社の参拝の日です。これから行ってきます」

「そうか。じゃあ、今日はね、神主さんのところに行って、ここには白いカラスがいますか？って聞いておいで」

「えっ？　白いカラス？　またどうしてですか？」

「ま、いいからいいから」

「わかりました」

そこで私は住吉大社で神様にご挨拶した後、境内《けいだい》で歩いている神主さんを見つけました。

（白いカラスがいますか、って聞かなくちゃ…。でもいきなり恥ずかしいな…。）

少しの間もじもじしていました。でも南極青年との約束だったので、私は意を決して神主さんに聞きました。

「あの〜、ここには白いカラスがいますか？」

神主さんは穏やかに、にっこり笑って応えてくださいました。

「ここにはいませんね」


後日、南極青年と会った時に住吉大社での一部始終を伝えました。南極青年はニコッと笑ってただひと言、「合格」と言って去って行きました。

私はぽかんとして何が何だかよくわかりませんでした。ただ、何かしら訳もわからずうれしい、という気持ちでした。

今思うと、これは自分の（低いレベルでの）ナットクを超える試験だったのだと思います。

実際、私は「カラスは黒いのが当たり前」と思いながらも、「南極青年の言うことだから、きっと深い意味があるに違いない」と、勇気を出して聞いてみることができました。

南極青年から指示されたことに対して、いちいち「これって本当に効果があるのかな」とか、「こんなことやってなんの意味があるのかな」と思うことは一度もありませんでした。

実際、私が神主さんに白いカラスのことを聞いたその時、意を決して自分の壁を乗り越えて、感覚がジャンプする体験をしたのだと思います。

ジャンプする直前は不安定になるから、不安にも襲われます。そこを超えて勇気を出してジャンプした瞬間、全く違う感覚へトリップするのです。

実はこれは数学の問題を解くときにも必要な感覚です。

さらには、人が成長するときにも必要な感覚なのです。

もう1つ大切なことは、聞いてみるまでわからない、やってみるまでわからないことに「そんなことあるわけない」と言って決めつけず、まずやってみることです。その素直さが合格には必要なのです。

こんなことやってどうするんだろう。成績が上がるわけがない、と言って自分の決めた枠内でしか勉強しないのは「私はあるがままでいいんだ」という、低い次元でのあるがまま。いつまでたっても自分の枠から抜け出ることはできません。そうではなく、理解できなくても、納得できなくても、まず素直にやってみる。こうやって生きていくと一段上のあるがままの自分に向かうのです。

ところで、この「白いカラス」の話には、驚くような後日談があります。私は医師になってから数十年が経《た》ちますが、ずっと、追いかけていた夢がありました。「南極老人が理想とする医院をひらきたい」という夢です。その夢を追いかけるべく、医師として働きながら、南極老人のもとでアーユルヴェーダや中医学など、さまざまな医療について学び続けてきました。

その念願が叶い、ついに2022年に、「ポラリス診療所」を開院することに。

さぁ、やっと準備が整った、その日のことでした。

あるニュース映像が、私の目に飛び込んできたのです。

「スクープ！　東京都内の神社に〝白いカラス〟が現れた」と。

そう、本当にいたのです。神様の使いのような、真っ白いカラスが！

まるでこの日を、祝福してくださっているようで、じわーっと、感謝でいっぱいになりました。

ひらめきが降ってくる連続思考法

南極青年から教えていただいたことの中に、連続思考法があります。

同じ問題を、何日も、何週間も考え続けるのです。もちろん、それしかやらないわけではありません。それ以外の勉強もしっかりやった上で、同じ問題を1日に何回も、毎回5分とか10分とか、長くても30分ぐらいですが、考え続けるのです。

南極青年の添削課題は、実に変わっていて、自力で正解するまで正解を教えてくれないのです。英語、数学、国語を中心に、各科目につき添削課題は1年間で30問ずつぐらいしかないのですが、これがチョー難しいのです。

例えば、英語ならこのような問題がありました。

「以下の語句をすべて使って、意味の通る英文を作りなさい。」

all / but / as / of / when / to / in / so / by / speaker / usually / for / native / most / Japanese / words/ know / hundreds / words / English / Japanese / spoken / these / have / understood / foreigners / are / cannot / be / been / incorporated / of / the / vocabulary / , / these / distorted / pronunciation / which / into / to / the / quite / unrecognizable / and / same / be / by / part / Japanese / a / Japanese / English / .

実際には、こんなとんでもない問題が入試に出題されることはありませんが、私は2カ月かけてこの問題に取り組みました。2カ月間もかけて取り組んだ問題は、今でもハッキリと脳裏に焼きついています。

ちなみに、添削課題以外に、赤本（過去問）、暗記プリント、「黒流マントラ・ヤントラ」（第4章194ページ、巻末特典を参照）など、毎日やるべきことが山のようにあるので、正直、添削課題には時間はかけられません。それでも1度考えたら、やはり、気になるもので、ウンウン唸《うな》りながら考えて、やっとの思いで答案を作っては、南極青年に提出して、ダメのひと言で突き返されて、悔しい思いをしたものです。

ある日のこと。何週間も考え続けたのにわからない問題があり、悔しさのあまり、ちょっと泣きが入ったといいましょうか、もう限界だと思ってヒントをもらおうと思いました。南極青年の行きつけの喫茶店に駆けつけて、

「あのぉ〜、この問題のヒントをください…」

とお願いすると、どれどれ…と南極青年がその問題に目を通し始めたそのとき、パッと解き方がわかったのです。

それまで何週間も考えてもわからなかった問題だったのに、その瞬間にわかったのです。

「あっ、わかりました…からもういいです（笑）」

と言ってプリントを返してもらいました。

それを見て南極青年は笑《え》みをうかべながら、こう言いました。

「よかったね。キミは、60秒前のキミより、ずっと頭がよくなったね」と。

「えっ、ホントですか？」

「ホントだよ。人間が一番かしこくなる瞬間というのはね、わかりやすい説明を聞いて、わかった！というときよりも、むしろ、ウンウン唸《うな》りながら考えても、それでもわからない、ああ悔しい、ああ情けない、となってあきらめかけた時に、パッとわかる瞬間なんだよ。そういう経験を何回かするうちに、凡人が秀才に、秀才が天才に変わる。天から才能が降ってくるんだよ」

と教えてくださいました。

自分の限界を超えるまで考え抜いたから、答えを聞く前に自分でひらめいてしまうのです。

実は、南極青年の指導を受けて以来、こんな経験を何度もしていて、凡才中の凡才だった私が、自分で言うのもなんですが、11カ月で、ちょい秀才ぐらいにはなれたような気がします。

覚悟

いよいよセンター試験の前日のこと。南極青年は（高そうな）いつもの黒いコートに身をつつみながらクラブハウスに現れました。

「今日は特別なお話をしてもらえるのかなぁ……」

と、ちょっと期待したのですが、逆に拍子抜けするぐらい、いつもの、ふつうの勉強会でした（笑）。いいえそれどころか、「今さら……」と思うぐらいの基本を、これでもか、これでもかと言わんばかりに確認、確認、確認の嵐で、ようやく南極青年の真意が読めました。

もう指導を受けて9カ月です。この頃になると、多くを語らずとも、師の言いたいことが、だいぶ読めるようになりました。

帰りしなに、ひと言だけ、「平常心が大事、ってことですね？」と言いましたら、南極青年は、笑顔でうなずきつつ、こういったのです。

「教えるべきことは、すべて教えた。すべての答えは、キミの中にあるよ」と。なんだか、とても寒い日だったのに、ポカポカとした陽気につつまれるような気持ちでした。

翌朝、試験会場に向かうとき、多くの人並みにもまれながら南極青年のある言葉を思い返していました。

「人はね、無意識で、全人類とつながっているんだ。だからあなたが医者になろうと思えば、全人類の無意識から〝許可〟が得られればいい。『偏差値を上げたい』とか、『お金持ちになりたい』とか、『かっこいい車に乗りたい』とか、そういった個人レベルの願望は、潜在意識さえ目覚めれば、たいていのことは叶《かな》うだろう。しかし、人々に影響を与えるような願いとなると、そうはいかない。

例えば、キミが医者になれるか否《いな》かは、個人のレベルを超えている。医師1人の育成には数千万円もの税金が使われ、将来のキミの行為に多くの人命がかかわるわけだからね。

自分を捨てて、命のあるかぎり、世の為、人の為、みんなの為に生きようと、そう思い続けて、1年、10年、20年、30年、貫こうと決意して、死にものぐるいで勉強すれば、おのずから道は開けるだろう」と。

あの日、試験会場に足を踏みいれた時の私は、明らかに1年前の私とは、別人でした。学力も、思いも、そして覚悟も、ダンチガイでした。

単なる憧《あこが》れではなく、まわりに流されて医学部をめざすのでもなく、〝人類を代表して医者になるぞ〟といえば少々大げさですが、それに近いものがありました。

不思議な話

センター試験を上々《じょうじょう》の出来（全教科9割以上）で通過し、二次試験を、どこの大学に出願すべきかを南極青年に相談しました。

模試の成績は、11月末の時点で〝神戸大学医学部A判定〟まで達していましたが、大学にこだわりはなく、「国公立大の医学部であればどこでもいい」と思っていました。南極青年は、ただひと言、

「キミの潜在意識、無意識に聞いてみたら？」と言いました。

具体的に、どうすればいいのかと質問すると、

「夜、寝る前に、ろうそくの火を見つめながら、私（＝亀井ジュン）の潜在意識さん、無意識さん、私の（心の中の賢い意識の仮称）グレイトティーチャー（と呼びかけて）

『私と〝ご縁《えん》〟のある大学を、3日以内に教えてください。

私の希望は、神戸大学医学部、大阪市立大学医学部、京都府立医大、奈良県立医大、滋賀医科大学、和歌山県立医科大学、のうちのどれかです。

もしも、それ以外の大学のほうがいい場合は、それを教えてください。よろしくお願いします。』

…と、5分間、唱えるようにしなさい」

と教わりました。

すると、どうでしょう。それをやり始めてから2日目に、驚くべきことが起きたのです。

私はある夢を見ました。ずいぶん、はっきりとした夢でした。

私は長い長い階段を上り、785段目のところに神社があって、そこに南極青年がいらっしゃる、という夢でした。

翌朝、そのことを南極青年に話すと、

「おお、なんという偶然だろう。キミが夢の中で見た神社は、讃岐《さぬき》(香川県)のこんぴらさん(琴平宮《ことひらぐう》)に違いない。階段の数もぴったりだ。

じつは、昨日、僕も、こんぴらさん(琴平宮)に参拝する夢を見たんだよ。

ところで、もしかして、キミのご両親は?」

「か、香川県出身です……」

私は、この1年間、度々《たびたび》不思議な偶然を経験しました。

どうしてもわからない問題の答えを、朝、目ざめると同時に思いつくとか、模試の前日に夢の中で見た問題がそのまま出題されるとか、そういった不思議な偶然の一致を何度も経験しましたが、このとき（琴平宮の夢）は特にびっくりしました。

私は、ご縁のありそうな香川医科大学に決めました。

エピローグ

私（亀井ジュン）のページはこれで最後になりました。南極青年の教えの全ては、とても伝えきれませんが、大事な部分は伝わったのではないかなぁと思っています。

今回書ききれなかったところは、いずれ、南極青年（現・南極老人）の作った塾、大学受験塾ミスターステップアップから情報発信していく予定です。

私はOGとして、よく顔を出しておりますので、塾で見かけたら気軽に声をかけてくださいね。

読者の方々のご健闘をお祈りします。

第3章

限界突破の5つの秘訣

第2章では、現役医師・亀井ジュンさんの体験レポートを読んでいただきました。このレポートの中には、人が自分の限界を超え、成長するための奥義が詰まっていました。

さらに、この第3章では、実際にあなたが「黒流勉強法」を実践していくために、絶対に知っておくべき5つの秘訣（黒流の法則）について、私（柏村真至）が紹介していきます。

何度も読み直して実践していきましょう。

黒流の5つの秘訣

秘訣①　脳内革命を起こせ！

秘訣②　極限状況に挑め！

秘訣③　リバウンド（＝反動）に気をつけよ

秘訣④　ジーンとくる問題を持て！

秘訣⑤　潜在意識・無意識を100％味方にせよ

〜伝説の受験生　永井君の合格体験記〜

黒流の秘訣①

脳内革命を起こせ！

脳内会話が変わると成績が変わる

南極老人は言いました。

「21日間連続して前向きに努力すると、潜在意識がガラッと変わるんだ。まず、考え方が変わる。ネガティブな要素が1つ、また1つと消えてポジティブになる。

次に、行動が変わる。なんとなく行動に移せなかったことが、なんとなく行動に移せるようになる。この差は大きい。潜在意識は、〝なんとなく〟に影響する。やがて運命が変わる。ムリだ、不可能だ、と思っていた夢がだんだん近づいてくる。『ムリかも』が『いけるかも』に変わり、『できて当たり前』になる。

昔の日本人は、21日祈願といってね、どうしても叶えたいお願いごとを、21日間連続して神社仏閣に参拝してお願いしていた。これは決して迷信ではない。受験生が人生を変えたければ、まずは3日間連続、それができたら、21日間連続で〝ガリ勉〟してみるべきだ。ただのガリ勉ではなく、頭がショートして、脳内の思考回路が変わってしまうほど強烈な〝ガリ勉〟を3日、21日、3カ月……と、やり遂げるごとに、脳内に革命が起きる。夢がだんだん現実に近づいてくるんだ。

そもそも、人間は、どうやってものを考えるのかというと、言葉を使って考えている。言葉を使わずには思考できない。1日のうちに頭を駆けめぐる思考の量は、言葉に換算すると、10万語以上。しかし、たいていの人は、その10万語のうちの90%が妄念妄想、つまり雑念なのだ。有意義なことのために、その10%も使っていない。

これでは、頭がよくなるはずがない。願望も成就するはずがない。夢も叶わない。なぜなら、キミの潜在意識は、キミが生まれて以来、ずっと使ってきた言葉、思考、感情の全記憶で成り立っているのだから」

私は、この話をはじめて聞いたとき、大きな衝撃を受けました。

「成績を上げたい」「偏差値を上げたい」「将来、医者になりたい」「東大に入りたい」と口先だけ威勢のいい受験生はたくさんいます。でも、どうもそれらが行動に結びつかないのは、脳の中の90%は雑念だらけだからです。自分の願い（成績アップ、合格、世のため、人のため）に直結した部分が10%なら、願いは叶うはずがありません。

しかし、もしも、願いに直結した部分を30％、40％……70％と、増やしたとしたらどうでしょう？　願望に直結したデータが、あなたの潜在意識に蓄積された全データ（言葉、思考、感情）のうちの60〜70％（＝半分をはるかに超えるレベル）になれば、考え方が変わり、行動が変わり、運命も変わるはずです。

もしも、あなたが寝ても覚めてもずっと、「東大に行きたい、東大に行きたい、東大に行きたい……」と思っていたとしたら、24時間、365日、東大に合格するための準備をするでしょう。ニュースを聞いているときも、新聞を読んでいるときも、友達と話しているときも、常に東大合格に必要なことだけにアンテナが立つでしょう。学校の授業も、自分に必要とあらば死ぬ気で聞くでしょう（もちろん、なんの役にも立たない授業なら話は別ですが）。

そして、モチベーションが下がるような会話には、一切、加わらないでしょう。ともに成長しあえないような友達とは距離をとるでしょう。

実際、私が受験生の頃、南極老人からこのように教わりました。

「『100％で生きる』とは、願望成就のためなら、非情にもなれる生き方のことだ。ただし、私は『100％で生きろ』とまでは言わない。大学受験程度の願望ならば、70％で十分だ。キミの場合なら人生の70％が、つまり、頭を駆けめぐる思考の70％が志望校合格に直結したものになれば、間違いなく合格できるだろう」

では、頭の中（思考）を変えるにはどうすればいいのでしょう。

そのための最短コースが、21日間連続で〝ガリ勉〟してみることです。

「もし、１００％大学に合格することしか考えていない受験生がいたら、どう行動するか」を考え、21日間それに〝なりきって〟生きてみるのです。

その21日間は、友達からの遊びの誘いを断るのは当然です。テレビには興味を持たず、携帯電話の電源も自分の意志で切ります。いつでもどこでも勉強道具は手放さない。余計《よけい》なおしゃべりは一切しない。ムダなことには体力を使わない。とにかく、１日のすべての時間を大学合格のために費やすのです。

そうやって、21日間〝別人になって〟生きてみてください。21日後、本当に別人になったあなたがそこにいますから。

長い人生のうちの、たった21日間です。あなたが考え方を変え、行動を変え、自分の運命すら変えてしまうために、徹底的に生きてみてください。

運命は21日間で変えられるのです。

勉強をずっと続けると目覚める〝ある感覚〟とは？

何日、何週間、何カ月、と机に向かっているうちに、何度も何度も逃げ出したくなるでしょう。それが、人間の性《さが》ですから。得意科目ならまだしも、頭を抱えながら苦手な科目と何時間も向き合うのは、本当にしんどいことです。「逃げたい」「休憩したい」「テレビを見たい」「遊びたい」……いろんな欲が、あなたを襲ってくるでしょう。脳が悲鳴をあげているような状態です。けれども、本当の勝負はここからです。

「ランナーズハイ」という言葉を知っているでしょうか？

ランナーズハイとは、マラソンやジョギングなどをしていて、最初はしんどくても、その苦しさの峠をいったん越えてしまうと、走っているうちにだんだんと気分がよくなってくる現象です。

経験したことのない人は、「そんなわけないじゃないか」と思うかもしれませんが、人の脳は、強烈な痛みやストレスを感じると、その一部（脳下垂体《のうかすいたい》）から一種の麻薬成分である「エンドルフィン」が分泌されます。この物質が痛みやストレスをやわらげる働きをするため、過酷なマラソンの途中でも、本人は気持ちよさを感じながら、ハイな感覚のままで、どこまでも走れたりするのです。

「もうダメだ！」というところまで勉強し続け、それでもさらに突っ走っていると、まるでマラソン選手が体感する〝ランナーズハイ〟のような状態にいたります。「しんどい」を通り越して、ただただ、無心で机に向き合っている、そんな状態です。このとき、今まで脳内にはびこっていた妄念妄想は、心の汗と共にはるか彼方《かなた》へと流れていきます。

私も受験生の頃に、この不思議な感覚を何度も経験しました。頭の中にあった「遊びたい」とか「サボりたい」とか「おなか空いた」とか、そんなちっぽけな欲はいつのまにか気にならなくなっていったものです。フワフワと浮いたようなハイな気分になって、「あれ、（自分って）まだこんなにできたんだ（笑）」と、ひたすら勉強していました。

〝限界〟といっても、さまざまな段階がありますが、最初に訪れる限界は、「自分自身の頭（思い込み）によって、勝手に作りだしたニセモノの限界」です。

多くの人は、その限界がニセモノであることに気がつかず、自分の能力にも、可能性にも、人生にも、勝手に限界を定めて、その枠を小さくしてしまっているのです。けれど、一度でいいからその峠を越えて、脳内に革命を起こせば、まだまだ走れます。

受験も人生も、そこからが本当の勝負です。本当の限界とは、その峠の向こう側にあるのですから。

1日17時間勉強で人生を変える

こんな話があります。ある冬休みのこと。受験生にとってはいよいよラストスパートの時期を迎えていました。そんなある日、私の教え子で医学部を志望する青木君（高校3年）が、そわそわした様子で質問にやってきたのでした。

「あの〜、柏村先生。僕の英語の成績、このままやって本当に伸びるんでしょうか？」

彼は入試を目の前にして返却されてきた模試でE判定。焦りに焦っていました。そんな彼が特に苦手にしていたのが、英語の長文だったのです。

彼の成績が伸びていない原因は、過去の自分（低いセルフイメージ・苦手意識）をぬぐいきれていないことによって、感覚のジャンプ（成績アップ）が阻《はば》まれていることでした。

「今日は、早く帰って頭を休めなさい。そして明日、17時間ぶっ通しで勉強して、この1冊を完ぺきに解ききってみなさい」

私はそう言って、ある長文英語の問題集を1冊、彼に渡しました。

「じゅ、17時間ですか？　わ、わかりました。やってみます」

彼は未知なる課題にとまどいながらも、やる気に燃えているようでした。

しかし、初日は挫折《ざせつ》しました。睡魔に負けたのです。

2日目も失敗しました。友達とおしゃべりしてしまったため、時間が足りませんでした。

3日目。朝6時。青木君は再び意を決して挑戦します。今度は集中できて、気がつくと7時間が経過していました。

「今日はいけそうだ！」

彼はせっかくの集中力が途切れてしまわないように、パンと野菜ジュースだけで空腹をしのぎました。眠気を覚ますために、10分間ほどの仮眠を何度かとりながら、ひたすら机に向かい続けました。

そして、夜の24時になろうとしたときです。彼は、勢いよく自習室から出てきました。

「先生、終わりました！」

そこにいたのは、17時間前の青木君とはまるで別人。当然のことながら、肉体は疲れ果てていましたが、瞳にはチカラがあり、すがすがしい顔つきでした。自信と希望にあふれた表情で、内面からあふれ出るような魅力があり、オーラに包まれているようでした。

彼はその勢いに乗って、毎日平均12時間以上、勉強し続けました。やがて英語のセンター試験（現在の共通テスト）の過去問を解いても、ほとんど得点のブレがなくなったのです。センター試験の本番では196／200点と大成功。念願の医学部に合格できました。

17時間ぶっ通しで勉強すると、さきほどの「ランナーズハイ」の状態にいたります。無我夢中の状態になると、頭の中から過去の情報（低いセルフイメージ・苦手意識）がフッと消える瞬間が訪れ、脳内で革命が起こるのです。

南極青年も、人生の選択に迫られたとき、失敗つづきのとき、失恋したとき、行き詰まったとき、人生を変えたいとき、そんなときは、毎日17時間、勉強し続けたそうです。しかも、21日間連続で。とにかくひたすら、無心になるぐらい勉強する。そのとき、ある変化が訪れるのです。

・悩んでいたことの答えや解決策がパッとひらめく
・人生が変わってしまうような素晴らしい出会いが訪れる
・試験に出そうなところがパッとひらめく
・わからなかった問題が、いつのまにか、わかるようになっていた
・数学の入試問題を10日間で1000題以上も解いていた
・気がついたら、500問以上、化学の計算問題を解いていた

これらはすべて南極青年が自ら体験したことです。

そうやって南極青年は、人生の荒波《あらなみ》を、何度も何度も乗りこえてきたそうです。

黒流の秘訣②

極限状況に挑め！

〝ねばならない〟環境を作る

南極青年は、常に、〝ねばならない〟環境に自分を追い込んでいました。

自分の部屋、トイレ、玄関、冷蔵庫の前、いろんなところに英単語、英熟語、化学反応式を書いた紙を貼っていたそうです。

冷蔵庫の前に英単語を10個貼り、その単語を、ブツブツロずさんでからでないと、絶対に冷蔵庫を開けない。すべて覚えたら、新しい単語をまた10個貼る。お風呂にも、防水の紙に油性サインペンで英文を書いて貼る。3回音読するまでは、お風呂から上がらないというように。

さらに、どうしても覚えたい英単語、英熟語、化学式、数学の解答は、B4サイズのコピー用紙1枚に書いてポケットにいれて、必ずその日のうちに覚えていたといいます。そうやって覚えたB4サイズのコピー用紙が、1年間で365枚。寝ても覚めても、その1枚の紙を、肌身離さず、持ち歩いていました。そうやって、ありとあらゆる生活環境を、勉強せねばならない環境に追い込んでいったそうです。

南極青年は、電車での移動時間も活用していました。「そんなことは受験生として当然じゃないですか？」と、思うかもしれません。でも、南極青年のやり方は、普通じゃありません。

A駅からB駅まで、電車で8分。この8分間で、英文法の問題を100問も解いていたのです。8分（480秒）で100問解こうと思えば、1問あたり、5秒以内で解かねばなりませんから、恐ろしいスピードで解くことになります。考えている時間はほとんどありません。そんな訓練を、南極青年は毎日していたのです。

あるとき「残りあと7問……」というときに、電車が駅に到着。駅のアナウンスが流れました。

「まもなく発車します」

しかし、あと3問残っている……。

「TRRRR（出発の合図のベル）」

もう少し、あと1問……。最後のアナウンス。

「ドアが閉まります。ご注意ください……」

よし解けた！　あわてて電車から降りる南極青年。

「間に合った！」

そんな日々だったそうです（注意：危険ですから、決してマネしないように！）。

そのおかげで、英文法の問題を解く速度が、異常なくらい速くなったそうです。しかも解く速度が上がっていくと同時に、8分間で101問、102問、103問……と、自分に課すノルマも増やしていきました。

追い込むほど、リスクをかけるほど、潜在《せんざい》能力は覚醒《かくせい》していきます。

リスクのかけ方は、小さなことでも構いません。友達と〝一問一答〟の勝負をして、負けたほうがお昼ご飯をごちそうすることでもいいのです。小さなリスクでも、そこに「楽しみ」と「プレッシャー」が生まれれば、脳の目覚め具合が格段に上がります。

オリンピックで活躍するのも、ノーベル賞を受賞するのも、受験勉強で力を発揮するのも、秘訣は全部同じ。自分で「リスク」を背負い、自分を追い込むことができれば、成功するのです。人から与えられるリスクをただ待っているだけでは、潜在意識は、真に目覚めません。あくまでも、自分で自分を追い込むのです。

環境は人を変えます。だから追い込む環境を自分で作れる人は、成長し、強くなれるのです。自分を追い込む環境を作ってください。環境ができれば、潜在意識が覚醒するのは時間の問題です。

ふとしたことから限界を超える

日常生活で、ふとした瞬間に潜在意識が目覚め、自分の中で定めていた限界を超えられる瞬間があります。それは、ひょんなことから起こるものです。

たとえば、これは南極老人が小学生だったとき（以下、南極少年）の話です。当時、南極少年はクラスで一番の運動オンチで、中でも球技は大の苦手でした。しかしあるとき、運命の瞬間が訪れたのです。

体育の授業で、ドッジボールをしていたときのこと。クラスで一番運動神経のよかった生徒が、南極少年をめがけて、ものすごい勢いでボールを投げこんできました。いつもは避《よ》けてばかりの南極少年でしたが、そのボールが飛んできた瞬間、「これは避けられない！」と思い、必死の覚悟でボールに飛びつきました。

「バチーン！」

大きな音とともに、偶然か必然か、ボールを見事に抱えこんでいました。

「うわっ、とれた！」

クラス中の生徒が驚いていましたが、一番ビックリしていたのは南極少年自身でした。小さな出来事のようですが、南極少年にとっては、歴史的快挙だったのです。

その瞬間から、南極少年のスポーツに対するセルフイメージは一気に上がりました。以来、いろんなスポーツが得意になったそうです。卓球部に入部して、部内で1位になったり、野球のリトルリーグに所属してピッチャーとして活躍したり。

また、こんな話もあります。南極少年（中学時代）のクラスに、森本君という男の子がいました。森本君は、バレーで全国大会に出場するほどの名アタッカーでした。

そして、同じクラスに、上田君という運動オンチの子がいました。上田君は、特にバレーボールは苦手中の苦手でした。

あるとき体育の授業で、森本君が、猛烈にアタックしてきたことがありました。そのとき、偶然正面にいたのが上田君。いちかばちか、「えーいっ！」と、上田君はジャンプしました。そのときです。偶然、ボールが手に当たりました。「バコーン！」と勢いよく、大きな音が体育館に響き渡り、ボールは相手のコート内に。見事ブロックに成功したのです。素人《しろうと》の上田君が、全国大会クラスの選手のスパイクをはね返してしまったのです。

上田君にとって、そのときの感触は一生忘れられないものだったそうです。上田君も、その瞬間から、バレーが大好きになりました。これも、「バレーが苦手」というセルフイメージを超えた瞬間です。

さらに、こんな話もあります。これは、私自身が小学生のときの話です。学年一ケンカの弱い、杉山君という生徒がいました。杉山君は、いわゆるいじめられっ子でした。ある日、こともあろうに、学年一ケンカの強い大野君にいじめられていました。いつもなら、なすすべもなくボコボコにされて終わりでした。しかし、そのときは、なぜか杉山君は怒ったのです。はじめての反抗です。そして、イスを持ち上げました。泣きながら、「このやろ〜！」とイスを振り上げて、大野君に向かっていったのです。そのとき、大野君は「やってみろよ〜」と言って、ヘラヘラ笑いながら挑発しました。そういうケースだと、ほとんどの子は、ビビってあきらめます。仕返しされることを恐れますから。しかし、そのときは違いました。杉山君は、泣きながら、イスを振り下ろしたのです。そして、イスが「バコーン！」と大野君の頭に当たりました。

周りが騒然とする中、学年一強かった大野君はワンワン泣いてしまいました。学年一弱いヤツが、学年一強いヤツを泣かせた。これは、すごいシーンでした。それからというもの、杉山君は、まったくいじめられなくなりました。それは、「こいつは危険だから（反撃してくるかもしれないから）」というよりも、この事件をきっかけに杉山君のセルフイメージが変わり、いじめられっ子の雰囲気がすっかり消えてしまったからです。

・剛速球を受け止めた瞬間（ドッジボール）
・全国レベルの猛アタックをブロックした瞬間（バレーボール）
・学年一強かったヤツを、泣かせた瞬間（いじめ）

人生には、「これは超えられないだろう」と思っていた壁を、偶然か必然か、あっさりと超えられる瞬間があります。そのとき、一瞬にして、セルフイメージが激変し、苦手意識が吹き飛び、才能が降ってくるのです。

受験でいうならば、

「絶対解けないと思っていた分野が理解できた」

「雲の上だと思っていた受験生に（偶然でもいいから）勝ててしまった」

「東大クラスの超難問が（1問でもいいから）解けてしまった」

というような瞬間です。


その瞬間に、勉強に対するセルフイメージは一気に高まるのです。セルフイメージが先行すれば、あとは努力するだけで成績はどんどん伸びます。

「黒流勉強法」では、そういう瞬間を何度も経験する（自ら迎えいれる）ために、日々、極限状況に挑み続けます。

たとえるなら、

「（ドッジボールで）剛速球に自らぶつかりに行くような」

「（バレーボールで）猛アタックの雨を浴びるような」

「ケンカの強い不良グループに挑みに行くような」

そんな毎日です。

毎日、費やせるだけの時間をすべて費やし、気力・体力の限り勉強し、難問に体当たりし続ける極限状況。

そんな中で、「うわっ、できちゃったよ！」というような瞬間に必ず出会うはずです。

その感覚を絶対に忘れてはいけません。その感覚は、極限状況にあっても、あきらめずに挑み続けたあなたへの天からのプレゼントなのですから。

黒流の秘訣③

リバウンド（＝反動）に気をつけよ

合格のエネルギーは〝口〟から漏《も》れていく

さて、ここまで潜在《せんざい》意識・無意識を目覚めさせる奥義について話してきましたが、1つ約束してほしいことがあります。この約束を守れるか守れないかで、成績の上がり方が変わってきます。

守ってほしい「たった1つの約束」とは、

「この勉強法に書かれている内容、そして、あなたが黒流を使って勉強していることを、絶対に、誰にも言わない」

ということです。

「この本は売り物だからだろう」とか「著作権があるから？」とか、そんなことではありません。100％、あなたの合格のためです。人に話せば、効果がなくなるのです。にわかには信じられないかもしれませんが、本当の話です。実際、だいじな夢を人に話すと、「叶《かな》う寸前のところで、邪魔が入って叶わなくなった」という話は、いたるところにあります。

潜在意識の世界では、（人に）「話す」＝（人に）「離す」ということを意味します。

ですから、自分にとって大切なことを人にペラペラ話してしまうと、そのものに秘められた力もあなたから離れていってしまうのです。あなたが本気ならば、なおさら誰にも言わないことを心に誓ってください。

ただ、例外をあげるとするならば、あなたを心の底から応援してくれる先生、家庭教師は別です。あなたが心から信頼できる人には話しても構いません。しかし、友達、ライバル、全面的には信頼できない先生には（場合によっては家族にも）話さないのが身のためです。

西洋でも、こういう言い伝えがあります。

「星に願いを言うときは、本当に大切な願い、一番叶えたい願い、絶対に叶えたい願いは、誰にも言ってはいけない」。

あなたが「こんな勉強法を知ってるんだ」なんて自慢したり、得意げになって人に話していると、潜在意識の力がスーッと逃げていきます。「自慢したいだけ」、「目立ちたいだけ」、「気を引きたいだけ」のおしゃべりは、あなたの成長にはつながらないので（むしろ、ダメにする）、あなたの成長を願う潜在意識・無意識が味方しなくなるのは当然といえば、当然です。

では、誰かに対して、善意で「黒流勉強法」（または、あなたがそれを実践していること）を教えてあげるならよいのかというと……。じつは、それも避《さ》けてほしいのです。むしろそのような場合こそ、もっとも注意が必要です。たとえばそれは、勉強のことで悩んでいる友人のことを見て「かわいそうだな」と感じ、「黒流勉強法」のことを教えてあげる場合などです。

なぜ、教えてはいけないかというと、あなたが無意識から得た強力なパワーを、相手に根こそぎ持っていかれる可能性があるからです。


たとえ、その相手がとても性格のいい子でも、大好きな相手でも、下手に口をすべらせると、ろくなことはありません。パワーを奪う人に悪気はないのですが、人はパワーが不足すると、衝動的にどこかから補充しようとするものなのです。「黒流勉強法」を実践し、パワーに満ちあふれたあなたは、格好のターゲットになるでしょう。お金持ちが泥棒に狙われやすいのと同じです。

お金をたくさん持っていたとしても、誇示《こじ》するべきではありませんよね。なぜなら、それは「泥棒さん寄っといで〜」と、言っているようなものだからです。だから、「自分はこんなすごいことを知っていますよ」と、人に誇示するべきではないのです。せっかく無意識のパワーを得ても、誰かに奪われてしまっては意味がありません。

「口は災いのもと」ですから、気をつけてくださいね。

リバウンド(=反動)しないための2つのポイント

「黒流勉強法」を実践するにあたり、あなたに気をつけてほしいことが2つあります。どちらも、潜在意識・無意識のリバウンド(反動)を避《さ》けるために、とても重要なことです。

ダイエットを中止した人が、反動で以前より太ってしまったり、使用していた薬を急にやめると、病気の症状がひどく悪化してしまうのと同様に、潜在意識・無意識を利用して成功した後、感謝の気持ちを忘れたり、大切な誓いをおろそかにすると、思わぬ〝しっぺ返し〟にあうことがあるので、今から書く2つの注意点は、必ず守るようにしてください。

まず1つめは、「はじめからムチャをし過ぎない」ということです。たとえば、「今まで1日2時間以上も勉強したことがなかったのに、いきなり1日17時間の勉強に挑む」とか「ろくに教科書レベルもマスターしていないのに、いきなり難関大学の過去問に挑む」とか。そういうのは、限界突破というより、ただのムチャです。すぐにリバウンド(反動)がきて、3日と続かないでしょう。

では、どうすればいいか? じつは、これには少々準備が必要です。毎日17時間以上勉強する前に、まずは毎日10時間以上勉強するのがあたりまえという状態にしておくことです（高校生なら、学校の授業時間も含めて10時間以上。ただし、居眠り、雑談、体育、ぼんやりしている時間は含めない）。そして、難関大学の過去問に挑みたければ、「黒流マントラ・ヤントラ」（第4章194ページ、巻末特典を参照）を、まずは完ぺきにすべきです。

2つめに注意してほしいのは、「大学受験を終えた後も、急に勉強をやめてしまわずに、勉強を続ける」ということです。大学に合格したとたん、張りつめた糸が切れてしまったかのように、急に遊びほうけてしまう人がいますが、無意識を味方にして成功したにもかかわらず、これをやってしまうと本当にとんでもないことが起こる場合があるのです。

そもそも、無意識の巨大なパワーを利用して人生を変える（成功する）ということは、もともと決まっていた人生（運命）を書き換えて、別の新しい人生を歩み始める（用意してもらう）ようなものなのです。そんなことは、あなた1人の意志のパワーでは、とうてい叶《かな》わないことなのです。「みんな」の無意識のパワーをお借りすることで、ようやく可能になるのです。本当に、無意識のチカラのおかげなのです。

しかし、合格が決まったとたん、あなた自身がもとの生き方（＝自分のためだけ）に戻ってしまうと、無意識の怒りに触れたが如《ごと》く、もともとの運命に強制的に逆戻りさせられるような〝しっぺ返し〟がくるのです。無意識にしてみれば、「大学に合格した後に立派な人間になる（みんなの幸せに貢献する）と言うから、チカラを貸したのに、なんだこのザマは⁉」というものでしょう。

無意識のリバウンド（反動）は強烈ですから、よくよく注意が必要です。無意識を利用して人生を変えたということは、大学に合格してからも、〝本来とは違う〟（一段上の）人生が用意されているということです。

ですから、あなた自身も違う人生を歩む自分として、〝一段上の生き方〟を続けることがだいじなのです。そうすれば、無意識のパワーは、大学進学以後もあなたの人生を強力にバックアップしてくれるはずです。

ちなみに第2章で紹介した、亀井ジュンさんの場合、大学入学後も、勉強に打ち込む姿勢にまったく変化はありませんでした。その証拠として、大学の化学の成績はトップだったそうです。医学部には、理系大学を卒業した専門家（22歳以上）がゴロゴロいますから、その中でトップになるということは至難の業《わざ》なのです。

黒流の秘訣④

ジーンとくる問題を持て！

思い出に残る1問

今から、とても大切な話をします。

南極老人は、数千人の受験生を指導する中で、ある重大な共通点に気づきました。

それは、東大理Ⅲ、京大医学部、阪大医学部……、そんな超難関に合格する受験生は、ある共通する経験を持っているということです。それは、

「深く心に残るような問題にたくさん出会っている」

「ジーンとくるような問題にたくさん出会っている」

ということです。

たとえば、化学が得意な人なら、「この1問をやったおかげで、気体のところが完ぺきにわかった！」というような究極の1問があったり、物理が得意な人なら、「物理について語り合いましょう」と言ったときに、「僕にとっては、あの問題がねぇ……」と熱く語り出したかと思えば、

問題の設定から解法にいたるまで詳細に記憶しているのです。

究極の1問を深く心に刻み込んだとき、数学の感覚、英語の感覚、理科の感覚、国語の感覚、社会の感覚は急上昇し、ダントツの域に達します。感覚が高みに達すれば、あとは勉強すればするほど、問題を解けば解くほど、基礎力に比例して、偏差値は上がります。

超難関大学を狙うのであれば、「深く心に残るような問題」や「ジーンとくるような問題」との出会いによる〝感覚の変化〟が不可欠です。

なぜ模試の復習だけで合格するのか?

南極老人の教え子だった出口君は、模擬試験の復習だけで、京都大学工学部に合格しました。いや、厳密にいえば、教科書や学校で配られる基本的な問題集は、だいたいマスターしたうえで、模試を受けていました。

彼は、高校3年生の夏休み前の段階で、白チャートレベルの問題(数学)なら、瞬時に解けてしまうという段階でした。いわゆる優等生タイプで、部活では卓球部主将を務め、生徒会にも所属していました。1学年後輩のカワイイ彼女もいました。

定期テストのときは、教科書などを使ってコツコツ勉強し、月に何度か模試を受けていました(年間トータルで模擬試験を25回ほど)。そして、毎回毎回、模擬試験の復習を欠かしませんでした。高3の1年間でやり遂げた勉強量はそれだけです。

たとえば、京大入試実戦模試（駿台）の数学なら、6問中2問くらいは基礎力さえあれば、誰でも解けます。しかし、3問以上はなかなか解けません。3問以上解けるかどうかが合否の分かれ目です。おおざっぱに言えば、京大工学部なら6問中3問～4問、京大医学部なら6問中4問～5問が合格ラインです。そして、入試本番での出口君は、なんと、6問中3問が完答で、3問は半答という出来でした。

出口君の勉強法は、いたってシンプルでした。模試で解けなかった問題と解答を、コピーして切り抜いてノートに貼り、徹底的に復習するだけです。解けなかった問題を〝完ぺきに〟頭の中にたたき込んだのです。

その〝完ぺきに〟とはどういう状態だったのでしょうか？

それは、問題文も、解答も、解説も、すべて暗唱しているというレベルです。着眼点も、自分の感想も、練りに練られているというレベルです。出口君は、世界で1冊だけの模試復習ノートの問題について、いつも熱く語っていました。自分が徹底的に格闘した問題のことを、楽しそうに何時間でも語り続けることができたのです。

あなたはどうでしょうか？

楽しく熱く語れる手持ちの問題が何問あるでしょうか？

泣くほど悔しかった問題。泣くほど嬉《うれ》しかった問題。ジーンと感動した問題。思い出に残る1問との出会いは、あなたの脳（＝思考回路）を劇的に変える起爆剤になります。

では、そんな問題と、どうすれば出会えるのでしょう？

まずは、入試問題を味わい、吸収し、感動できるくらいの基礎力は必要不可欠です。各教科において、最低でも、「黒流マントラ・ヤントラ」（第4章194ページ、巻末特典を参照）は完ぺきにマスターしていることです。そして、共通テストレベルの問題なら、自力で解き進められること。

基礎力を磨いたうえで、これから紹介する方法を使い、「ジーンとくる問題」を集めるのです。その一つひとつの問題を、「ジーン」と感動が得られるくらい、骨の髄《ずい》まで味わい尽くすことができれば、脳の大改造（思考転換）が期待できるでしょう。

私にもこんな経験があります。

南極老人の添削課題で、1つの下線部訳（英文和訳）問題と何週間も格闘したことがありました。いろんな参考書、辞書で調べましたが、何十回提出しても不正解……。完全にお手上げ状態でした。けれども、ある日の授業で、南極老人がその問題について解説してくれたとき、全身に衝撃が走ったのです。

「うわっ、わかった！」

その和訳（正解）を聞いたときから、私の下線部訳（英文和訳）に対する感覚が劇的に変わりました。それ以来、模試でも入試本番でも、下線部訳（英文和訳）の問題で戸惑うことは一切なくなりました。英語でも、数学でも、理科でも、そういうことが10回くらいあれば、最難関を狙《ねら》えるくらいの実力がついていきます。

もちろん、「ジーンとくる問題」にめぐり会うのは厳しい修行のようなもので、決して楽な道ではありません。「わからない、わからない、わからない……」という砂をかむような時期を経て、ようやく出会うことができるのです。つまり、自分の過去の思考パターンが打ちのめされ、破壊されなければ、思考転換は起こりません。つらい時期が長くて濃いほど、「わかった！」という感動は大きく、深いのです。

これは勉強だけではなく、すべてのことにいえます。たとえば、ルノワールやピカソの名画を見ても、絵に興味のない人なら、素通りするかもしれません。しかし、何年も、何十年も絵を学び、お金も時間も、人生すべてを芸術に捧げてきた人だったら、どうでしょうか？

その感動たるや……、もう言葉では言い表せないほどのものでしょう。感動するためには、それ相応の準備が必要です。準備とは、「知識を重ねていくこと」「砂をかむようなつらい時期を経ること」です。

では、〝感動〟とは、どういうことでしょうか？

それは、自分の中で、バラバラになっていたものが「つながった！」という歓喜のことです。人は、バラバラのもの、別々のものが一体になったときに歓喜し、感動し、頭がよくなるのです。人間の脳、潜在意識、無意識が求めているものは、一体感なのです。

それが得られた瞬間、人間は、なにものにも代え難い幸福を感じ、成長し、頭もよくなるのです。

南極老人は言います。

「たとえ数十年前でも、心に刻み込んだ問題は、いまだにハッキリと記憶している。それは、頭で覚えるのではない。ジーンとくる感動、なにくそぉ〜！　という悔しさ、涙、感謝とともに、情感で、心で、覚えるのだよ」。

そしてこれが、「黒流勉強法」の真髄《しんずい》です。

黒流の秘訣⑤

潜在意識・無意識を100％味方にせよ

伝説の受験生　永井悠太《ながいゆうた》（防衛医科大学校）合格体験記

最後に、ミスターステップアップの限界突破コースで、潜在意識・無意識を味方につけて、防衛医科大学校、国立医、私立医に全勝した永井くんの合格エピソードを紹介します。

彼がつかみ取った輝かしい栄光だけではなく、その裏にあった臆病《おくびょう》で、情けなくて、恥ずかしい自分もさらけだした、本音の体験記です。

ぜひ限界突破勉強法の威力を感じとってください。


かつての僕（永井悠太《ながいゆうた》）は、医学部に幻想を抱いていました。

「医学部に合格する人は、すごい人ばっかりなんだろうな…」と。

けれど、それは大きな間違いだったのです。

なぜなら、自分は最終的に医学部に合格しましたが、できないことが山ほどありました。よく寝坊するし、試験会場に着くまでに、必ず一度は道に迷うし、入試には遅れそうになるし…。ダメなところばかりでした。それでも合格できたんです。

大切なことは、本番で実力を出しきること、不完全な自分も、きちんと受け止めること。

僕は今まで「永井君なら、○○できるでしょ？」とよく言われてきました。

聞こえはいいですが、僕にとっては、とても苦しかったんです。

「本当は、そんなんじゃないのに……」

そんな気持ちをわかってくれる人はおらず、僕は、自分の殻にこもるようになり、人前ではいつも〝いい子ちゃん〟を演じました。

欠点を見られぬよう、発言を避け、遊びも断り、本音で付き合える人はいませんでした。

当然ながら、モチベーションも低く、現役のときは、センター試験（現在の共通テスト）の正答率72％で、医学部を断念。

ちょうど、そんなときです。『限界突破勉強法』に出会い、塾のことを知ったのは。

「E判定から志望校に逆転合格」という数々のエピソード。「ホンマにそんなこと、起こるんかなぁ？」と疑いつつも、どこかこの勉強法に憧《あこが》れている自分がいました。

さんざん迷いましたが、今年も中途半端な気持ちで終わったら、一生後悔する！

と強い思いがわきあがり、すぐにミスターステップアップの入塾説明会に行きました。

実際に塾で話を聞いて、自分の勉強の甘さ、効率の悪さを痛感……。

同時に「ここでなら、できるかもしれない！」と、僕は入塾を決意しました。

心に空いた穴

入塾したからといって、すべてが順風満帆《じゅんぷうまんぱん》にいったわけではありません。

「もう逃げよう。来ないほうがよかったかも……」

「なんで医学部なんかめざしたんやろう……」

こんなことを、何度、考えたことか……。

そして、僕には勉強以前に、乗りこえるべき問題がありました。

〝心に穴が空いたような感じで、何をしても満たされない〟

そんな思いをいつも抱いていました。

現役のときは、それを紛《まぎ》らわせるように、暴飲暴食。チョコレートやスナック菓子の大袋を買い、１日でぜんぶ食べて、正直、自分でもあきれるぐらい変な食べ方で、あとで気持ち悪くなって自己嫌悪……。

「あぁ……、オレ、もうアカンわ……、終わりや……。わかってくれる人なんて、いるわけないし、ひとりで苦しんでたらいいんや……」

やめたいのにやめられない中毒状態になり、そんな自分が嫌いでした。

入塾後も、まだこの習慣が続いていたのです。けれども、塾の食堂「ゆにわ」で、丁寧に作られたあたたかい食事をいただくようになり、暴飲暴食がなくなっていきました。

すると、成績は右肩上がり。自分の心が徐々に軽くなっていったのです。

また、塾では、頭の中がモヤモヤして、集中できないときの対処法も教わりました。

「悩みや妄想を紙に書き出す」という方法です。

頭で考えていると、無限にあると思えた悩みも、書き出すと限りがあり「なぁんだ、たいしたことないじゃん」と思えました。

塾の先生に相談するのもよかったのですが、頼りっぱなしではなく、自分でも立ち上がれるように、〝紙〟を相談役にしていたのです。

もちろん、いざというときには、思い切って先生に相談しました。

「こんなしょうもないこと、相談していいんかな？」と思うこともあり、初めは勇気が必要でしたが、最終的には、誰にも言えない深い悩みも、打ち明けられました。

もちろん、先生はちゃんと受け止めてくれました。時には夜中まで相談にのっていただいたことも。話し終わると、気分は晴れ、思い切って打ち明けて本当によかったと思えました。

この塾に来てから知ったことは、自分のダメなところも、諦めたり、隠したりせず、ちゃんと向きあえば、いずれ出口が見えてくる、ということです。

自分をフェイクして潜在意識の使い手になる

塾では、たとえ今できないことがあっても、できるかのようにフェイクする（見せかける）ことがだいじだと教わりました。

僕の場合は、高校生のときからずっと、物理に苦手意識がありました。

入塾してからの物理の勉強は、まず、解答を書き写すところからスタート。

そのときに、「解答を写しているだけだから、実力じゃない」なんて、思ってはいけません。

たとえ写していたとしても、「100%、できた！」と思い込むことが重要なのです。

できても、できなくても、ありとあらゆる問題に対して、「できた！」「解けた！」と、ノートや参考書に書きまくりました。たとえ、まったく手も足も出ないような、わからない問題であっても関係ありません。

ときには、「やべぇ！　自分、入試で満点とってしまった！」と、ひとりで口に出して、潜在意識に言い聞かせたのです。

一般的には「嘘《うそ》」はいけませんが、潜在意識になら、誰にも迷惑をかけません。

もちろん、ただの嘘で終わらせるつもりもありませんでした。

「できた！」という嘘をつき続けながらも、先生にも質問をし、納得がいくまでしつこく、しつく考えます。

すると、僕の言葉は現実になり、本当に問題をスラスラ解けるようになったのです。

そして、面白半分で「これはセンター試験に出る！」とか「防衛医大で狙われる！」と、直感で書いていた問題が本当に本番で出題され、合格の後押しになりました。

まるで魔法のようですが「ほら、やっぱり」くらいの感覚で、気づいたら、潜在意識の使い手になっていたのです。

超高速スピードで反復練習

潜在意識を使いこなせるようになった僕は、向かうところ敵なし。

特に音読は効果絶大。勉強の進度に合わせ、オリジナルの音読文を作り、何度も読みました。

それも、酸欠に近い状態になるまで。理性が吹っ飛ぶくらいまで。

その文が、自分の中に溶け込んでくるまで、徹底的に読む。

スラスラと、よどみなく、ハッキリと、正確に。

昨日よりも、必ず一歩進むこと。

読むスピードは次第に増して、何を読んでいるのかすら、わからないほど高速になり、まるで念仏を唱えているかのようでした。

この頃は、気合いをいれるため、坊主頭《ぼうずあたま》にしていて、ついたあだ名は「修行僧」。音読は、英語に限らず、どの教科でも行いました。とにかく反復することが大切です。

「合格可能性は、反復回数に正比例する」と塾で教わったことを信じ、最終的には、数学の『実力UP! 問題集』のⅠA、ⅡB、ⅢCの3冊、合計約420題を、たったの30分でセルフレクチャーできるようになりました。

セルフレクチャーとは、問題を見て、解き方を口に出していく高速学習法です。

この方法を続けたおかげで、頭の回転スピードは、恐ろしいほど速くなりました。速いときには、問題集のページをめくるのが追いつかないときもあるほどでしたから。

反復は、7、8回どころか、100回、200回、1000回、2000回……と、可能な限りやります。やればやるほど、本当に結果が出るんですから。

情報を圧縮して一元化する

この反復の回転数を飛躍的に高めるポイントは、〝情報の圧縮〟です。

重要な知識だけを1冊の参考書、1冊のノート、1枚の紙に、集めていくのです。

これを教わったときは、けっこう難しいな、と思いましたが、コツをつかむと、勉強がますますスムーズに進むようになりました。

知らない情報に出会ったら、その都度、参考書に書き加えていきます。

それと同時に、できるようになった問題は、反復回数を減らし、日夜繰り返し、反復の効率を高め続けました。

特に集めるべき情報は、何度やっても解けない問題、自分の弱点、ミスした問題。

「なぜ、解けなかったのか?」を徹底的に追究しました。

以前は、「ミスした」と反省するだけで、そんなときには、再び同じミスをしていました。

しかし、ちゃんと原因を分析すると、ミスが急激に減りました。

大げさなようですが、これは自分の中での〝革命〟でした。

そうやって、参考書からミスしたところだけをコピーして切り貼りし、書き写したりして圧縮したオリジナルの〝一元化ノート〟を、何枚もつくりました。

ひと目でわかるようにセンター試験の数学5年分を見開きにおさめました。

「センター試験の数学5年分なんて、見開き1ページに入るの?」と思われたかもしれませんが、大問1つに対して、書いているのは、圧縮された1、2行のみ。

たったそれだけですが、何度も何度も反復した問題ですから、それを見るだけで、どんな問題だったか? 解法のポイントは? どの公式が必要か? 計算のプロセスは? ということが、瞬間的に〝解凍〟され、頭の中に再現することができるのです。

これがいかにすごいことか!

この見開きページを、ざっと5分見るだけで「はい！　センター試験、5年分の復習完了！」というおそるべき芸当が、誰にでもできるようになるのです。

たとえるなら、1冊のノートだけで、大学受験の全範囲を空中散歩しているような気分です。

正直なところ、負ける気がしませんでした。

ただぼんやりと反復するのではなく、昨日より今日、今日より明日と、妥協なく反復の密度を濃くしていくと、やがて、能力の限界を超えることができるのです。

無意識を味方につけるための魔法

最後に1つ、試験本番でベストを尽くすための〝魔法〟をお伝えします。

もともとプレッシャーに弱かった僕が、合格を手にすることができた一番の秘訣。

それは、〝他人の幸せを願う〟こと。

僕はどんなテストでも、「この試験会場にいる人が、ベストを尽くせますように」と、願っていました。防衛医科大学校を受験した日も、入試会場でこの言葉を書きました。

そのメモが、今でも残っています。

普通の人からすれば、意味がわからないことだと思いますが、これこそ潜在意識と無意識を味方につける方法だと教わりました。

それが、有名なプロゴルファー、タイガー・ウッズの話です。あるトーナメントの最終ホール。ライバルがパットを外せば、ウッズの優勝が決まるシーン。

普通なら、「外せ！」と願うところでしょう。しかし、ウッズは相手のパットに「入れ！」と願うのです。結果は、ライバルがパットをミスしてしまい、ウッズの優勝となりました。

それにしても、どうしてウッズはそのように願ったのか？

相手の失敗を願うのは、「相手が失敗しないと、自分は勝てない」という意識の表れで、それだけ自分に〝自信がない〟のを証明しているようなもの。

つまりは、相手の成功を願うことは、最高の自分でいるための方法で、受験も同じです。周りの受験生に対して「みんな失敗すればいい」と考えるのは、いかにもセルフイメージ、つまり、自分への評価が低い人のやることです。

だから僕は、「みんながベストを尽くせますように」と願っていました。

その結果、自分自身も、自然体で試験に臨むことができたのです。

僕も以前は、自分のことだけを考えていました。「とにかく合格できれば…」と思って受けた試験には、見事に不合格。きっと自己の願いだけにフォーカスしていると、「無意識」からの応援が受けられないのでしょう。

僕は、たくさんの方の応援のおかげで、防衛医科大学校に合格できました。

本当に、幸せ者です。もう、感謝しかありません。

当初、僕の心にぽっかりと空いた〝穴〟は、いくら埋めようとしても、埋まりませんでした。まるで、底なし沼のように。

でも、そんな〝穴〟のことなんて、忘れてしまうくらいに、逃げられない状況に自分を追い込んで、毎日毎日、死ぬほど反復練習をして、自分の本性《ほんしょう》と向き合いました。

絶対に立派な医者になると志して、自分のためではなく、みんなのために勉強しました。将来、自分が医者になったとき、助けを求める〝未来の誰か〟のために……。

その思いが極まって、忘我《ぼうが》の境地に至ったら、もう〝穴〟は消えていたのです。それが僕の1年間でした。本当に、ありがとうございました。

第4章

教科別　限界突破勉強法

最難関に合格するための戦略

「黒流勉強法」の難関大合格のための戦略。

それは、ずばり、「英数でぶっちぎれ！」です。

もちろん、私立文系なら、「英語でぶっちぎれ！」です。

なぜなら、どの大学でも試験の配点が最も高く、合否を分けるのが、英数だからです。

またこの2教科は、成績が上がるまで時間がかかるので、早く取りかからなければいけません。

東大・京大・医学部レベルの最難関に合格したいなら、とにかくこの2教科を、大の得意にしてください。具体的に言えば、共通テスト英数でも90％以上、私立・国公立の英数では、大学にもよりますが、60〜80％以上とることができる学力です。

これだけで、合格する可能性が、ぐっと高まります。

実際に、他の教科でヘマしたけれど、英数ができたから、東大、京大、医学部などの難関大学に逆転合格した受験生は、ミスターステップアップの卒業生でも数えきれないほどいますし、南極老人もそうした受験生を何百人と見てきたそうです。

逆にいうと、国語・理科・社会は、オタクになってしまったり、特に理社はすぐに成績が上がるため、やりすぎて、結果、英数が遅れて、入試で泣く受験生は意外に多いのです。

過去の実例でも、国語がダントツ得意で、模試では全国一位（偏差値80）だったにも関わらず、英語の勉強不足が原因で、2浪し、第一志望の早稲田に落ちた受験生もいました。

英数を超得意にして、理社は、せめて共通テストまでに、8~9割の基礎力を身につけていると、その後、二次対策を始めたとしてもちゃんと仕上がります。さらにいえば、英数が上がると、他の教科も連動して上がるのです。特に、化学、物理を選択している理系受験生は、数学を得意にするだけで圧倒的に有利です。

例えば、化学では、比例計算、指数対数をよく使い、物理では、方程式、三角比、微積、ベクトルをよく使います。数学が得意なのに、理科が苦手という受験生は、ほぼいません。理科は数学によって支えられているのです。

また、英単語を覚えたり、英文読解を練習するうちに、国語の語彙《ごい》力や文章を読む力も同時についてきます。

おわかりいただけたでしょうか？　英数を得意にすることが、合格への近道になります。では、どうすれば、英数の２教科でブッちぎることができるのか？

この戦略は、いかに基礎を早く仕上げられるかが勝負です。「黒流勉強法」では各科目の核となる基礎知識を、たったの２週間で身につけてもらいます。

「え？　そんなことできるの⁉」と思うかもしれませんが、巻末特典「黒流マントラ・ヤントラ」を使えば可能です。これは、各科目の基礎知識を圧縮しています。「黒流マントラ」は、基礎知識をスラスラと、よどみなく、ハッキリと、正確に、音読できるように作ったものです。「黒流ヤントラ」は、何も見ずに白紙から再現できるように図を何度もかけるように練習します。

その効果たるや絶大です。

「黒流勉強法」では、最初に入試に必要な知識を一気に覚えてしまうことで、今後の受験勉強の仕上がりを格段に上げていきます。巻末特典に加えて、より充実したテキストも当塾のウェブサイト（※）から無料ダウンロードできます。これを知識の核にして、そこから問題集でどんどん基礎を肉付けしていきます。

では次からは、各科目の勉強法を見ていきましょう。

（※）ミスターステップアップのダウンロードページ　https://mrstepup.jp/genkaitoppa-download/

英語編

ぶっちぎりの実力をつけるために必要なこと

「ゼッテェー、東大京大に行きたい！」

「なにがなんでも、医学部に合格したい！」

そんなあなたのために、ノット・ノーマル（＝脱常識）な勉強法をお伝えします。

ぶっちぎりの英語力は、クソまじめに授業を聞いているだけでは身につきません。

最初にその授業を活かすコツについてお話しします。

それは、教科書の音読です。

さあ、今日から授業の予習復習は、英文を10回以上、音読してください。

同じ英文を、意味を考え、単語を類推し、時間の許す限り、10回、20回と音読するのです。

単語の発音がわからなければ、辞書で調べます。

予習で10回以上音読すれば、英文の印象が残っているので、授業での飲み込みが早く、瞬時に覚えられます。

そしてここが最も大事なところですが、学校のテストが終わっても、ずっと教科書を反復し音読し続けるのです。


かつて、南極老人の教え子に、こんな受験生がいました。

私大医学部志望で、英語が苦手な高3の男の子、M君です。

南極老人が、まず、はじめに教えたのは中3の英語の教科書です。

それを徹底的に、100回ぐらい音読させました。

次に、高1、高2の教科書。それも徹底的に音読させました。

そして、ようやく高3の教科書に追いついた頃には、すっかり英語が得意になっていました。

学年でワースト・テンに入るほど苦手だった英語が、わずか4カ月後に、トップ・テン入り。


その間にM君がやったことは、古い雑誌といっしょに紐《ひも》でくくられて倉庫にしまわれていた中3~高2の教科書の音読です。そして、音読と同時にやったことは、例文の暗唱です。

これも高校の教科書ですが、グラマー（英文法）とコンポジション（英作文）。

この2冊の教科書の例文を600ほどピックアップして暗唱したのです。

暗唱とは、何も見ずに、記憶している例文をスラスラと言うことです。

たとえば、「京都は私が今までに訪れた中で一番美しい町です」を英語で言え、と言われたら、スラスラと、「キョートイズザ……」(Kyoto is the most beautiful city that I have ever visited.)と記憶だけで言えて、かつ、書けるようにする。そういう例文のストックを、600以上作りました。

その後、M君は教科書の音読を毎日30分続けながら、過去問・入試問題を解きまくりました。演習のあと、読解問題の英文は、左ページに英文、右ページに和訳という形式でノートに貼って整理し、知らない単語に線を引き、欄外に意味を書き出します。

そうやって整理し終えた英文は、1題あたりの単語数が約500語の長文で、合計150題にのぼりましたが、これも教科書と同様、10回、20回と音読しました。

また、英文法・英作文問題は、すべて暗唱例文としてストックして、M君が暗唱した例文は、さっきの600を含めて合計1200を超えました。

M君が、慈恵医大、昭和大医、順天堂大医など、受験した医大に全勝したのはいうまでもありません。音読と暗唱の効果は絶大です。早速やっていきましょう。もし教科書がない人や別の教材で音読をしたい人は、次の教材がオススメです。

『英語長文ハイパートレーニング　レベル1　超基礎編　新々装版』安河内哲也・著(桐原書店)

『英語長文レベル別問題集【①〜④】』安河内哲也、大岩秀樹・共著(ナガセ)

これらは、音読用に向いている教科書レベルのものです。100回以上、音読を目指しましょう。リスニング対策も、この教材でふだんから、シャドウイングを習慣化しましょう。

さて、M君の場合は、受験までの期間が短く、スタートラインの学力が低かったこともあって、ボキャ・ビル（ボキャブラリー・ビルディング＝vocabulary building の略。語彙《ごい》の増強）に十分な時間が割《さ》けませんでした。

南極老人は、当時を振り返り、「もしもM君が、ボキャ・ビルを完成していたら、ぶっちぎりの英語力で、慶応大医学部に合格しただろう」と。

では、どうすれば、ボキャ・ビルが完成するのか？　それを伝えるには、私が浪人中に体験した、「黒流勉強法」の真髄ともいえるぶっちぎりの英語力について語らねばなりません。

ライバルはケネディ大統領

俗《ぞく》に、英語は努力を裏切らない、といわれます。英語が努力を裏切らないなら、1日も早く英語の勉強に着手し、目覚めたもん勝ちです。

しかし世の中には、「英語キライ」「長文を見るだけでめまいがする」「できる気がしない……」という受験生がゴマンといます。

そりゃそうですよね。あの、ぶ厚い参考書。果てしなく単調な英単語帳。ただ、漫然《まんぜん》と、バカまじめにやるだけでは、イヤになるでしょう。

何を、どこまで勉強すればいいのか、めざすべきゴールもさっぱりわからない。

かくいう私も、高校生の頃は、英語はニガテでした。

「どうして英語なんて、やらなきゃなんないのか」とすら、思っていましたよ。

しかし、南極老人に出会い、英語の成績が急激に伸びました。

その最大の要因は、英語に対する〝意識のカベ〟が見事に崩壊したことです。

南極老人の英語力は、驚異的でした。

その昔、全国1位を何度も獲得。センター英語は、25分で満点だったそうです。私の高校の先生とは比較になりませんでした。

そんな南極老人が、ある日の勉強会で、ジョン・F・ケネディ大統領の就任演説を、英語で再現してくれたのです。アメリカ合衆国議会議事堂で行われた、歴史に残る名演説です。

その教室にいた受験生はみな息をのみました。

「We《ウィ》 observe《オブザーブ》 today《トゥデエイ》 not《ナッタ》 a《ア》 victory《ビクトリー》 of《アブ》 party《パーティ》, but《バッ》 a《ラ》 celebration《セレブレーション》 of《オブ》 freedom《フリーダム》. …」

南極老人は、身振り手振りもつけて、声の強弱やテンポもそのままに、ケネディ大統領になりきって演説してくれたのです。

本当に、ケネディ大統領がそこにいるかのようでした。

「す、すっげぇ〜！　英語ができるって、かっこいい！」

英語へのあこがれが、ものすごくリアルに感じられた瞬間でした。

「どうやったら、先生みたいになれますか？」

その問いに対して、南極老人が答えてくれたのが、英文暗唱でした。


じつは、この大統領就任演説は、南極老人が全文暗唱した、最初の英文だったそうです。

全文暗唱とは、つまり、何も見ずにぜんぶスラスラ言えるということです。

なぜ、この英文を選んだのか？　その理由は、南極老人が浪人生だったころ、目標にしたのが〝ジョン・F・ケネディ並みの英語力〟だったから、だそうです。

それを聞いた瞬間、思わず私は、顔がニヤけてしまいました。そんなぶっ飛んだ目標、聞いたこともなかったからです。「なるほど！　限界突破の精神って、こういうことかあ」と深く納得したのを覚えています。


本気で高いところをめざしていたら、受験生同士で比べあいっこして、あいつに勝ったとか、東大受験生はスゴいとか、低いレベルで一喜一憂することが、バカらしく思えてきます。

だって、ケネディ大統領の英語力に比べたら、受験生は、みんなヒヨっ子なのですから！

そして、南極老人の演説を聞くと、なんだか自分も限界を超えられる気がしたのです。

実際、ミスターステップアップでは、この話を聞いて、ケネディ大統領の演説を、完ぺきに暗唱して爆発的に成績を上げた受験生がいます。

京都大学文学部に合格した村山さん。彼女はケネディ大統領がまるでそこにいるのではないかと思うほど、暗唱を完ぺきに。

緊張したときは、いつも暗唱を再現することで、落ち着きを取り戻し、記憶力までアップ。どんどん成績が伸び、英語は共通テスト9割、二次試験は7割以上取得。

受験勉強ナシ、学力ゼロから偏差値60の同志社大に合格した深見くん。好きな子が頭によぎり12月まで勉強に集中できませんでした。それまでの勉強は、ケネディの暗唱のみでしたが、本気の勉強は2カ月ほどにも関わらず、合格。

ぜんぶ覚えるのはきついですが、短期間で成績が上がったり、記憶力がよくなったりと、暗唱しきってしまえば、本当に向かうところ敵なしになります。他には、キング牧師もオススメです。ぜひチャレンジしてください。この暗唱だけでも、約１３００の語彙を覚えることができます。

8000語の暗記を可能にする3ステップ

ぶっちぎりの英語力をつけるために、「黒流勉強法」では、8000語の語彙力をめざします。8000語も必要なの!?　と思われるかもしれません。

実際、『英単語ターゲット1900』（旺文社）1冊を完ぺきにすると、だいたい語彙力《ごいりょく》は5000語ともいわれています。しかし、背景知識や類推力で語彙をカバーできる受験生は、知らず知らずのうちにこれ以上の語彙力を自分で補っているのです。

そのため、東大・京大・医学部などの最難関に必要な語彙力はだいたい8000語。ここまで覚えきれば確実に合格圏内です。その中にはIとかyouといった超基本の単語も含まれます。「黒流勉強法」では、そこまで目指します。確実にモノにしましょう！　ちなみに南極老人の語彙力は、なんと、4万語だったそうです。その暗記を可能にしたとっておきの方法を伝授します。ぜひ、8000語を身につけて、圧倒的な英語力でぶっちぎりましょう。

英単語を定着させるには、次のステップが重要です。

① 種を蒔《ま》く　▼「見たことがある」という状態をつくる

② 水をあげる　▼印象に残す

③ 芽が出る　▼覚える

まず「①種を蒔く」の段階では、とにかく短期間のうちに、たくさんの英単語にふれます。8000語が掲載された英単語集がないので、大学受験塾ミスターステップアップでは、オリジナルの英単語集を用意しています。当塾のウェブサイト〈https://mrstepup.jp/genkaitoppa-download/〉からダウンロードできるので、印刷してご使用ください。

この英単語集では、全8000語を1000語ずつレベル1~8に分けて掲載しています。レベル1は〝go〟や〝dog〟など、小学生でも知っているような単語から始まり、レベル6以上になると、『英単語ターゲット』などの大学受験用の単語帳には載っていないハイレベルな英単語の表現が続きます。

英単語集の使い方を説明します。英単語集は、完全に覚えた単語にマーカーを引き、チェックリストのように使ってください。多くの受験生は、まだ覚えていない単語にマーカーを引きがちですが、そのうちほとんどの単語にマーカーを引いてしまい、結局どこが大事なのかわからなくなるのでダメです。

レベル1~2の2000語は中学レベルの英単語です。ほとんど覚えているでしょうから、さくさくチェックしていきましょう。なる早で仕上げてください。

レベル3~5の3000語は、『英単語ターゲット1900』や『システム英単語』（駿台文庫）など、一般的な大学受験向け英単語帳と同じレベルなので、骨が折れます。巻末特典の「英語マントラ」もこのレベルです。英語の読み方も載せているので、苦手な人でも、すぐに音読して覚えられます。巻末のものは一部なので、これをとっかかりにして、英単語のみならず、英熟語、英語知識の一問一答の網羅したものを、当塾のウェブサイト〈https://mrstepup.jp/genkaitoppa-download/〉からダウンロードして、ぜひ使ってみてください。

暗記の仕方は次のとおりです。維持の勉強をしてから、＋αに進みます。

1日目は、1～50個目を覚えます。

2日目は、1～50個目を復習してから、51～100個目を新たに覚えます。

3日目は、1～100個目を復習してから、101～150個目を新たに覚えます。

4日目は、1～150個目を復習してから、151～200個目を新たに覚えます。

5日目は……、後はもう、わかりますよね？

毎日、それまで覚えた単語は毎回ざっと復習してから、新しい50個を覚えていくということです。こうしていくと、とてつもない回数の反復が可能ですから、必ず覚えられます。ここでも覚えたものにマーカーを引いてください。

いよいよレベル6～8に挑みます。ここからは大半が知らない単語だと思いますが、忘れることを恐れず、スピード重視で進んでいってください。

この段階は、完ぺきに覚えるというより、8000語を〝すべて見たことがある状態〟にすることが目的です。くれぐれも覚えることにこだわりすぎないように。

次は、**「②水をあげる」**の段階に進みます。ここからは〝英文の多読〟で、①で見た単語をより深く印象に残していきます。南極老人は、この方法で語彙力を爆発的に高めました。

多読では、あまりに難しい英文であれば、先に日本語訳を読んで、内容を頭に入れてから読んでもよいです。

蛍光マーカー片手に、ひたすら一気に英文を音読します。声に出しながらでも、唇だけを動かすくらいでもかまいません。

読み始めたら、途中で日本語訳を見るのも、ページを戻るのも、辞書をひくのも、一切なし！

確実に定着する反復法

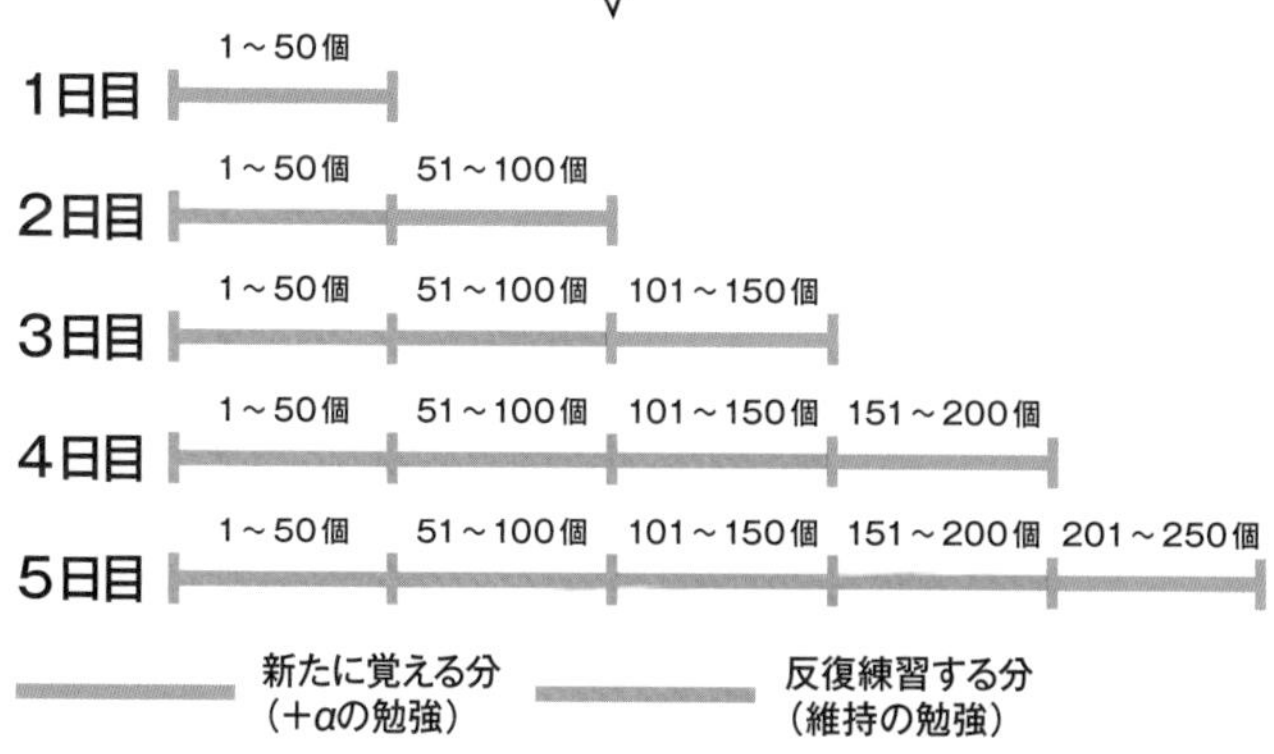

英単語の暗記と違って多読では、わからない単語にだけマーカーをひいていきます。（丁寧にひきすぎて、流れを止めないよう注意！）

最初は、理解できない英文が多すぎて、もがき苦しみます。

しかし、一度は８０００語もの単語に触れているので、読んでいく中で、

「あっ、この単語知ってる！　あ～っ、でも意味なんだっけなぁ……」

という言葉が続々と出てくるでしょう。そのときに、辞書や英単語帳に戻って意味を調べたら、一発で覚えられます。

一度は覚えたのに、忘れてしまった悔しさ。

そして再発見した感動が、強く印象に残るからです。

この強烈な印象をつくるために、①の種蒔きが必要だったのです。英文を一度読み終わったら、マーカーがひかれた単語を、ノートに書き出します。単語の意味を調べ、左側に英語、右側に日本語を書いて、オリジナルの英単語帳をつくっていきます（ノートより単語カードが好きな人は、カードを使用してもＯＫ！）。

その後、英文を繰り返し、繰り返し、読んでいってください。スラスラ読めて、意味がわかるようになれば、また次の英文に進みます。

このようにしてひととおり読める英文を１００、２００と、増やしていきます。たくさん読んでいくと、忘れかけた頃にまた同じ単語に出会うので、記憶も強化されていきます。

この方法を使えば、「1日で100個、英単語を覚えた！」なんてこともザラに起こります。

ちなみに南極老人は、当時好きだった映画の洋書を、片っぱしから読んだそうです。『ロッキー』『ランボー』『スター・ウォーズ』『バック・トゥ・ザ・フューチャー』など…。

慣れないうちは読むのに時間がかかりますが、見たことある映画だとシーンを思い浮かべられるので、読みやすくなります。


多読にオススメの洋書は、英語学習用に、さまざまなシリーズが出版されています。

・『ラダーシリーズ』（IBCパブリッシング）英文のみ。巻末に使用語句の一覧付き
・『講談社バイリンガル・ブックス』（講談社）英文の隣のページに日本語訳付き
・『講談社ルビー・ブックス』（講談社）難単語に日本語のルビ付き。初心者向き
・『ペンギンリーダーズ』（Pearson）英文のみ。演習問題、重要単語の解説付き

有名な映画の原作や小説、童話から始まり、ドキュメンタリーや伝記など、さまざまな種類の文章があります。日本の昔話もあります。

洋書のメリットは、多様なジャンルの英単語に触れられることです。ジャンルごとに専門用語がまとまって登場しますから、その分野の単語に、めっぽう強くなれます。

南極老人は『スター・ウォーズ』に苦戦しました。宇宙に関する専門用語が多く登場するからです。しかしこれを境に、宇宙関係の英文がスラスラと読めるようになったそうです。

また、多読英語を読むスピードが、劇的に速くなるのは、いうまでもありません。

ここが、**「③芽が出る」**段階です。

初心者は、つい英文を日本語に訳したくなるものですが、ハイスピードで多読するためには、日本語に訳さず、〝英語の意味を、英語のまま理解すること〟が大切です。

ノンストップで読み続けて、英語に溺《おぼ》れる環境に身を置くと、しぜんと英語のまま読もうとしていきます。

このレベルに到達すれば、共通テストなんて、ちょろいもの。偏差値70以上となり、全国模試で成績優秀者一覧に名前が載ることすら、夢ではなくなります。

「将来、海外で働きたい」とか、「ＴＯＥＩＣでハイスコアを取りたい」という人にも100％役立ちます。初めに蒔《ま》いた種が、いつか大樹になると信じて、挑戦あるのみです。

多読の仕上げは、難関大の過去問解きまくりです。

共通テスト過去問、予想問題集、私立、国立の過去問を毎日解いて多読していきましょう。ブッチギリの英語力で他の受験生を圧倒しましょう。

単語力レベルと難易度の目安

レベル	基準	代表的な英単語	
1000語	中学の教科書がスラスラ読めるレベル。1000語というと多く感じるかもしれないが、a、the、I、youなど、だれでも知っている単語も含まれる。	age 年齢 begin 始める diary 日記 kid 子供	enjoy 楽しむ hungry 空腹な father 父親 glad 嬉しい
2000語	中学3年までに覚える必修単語の数。英英辞典が読めるレベル。日常会話で使用する単語の大部分は、この中に含まれる。	ability 能力 furniture 家具 guess 推測する common 共通の	describe 描写する educate 教育する length 長さ method 方法
3000語	高校の教科書に出てくる単語をすべて覚えたら、このレベル。これだけで共通テストの6〜7割はいけるが、8割以上の高得点は厳しい。	absence 不在 calm 静かな discovery 発見 muscle 筋肉	fever 熱 growth 成長 honor 敬意 rare 珍しい
4000語	共通テストの問題なら、ほぼ読めるレベル。国公立2次・私大の英文も、苦戦しつつ、なんとか読める（単語力不足を補うために、類推力も必要）。	absorb 吸収する bother 悩ます emerge 現れる fate 運命	glory 栄光 harsh 厳しい impose 課す leap 飛躍する
5000語	国公立2次・私大の英文を、ほぼ読めるレベル。『英単語ターゲット』『システム英単語』などの単語集を派生語も含めて暗記し、難関大学を受験するレベル。	abandon 捨てる conceive 考える grab つかむ halt 停止	immigrant 移民 myth 神話 plead 嘆願する resign 辞職する
6000語	早慶上智など、トップ私立文系の入試英語も、ほぼ読めるレベル。	banner 垂れ幕 beak くちばし clause 節 fowl 鳥類	crook いかさま師 deputy 代理人 gorgeous 華麗な controversy 論争
7000語	英検準1級レベル。共通テストでは、満点もとれるレベル。	blunt 鈍い itch かゆみ marsh 沼地 poisoning 中毒	bachelor 独身男性 apprentice 初心者 partake 参加する seasoning 調味料
8000語	全国模試の成績優秀者レベル。難関大学の2次試験でも、ほぼすべて（99%）の英単語を知っているレベル。	agitation 動揺 custody 保護 parable 寓話 novice 初心者	disdain 軽蔑する fellowship 友情 gulp ぐっと飲む poach 密猟する

構文力・文法力を飛躍させるノット・ノーマルな方法

多読を通してこれだけの語彙《ごい》力をつければ、共通テストくらいなら、力技でかなり解くことができるでしょう。長文も、おそろしい速さで読めるようになります。

しかし、それだけでは安定して高得点を狙うことはできません。

ここで必要になるのが「構文力」と「文法力」です。英語のルール（構文・文法）が分からなければ、難易度の高い英文法、英作文、英文和訳などの問題で、太刀打ちできないからです。

したがって、あなたがやるべきことは、次の2つ。

1．英語構文の基本を頭に叩《たた》きこむこと

2．英文法の問題集を一冊完ぺきに仕上げること

まず英語構文について。入試の採点は、構文ミスに対して厳しいです。英文和訳でも英作文でも、構文を無視した解答は0点をつけられます。逆に構文をマスターすれば、どんな難しい文でも、ほぼ例外なく正しく読めます。

よく、「難解な英文が読めないのは、単語がわからないせいだ」と決めつける受験生がいますが、本当の理由は、構文がつかめていないからです。

また、「文法をいくら勉強しても、わからない（成績が伸びない）」のも、まず前提条件となる構文の理解が足りていないからです。それほど構文を理解することは重要なのです。

にもかかわらず、多くの受験生は構文を甘く見ています。それも仕方ありません。なぜなら、構文のとらえ方について、誰でもわかるように説明してくれる授業も参考書も、世の中にほとんど存在しないからです。

でも大丈夫！　南極老人が、

「この教材を反復するだけで、英語構文の究極がつかめる」

と、断言した教材があります。それが、

『英語リーディング教本』薬袋善郎・著（研究社）

です。構文の教材で、この本の右に出るものはありません。

ただ、この本は解説が激ムズです。最初から読み進めると大ケガをします。

実は『英語リーディング教本』の真髄は、わずか数ページの中におさまっているのです。まずここから始めましょう。

①50個の Frame of Reference の要点（巻末・２８９〜２９１ページ）

ここには構文の一問一答50個がズラッと並んでいます。

スラスラと言えるようになるまで反復して覚えます。

すべての問に2秒以内に答えられるのが絶対条件です。はじめは意味がわからなくてもかまいません。1週間で覚えきりましょう。これが後で、効いてきますから。

次に、覚えたFrame of Referenceを使って練習問題をやりましょう。

②38個の練習用TEXT（140～180ページ、ページがグレー枠の付録部分）

これも1～2カ月のうちに、完ぺきにしてしまいましょう。

それらが終わり次第、本書の解説のうち、どうしてもわからないところだけを読みます。構文ができるようになると、まるでレントゲン写真を見ているように、英文の骨組みが見えるようになります。すると、

「そうか……中学・高校で習った、文法用語（品詞・働き）の意味がわかったぞ！」

「あ、だからこの和訳はこうなるんだ！」という発見が生まれてくるはずです。

文法、英作文、英文和訳、整序などの問題がまるでパズルのように思えてきて、選択問題でも〝なんとなく〟ではなく「構文にハマる答えは、これしかないでしょ」と、確実に解けるようになります。『英語リーディング教本』の威力を実感できるその日まで、やり抜いてください。

英文法を最速で極めるために

共通テスト試験になってから、文法問題が出題されなくなったため、英文法を勉強する必要はないと思う人もいます。しかし実際には、多くの私立大学（医学部含む）で文法問題は出題されますし、国公立二次試験でも、英文法の知識が必要な英作文は頻出です。しっかり取り組みましょう。

『英語リーディング教本』で構文をおさえたら、英文法が学びやすくなります。英文法は、頻出パターンが決まっています。それを秒速で、確実に解ける力をつけましょう。そのための最短ルートは、極めてシンプル。「英文法の問題集を1冊、完ぺきに仕上げること」です。これができそうで、なかなかできません。英文法の問題集は多種多様ですが、

・解説が難しすぎる。解説が多すぎる
・反復がしにくく、読みにくい
・説明が丁寧すぎて、全範囲が網羅されていない

など、なかなかよい教材にめぐりあうのが難しく、あれもこれも、目移りしやすいからです。

実際に、南極老人が「駿台・東大実戦模試」の英文法で満点をとったときも、英文法問題が日本一難しいといわれる「慶応大医学部模試」で149／150点満点（2位と10点以上の差をあけて、ぶっちぎりで全国1位）をとったときも、『試験に出る英文法』という、当時もっともメジャーだった問題集から、すべて出題されていたそうです。

つまり、日本の最高峰にいる秀才たちでも、『試験に出る英文法』1冊すら、完ぺきにマスターできていなかったのです。逆にいえば、1冊完ぺきにするだけで、たちまち偏差値70以上だといえます。そこで、次のような英文法の問題集から1つ選び、完ぺきにしてください。

・**『Next Stage 英文法・語法問題』瓜生豊、篠田重晃・編著（桐原書店）**
・**『UPGRADE 英文法・語法問題』霜康司、刀祢雅彦、麻生裕美子・編著（数研出版）**
・**『英文法レベル別問題集①〜⑥』安河内哲也・著（東進ブックス）**

※基礎に自信がある受験生は、レベル③以上からスタートします。

これらを進める上での注意点です。こういった英文法の問題集は、解答が選択式になっているため、ちゃんと覚えているつもりが、「この問題は③が答えだったな」と、〝選択肢だけ〟を覚えてしまっていることもあります。

なので「黒流勉強法」では、そのワナにはまることなく、実践するだけで単語・熟語・英作文・長文にも強くなり、一気に成績があがる秘策を使います。

その秘策とは、例文暗唱です。これをやり抜くには、相当な覚悟がいります。

でも、終えたときの達成感と、成績の伸びは、ハンパじゃありません。

はじめは英文法の問題集をふつうに解き、解説も読みます。その中で、解けなかった問題の例文を、ノートに書き写していきます（空所には、正解の選択肢の英語をいれてください）。

もちろん、当てずっぽうで正解しても、それは解けたわけではありません。

ちゃんと意味を理解して「この問題は、〜だから、この空欄に入るのは〜しかない」と、スラスラ説明できたら、はじめて〝解けた〟といえます。

そしてノートに書きだした例文を、ひたすら読んで覚えます。日本語訳を見たら、3秒以内に答えられるようになったら合格です。あなたの間違いが集約されたノートを、完ぺきに暗唱できるようになれば、その英文法の問題集は完成した状態です。

例文暗唱のあとの演習は効果絶大

この例文暗唱がすごいのは、英語の総合力が飛躍的に高まるところです。例文内の単語・熟語も暗記できて、まず語彙《ごい》力が上がります。さらに、ひととおりの語法パターンの例文を覚えれば、英作文もおもしろいほど書けるようになります。頭の中にある例文ストックの中から、同じ型の英文を引っぱり出して、単語を置き換えれば、変幻自在に作文できるのですから。

ミスターステップアップの限界突破コースでは、『英文法レベル別問題集』の中から、厳選した600個の例文を暗唱します。スペルミス、時制の間違い、冠詞の抜け漏れなども、許されません。一言一句、完ぺきに覚えます。

反復しては、確認テスト。反復しては、確認テストの、あくなき繰り返し……。

「ちょっと、キツすぎますよ……」と、途中でへばりそうになる塾生もいますが、これをやり抜いたときには必ず成果が出ますから、甘くはしません。みんな、乗り越えたあとに、そのスゴみを知るのです。

私立医学部の合格をめざして、勉強し続けてきた宮沢さん。彼女は、2浪目までは、大手の予備校に通っていたものの、3度目の不合格。得意の数学で点を稼いでも、英語が共通テスト6割ほどで頭打ち。3浪目、ラストチャンスでミスターステップアップに入塾を決意。英語は、暗唱例文を600個覚えてもらいました。すると、半年後、長文読解のスピード、正解の精度がバツグンに上がり、英文法の問題も8割以上解けて、受けた医学部は全勝。

ずっと英語が苦手だった塾生も、600の例文を見事に暗唱した後に演習に入ると、成績は爆発的に伸びます。

多読でボキャ・ビルをして、例文暗唱で英語の総合力を伸ばしたら、演習をすればするほど、成績が上がっていくでしょう。演習には、

・共通テストの過去問　5年分（本試・追試合わせて10回分）※足りない場合は模試を使う
・志望大学の過去問　5年分（理想は10年分）

をやっていきましょう。できなかった問題は何度も音読。英語の実力は上昇し続けるでしょう。

リスニングや下線部和訳が出題される人は、以下の教材を同時にやりましょう。

【リスニング対策】『1カ月で攻略！ 大学入学共通テスト英語リスニング』森田鉄也・監修、岡﨑修平・著（アルク）

【下線部和訳】『英文和訳演習』入門・基礎・中級・上級　伊藤和夫・著（駿台文庫）

ここまでやれば、英語の実力は向かうところ敵なしでしょう。

数学編

最短で成績を伸ばすための方法

数学でぶっちぎるために、最初にやらなければならないこと。それは、基本問題を完ぺきにすることです。「基本をやれ」……耳タコかもしれませんが、甘く見ちゃいけませんよ。スラ

スラと、かつ正確に解く力を身につけることが、のちに数学でぶっちぎりの実力をつけることにもつながるのですから。

なぜ、基本から始めるのか？　それは、難問が解けなくても、入試問題で合格最低点をとることができるからです。

ただし、「黒流勉強法」を実践する以上は、言い訳なく、妥協《だきょう》なくやり切ることが前提です。やると決めたら、必ずやり切りましょう。

まず、

①基本レベル（教科書レベルの簡単な問題）
②標準レベル（典型パターン）
③やや難レベル（部分点狙いの問題）
④難レベル（奇問、捨て問、解けずとも合格できる）

すると、なんと、ほぼすべての大学で、下図のよ

入試問題のレベルを問わず
「基本」と「標準」なら合格できる!

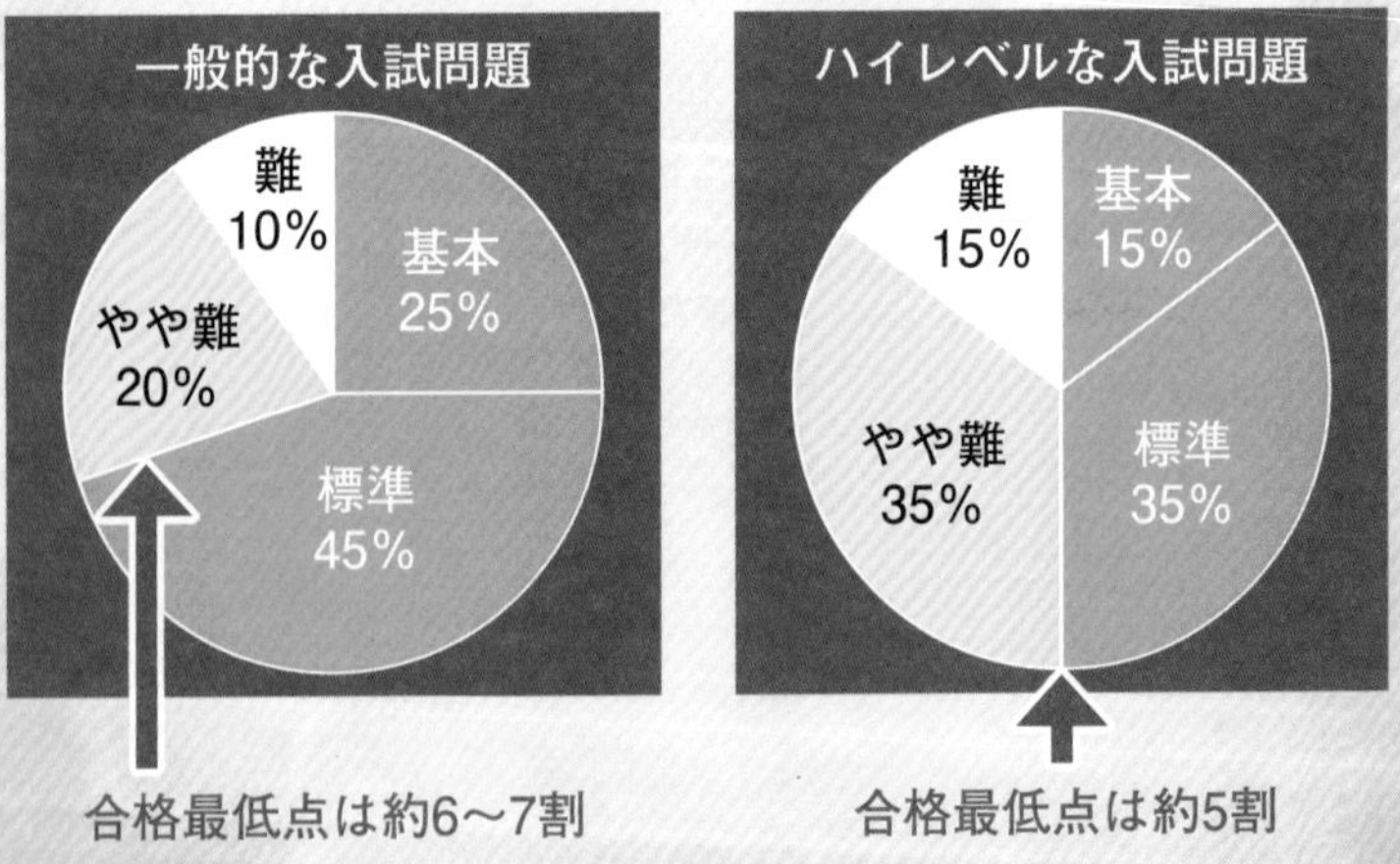

うに、①基本レベル、②標準レベルの問題が全体の約7割を占めるのです。しかも合格最低点は6～7割ですから、典型パターンを解くだけで、すでに合格は目の前にあるということです。共通テストも、教科書レベルが完ぺきなら満点も狙えます。

つまり、①基本レベル、②標準レベルが確実に正解できて、③やや難レベルで部分点がとれれば、十分に合格できるわけです。ハイレベルな入試問題なら、まれに半数以上が、③やや難レベル以上の場合もありますが、その場合は平均点も下がります。最難関ですら、合格最低点が5割以下になることも。要領のいい勉強とは、①基本レベル、②標準レベルの問題を確実に解けるよう鍛えることなのです。

難問ばかりに手を出してはいけない理由

数学力を高めるために、最初に知っておいてほしいことについて語りますね。

「パレートの法則」をご存知でしょうか？

「あらゆる出来事において、結果の80％は、全体のわずか20％の要素が握っている」という有名な法則で、「80：20の法則」ともいいます。たとえば、

・スマホ利用者の80%は機能の20%しか使いこなしていない
・日本全土のわずか20%の都市部に、全人口の80%が集中している
・優秀な20%の社員が、売上の80%を生みだしている

など、さまざまな事象において、これと同じような分布になっているのです。勉強なら「試験範囲で重要な2割が完ぺきにならば、試験で8割以上とれる」ということ。優秀な結果を残すには、全体の中で特に出題頻度の高い、20%だけを極めるのが近道ということです。それ以上難しい問題や珍しい問題、つまり「難レベル」の問題に手を出すと、効率がガクンと下がります。それだけを根気よく反復すれば、2割の努力で8割の結果を出すこともできます。

「東大に行く人はみんな天才だ」と、先入観で言っ

パレートの法則（80：20の法則）

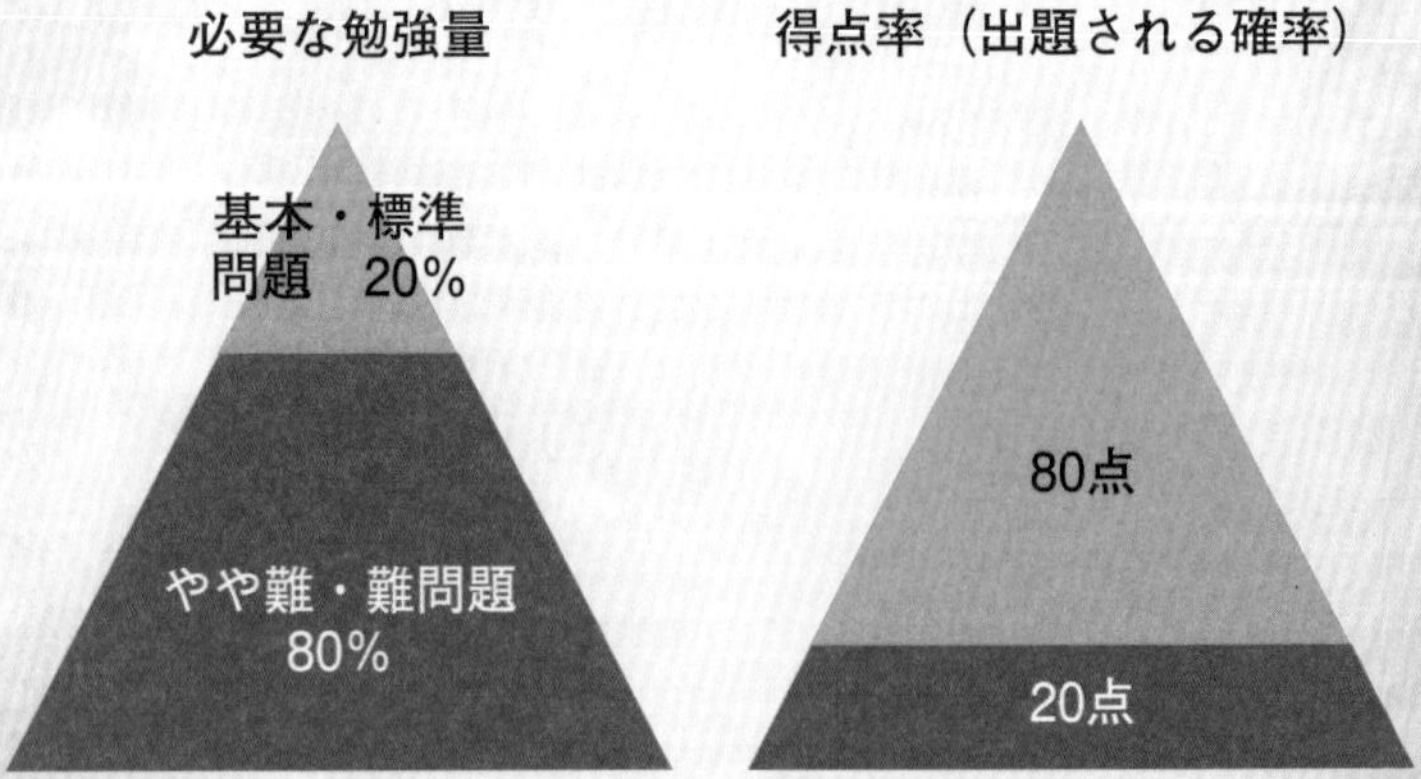

2割の努力で、8割の結果を出す！

たりしますが、受験数学に、独創性や天才的なヒラメキは不要です。むしろ、独創性あふれる解法は、点に結びつきにくいのです。出題者が求めるのは、模範解答とそっくりな典型パターンに則《のっと》った解答だからです。

「嘘だ！　過去問は見たことない問題ばっかりじゃないか！」と言いたい気持ちはわかります。ですが、実はある訓練をすれば、パターンを使いこなし、初見の問題もスラスラ解くことができるようになります。

ここからは、具体的な方法をお伝えしましょう。

数学を極めるための3段階

受験数学の達人への道のりをひと言でいえば、〝守破離《しゅはり》〟です。

〝守破離〟とは、人がなにかを習得する3つの成長段階を示す言葉です。

柔道、剣道などの武道や、書道や茶道などの芸術でも、日本で古くから語られてきました。この精神を身につけることができれば、達人の域まで成長できます。

では、「守破離」の意味とは？

「守」は、基本を守り、型を身につけた段階。
「破」は、その型を破り、応用する段階。
「離」は、型から離れて、変幻自在になった段階。

例えば、スポーツも、最初は基礎の〝型〟を守ることが一番大事です。

水泳ならバタ足もロクにできないのに、自己流でバタフライの練習から始めても、上達しません。最初は水に潜る練習から始めて、クロール、平泳ぎ…ひとつひとつ〝型〟を身につけていきます。世界を代表するような選手も、最初は基礎の〝型〟から始めるのです。

これと同じく受験数学でも、まずは基本の〝型〟を守る地味な勉強が必要です。〝型〟は先人たちの知恵が集まったもので、この知恵を使わない手はありません。

守：基本を守り、〝型〟を身につける

「守」とは、あらゆる数学の解法の〝型〟を身につけることです。

〝型〟は、「こういう問題は、こうやって解く」という、お決まりのパターンのことです。

例えば、

「指数の不等式は、まず底を揃える」

「三次関数の最大・最小を求める問題は、増減表とグラフを書いて考える」
「確率の問題で〝少なくとも……〟とあれば、余事象を考える」
などです。この〝型〟を身につけるためのオススメの問題集は
『新課程 チャート式 基礎と演習』（数研出版）※通称『白チャート』

本当の意味で『白チャート』を極めれば、それだけでも、偏差値60後半～70を十分に目指せます。南極老人もそう断言されていますし、私の経験からも明らかです。先ほどの「基本レベル」から「標準レベル」までは、この〝型〟で解ける問題がほとんど。ここを、確実に身につけると、偏差値60以上の大学でも太刀打ちできます。実際にこんな例もあります。

「いやぁ、もとは数学が大嫌いだったんですけど、セルフレクチャーにハマって、なんとか白チャートだけは完ぺきにしたら、受かりました」（大阪大学・工学部合格／山本くん）

「ぜんぶ白チャートから出るから、テスト受けながら、顔は笑っていました。おもしろいように解けて、自己採点でも、９割はカタイっすね」（同志社大学・理工学部合格／中村くん）

99％と100％の大きなちがい

これらは『白チャート』の成功例ですが、どうしても、基礎を舐《な》めてしまう受験生もいます。

今さら基本問題集なんて、バカらしくてやってらんない、と言わんばかりに、

「先生、『青チャート』から、はじめていいっすか？」

「友達は『新数学演習』（東京出版）で京大に受かったので、やりたいんですけど……」

といって、基礎を飛ばそうとします。特に、進学校出身や、中高で数学が得意だと「自分って、やればできるよな」という、悪い意味での自信がついている受験生に多いのです。

そういう受験生には、その場で『白チャート』の例題を数問、解いてもらいます。

するとどうでしょう？　少なくとも、これまで私の前に現れた生徒たちは、ひとり残らず、どこかでミスをしました。〝完ぺき〟とはいえないレベルだったのです。


その解けない問題の中にこそ、自分の弱点、苦手を乗りこえる最大の秘訣《ひけつ》が眠っているのです。受験生にとってそれは宝の山なのです。基礎的な問題集でいいから、1冊まるごと完ぺきにする。それによって〝型〟が身につくのです。


そして、完成度は99％ではダメ。必《かなら》ず100％になるまでやり切ってください。たった1％の差でも、まるで小さな穴のあいた風船のように、必ずどこかで漏れができて、そのときどきの点差が激しくなります。

「どの問題も、瞬時に解法がわかり、ノンストップで解ける」という状態が、この「守」にお

いてのゴールです。正真正銘の100%をめざしましょう。

過去には、学校の定期テストすらろくに解けなかったのに、必死にやって、たった3カ月でこのレベルまで仕上げた塾生もいました。当然、成績はうなぎ登りです。

まずは、『白チャート』の「基礎例題」だけにしぼって反復しましょう。

文系（ⅠA・ⅡB） 基礎例題　約440題
理系（ⅠA・ⅡB・ⅢC） 基礎例題　約600題

これらを、次項で紹介する「セルフレクチャー」を駆使して、全問、完ぺきに仕上げます。例題を解くときは、問題のすぐ下にあるチャート&ガイドも完ぺきに覚えてください。最初の2週間は、この本の巻末特典「黒流マントラ」を音読もセットでやってください。「こういう問題は、こう考える」という〝型〟がシンプルにまとまっているので、丸暗記するだけでも実力は上がります。白チャートを本当に完ぺきにした受験生から見れば、多くの入試問題は「これは、あの問題で使った〝型〟で解けるな」と、見抜けるのです。

これが、入試問題が〝知っている問題〟に見えるカラクリなのです。

1カ月で5400題分の問題を反復する高速学習法

どの問題も、スラスラ解けるようになるまで、最低7回は反復する必要がありますが、普通に解きすすめるだけでは、それだけの反復回数をこなせません。

それを可能にするのが、南極老人があみだした、高速学習法「セルフレクチャー」。

「問題を見て、解法を言う」、たったこれだけのことを繰り返すだけ。

解法がすっぽり頭に入るまでは、下手に手書きを挟まず、口で言って反復を進めましょう。

やり方を詳しく説明しましょう。

①問題を見る（読む）

②解き方を、自分自身（セルフ）に解説（レクチャー）するように、ブツブツ口に出して言う。

計算問題は最初の式だけ作る。グラフや図が必要な問題は簡単に書いて確認する

③計算式は解かずに、解答を見て（読んで）、確認する

1分以上、じっと考えてもわからない問題は、解答を見てまず覚える

くれぐれも、わからない問題があるからといって、長時間考えこまないよう注意！

そういうときはいさぎよく答えを見て、「次に反復した時は、絶対に解いてやる！」という意気込みで、覚えてください。長くても1問あたり5分以内に終わらせましょう。

反復した問題は、次のような印をつけて、仕分けしていきます。

◎：この問題は百発百中で解ける
○：だいたい解けるが、◎ほど自信はない（たぶん解けるが、間違うかも）
△：解けないが、解答は理解できる
×：解けないし、解答を見て（読んで）も理解できない

回数をこなすうちに、だんだんと◎が増え、×が消えていきます。
『白チャート』の基礎例題すべてに◎がついたら、「守」の段階はクリアです。
セルフレクチャーは、慣れると1問あたり1分で復習することも可能です。
すると1時間で60題、3時間で180題の問題に目を通すことになります。
これを1カ月間、毎日繰り返すと、どうなるでしょう。
単純計算で180題×30日＝5400回、問題を解くことになります。

たった1カ月で5400回ですよ。

これは、予備校の授業1年間でこなす練習量をはるかに上回ります。

これだけ反復したら、反射的に解法が思い浮かぶようになり、入試本番の緊張状態であってもスラスラと問題が解けるようになります。

セルフレクチャーの最重要ポイントは、「解法を口に出して言うこと」。

例えば、下の問題を見たら、こんな感じでセルフレクチャーします。

[問題文　『白チャート』例題97より抜粋]

「えっと、この問題は二次関数の不等式だから、まずグラフをイメージ。与式から、グラフは常にx軸より上にある。つまり、判別式Dが負になるから、それを解くとmの範囲が求まる、終わり！」(ここまで約30秒)。

と、このように、解答を見ずにスラスラ言えるようになればOK。

これはあくまで一例ですが、このように自分で自分に解き方を教えるように、声に出して解説するのです。小声でもいいから、声に出してください。その方が頭も働きます。

例題97　すべての実数xについて、不等式 $x^2+mx+3m-5>0$ が成り立つような定数mの値の範囲を求めよ。

[センター試験]

集中力が切れたり、途中で眠たくなってきたら、場所を変えたりするのもオススメ。工夫して、頭の回転を止めないようにするのが上達のコツです。

また、『白チャート』がオススメなのは、基本問題のパターンが網羅されているのに加えて〝反復しやすいから〟です。問題の下にすぐ解説と、ページごとにおさまり、パッ！パッ！と、「はい次！」「はい次！」と、問題と解説を瞬時に見ていくことができます。

このテンポをだいじにします。あとは、どれだけ反復スピードを高められるかが勝負。時間的負荷（タイムプレッシャー）をかけることで、人間の脳の回転スピードは、どんどん速くなります。実際、ミスターステップアップの限界突破コースの受験生は、トレーニングにより驚異的な解答スピードが身につきます。

最初は1問6分だと、「6分→4分→3分→2分……」と、徐々に時間を短くして、負荷をかけます。タイマーで計り、瞬時に解けるまで追い込みましょう。

破：〝型〟を組み合わせて解く

さて、ここからは「守破離」の「破」の段階に入ります。

3つ目の、「やや難レベル」の問題になってくると一筋縄にはいきません。いままで身につけた〝型〟を組み合わせ、〝型破り〟な解き方を見つけ出していきます。入試問題作成者は、あの手この手で、どの受験生も見たことがないような問題を作ります。とはいえ、いかなる難問も、問題作成者は解答に至る道すじを必ず用意しています。

「ここで、あえてベクトルの考え方を使うことに気づけば解ける」とか、

「ふつうに考えたら、ここでひっかかるけど、発想を転換すれば解ける」とか。

問題作成者の「こういう道すじで解いてほしい」という意図に気づけば、解けるのです。この道すじのことを、ここでは〝ストーリー〟と呼びます。

特にストーリーがわかりやすく表れるのが、共通テスト数学です。1つの大問のなかに小問がいくつかありますが、どの小問も最初に与えられた条件に関係していたり、前の小問の答えを利用して解く必要があったりします。よく言う、「誘導に乗る」っていうやつです。

誘導に乗って、速く正確に解くには、よ〜く注意して、問題文の条件や前の小問の答えを見て、問題全体の流れをつかむ必要があります。二次試験でも同じですが、共通テストほど細かな誘導はないので、問題を解きながら、自分でストーリーを見抜いていきます。

例えるなら、ドラマや映画を見ながら、まだ途中なのにストーリーの結末が読めてしまうよ

うなものです。そういう予測ができるのは、たくさんの小説、漫画、ドラマや映画を見て、知らず知らずのうちにストーリーを頭の中にストックしているからですよね。

要は、これと同じような予測を、数学の問題文でできるようになればいいのです。「やや難レベル」の問題が解ける人は、この予測ができるのです。これができるようになるためには、ストーリーのストックを増やしていく必要があり、これを〝ストーリーの抽出〟と呼びます。

具体的には次の参考書から、「標準～やや難レベル」の問題を約600題やります。

ここからストーリーを抽出してストックすれば、大学受験の数学でストーリーが読めない問題、つまり全く歯が立たない問題はほとんどなくなります。

『白チャート』の発展例題　文系（ⅠA・ⅡB・C）　約150題

理系（ⅠA・ⅡB・ⅢC）　約200題

『実力アップ問題集』　文系（ⅠA・ⅡB・C）　約300題

理系（ⅠA・ⅡB・ⅢC）　約440題

『実力アップ問題集』には、「やや難レベル」の頻出問題がそろっています。

やり方は『白チャート』と同じで、セルフレクチャーで反復していってください。

『白チャート』に加え、この教材まで完ぺきにすれば、あなたの数学力はもはや全国トップレベル。実際、『実力アップ問題集』のⅠA、ⅡB、ⅢCの3冊を、およそ30分でセルフレクチャーして一巡できるという究極レベルまで高めた生徒が過去に数名いましたが、ことごとく、医学部、東大、京大レベルの最難関に合格していきました。

彼（女）らはみんな、「本番も楽勝だった」、「手応えバツグンだった」、「ぜんぶ、実力アップ問題集で解けた」と、口を揃えて言うのですから、その威力たるやすさまじいものです。

離：〝型〟から離れて、変幻自在になる

ここから、入試問題の研究、演習に入ります。目安は10～11月頃から、毎日入試本番のつもりで、解いていくようにしてください。

・共通テストの過去問　5年分（本試・追試合わせて10回分）※足りない場合は模試を使う
・志望大学の過去問　5年分（理想は10年分）

も解いていきましょう。そして、もしできなかった問題があれば、これまで反復してきた問題の型や、ストーリーが使えないかを確認してください。この作業が非常に大切です。

せっかく育ててきた数学力を、本番で発揮するためのコツをつかむのです。「あぁ、なるほど。こうやってストーリーを使えばいいんだ！」と発見していきます。特に共通テスト数学は、こ

れまでの問題集にある知識を使えば、必ず、解けます。実際に手を動かして30分以内に解けるまで復習しましょう（5年分終わったら、それ以前の年度の分も解きます。理想は10年分）。

過去問5年分が終わり、まだ時間に余裕があれば、次の教材でさらに研鑽《けんさん》を積みましょう。

『文系数学の良問プラチカ　数学Ⅰ・A・Ⅱ・B・C』鳥山 昌純・著（河合出版）
『理系数学の良問プラチカ　数学Ⅰ・A・Ⅱ・B・C』大石 隆司・著（河合出版）

そして、この作業をすると、「この問題と、この問題は、ストーリーが似ている」という共通点が見えてきます。この段階まで鍛えて、たくさんあるストーリーの中で、共通点を見つけていくと、「要は微積のストーリーは〇〇パターンに絞れるな」といったように、より自由自在に解けるようになります。つまり、〝ストーリーの統合〟が起こってくるのです。

これが「離」の段階であり、受験数学におけるゴールです。ここまで極めれば、はじめて見る難問でも、バッチリひらめくようになります。

間違いなく、難関大学合格への強力な武器になるでしょう。

始 → 守 → 破 → 離

始
要領の良い勉強のスタート
◆武器の抽出
白チャート基礎例題

守
巻末特典「黒流ヤントラ・マントラ」
基本の型を守り、身につける
◆ストーリーの抽出
白チャート発展例題
実力アップ問題集

破
型を破り、応用する
◆ストーリーの統合
プラチカ
志望校の過去問

離
型から離れて、変幻自在になる

●型とは？
「こういう問題は、こうやって解く」という、お決まりのパターンのこと。

●武器とは？
型通りに問題を解くために必要な公式や考え方のこと。『白チャート』でいえば、各例題の問題の下にあるチャート&ガイドという部分が武器にあたる。

●ストーリーとは？
問題作成者が用意している、問題を解くための道すじのこと。

国語編［現代文］

まずは語彙力を高める

「国語は勉強しても意味がない」「生まれつきのセンス」など、世間の噂に翻弄《ほんろう》されてはいけません。国語にも、明確にありますから。成績を確実に上げる方法が！

合格までの道のりは、ズバリ、次のとおりです。

1　語彙力（漢字・現代文用語）を身につける

2　文脈力・スキーマ力を身につける

3　過去問を研究し、正解までのプロセスをスラスラと説明できるまで反復する

では、順に説明していきましょう。

まず「語彙力」とは、入試現代文を解くために必要な日本語全体のことです。だいたい、20歳前後で認識できる日本語の数は、約5万語だといわれています。そのうち、繰り返し使われる言葉は全体の2割くらいですから、約1万語です。

その1万語の意味をわかっていれば、入試問題にも挑めます。1万語というと多いように感じますが、「私」とか「あなた」とか「猫」とか「海」とか、そういう基本語句も含めての数ですから、じつは、それほど多くありません。

薄っぺらい用語集を1冊、反復練習してマスターすれば、それで十分です。

そこで、まず取り掛かってほしいのは巻末特典の「黒流マントラ」。現代文用語を、はじめに2週間で音読してください。また、より充実したものが当塾のウェブサイトでダウンロード〈https://mrstepup.jp/genkaitoppa-download/〉できます。他には、次のテキストもオススメです。

『大学入試受かる漢字・用語パピルス１４６７』出口汪・著（学研）※略称『パピルス』

『パピルス』は、漢字の意味、現代文用語、重要な外来語など、入試で問われる知識がほとんど載っている良書です。特にはじめから１５６ページまで（ＰＡＲＴ１・２）は重要です。巻末特典「黒流マントラ」か『パピルス』のどちらかを、徹底反復しましょう。

覚え方については、英語編の英単語の覚え方と同じ方法を使います。1日につき5ページずつ進むとすれば、次の要領です。

1日目　P10～P14を覚える。

2日目　P10～P14を復習して、P15～P19を覚える。

3日目　P10～P19を復習して、P20～P24を覚える。

…あとは、わかりますよね。英語と同様、書いて覚える必要はありませんので、答えを隠しながら、ブツブツと口に出して覚えていってください。反復スピードが命です。

何度みても覚えられない語句や漢字は、最終手段として紙に書いて覚えるようにしましょう。

論理的な読み方・解き方を身につける

次に身に付けるのは「読解テクニック」です。

必要な教材は**『田村のやさしく語る現代文』田村秀行・著（日本入試センター）**です。

この本は、巻末の問題集をあわせても、全147ページほどしかない薄さですから、その気になれば1日で読めます。最初は思考の型を身につけることが大切なので、この本に書かれた内容を、あなたの脳内にコピーするように完ぺきに頭に入れてしまいます。

入試の現代文は、趣味の読書とは違います。入試問題には入試問題の読み方があり、それに則《のっと》って読み進められるようにならなければ、点はとれません。

『田村のやさしく語る現代文』は、絶対にハズしてはいけない最低限のルールが、この薄さの中に見事におさめられています。さらに入試現代文のプロである田村先生の感覚がそっくりそのまま入っているのです。

こんなにわかりやすく、反復しやすくて、しかも、プロの感覚を学べる参考書はめったにありません。国語の参考書を300冊以上、研究しつくした南極老人も絶賛されています。この本を完ぺきに頭に入れた結果、過去問を解いていくときに、「あぁ、なるほど。田村先生なら、きっとこう読むだろうな……」という思考になれば、感覚のインストール成功です。

また、現代文の絶対的なルールのひとつは、「解答の根拠は必ず本文中にある」ということです。問題を解くうえで、「私はこう思う」とか、「常識的には、こう言われている」という意見をもとに、解答を選んではいけません。

本文に〝書いてあるか、書いていないか〟がすべてです。

極端に言えば、本文に「アリはゾウより大きい」と書いてあったとすれば、それが正解になるのです。これが現代文の鉄則です。そして、この考え方は、『田村のやさしく語る現代文』をしっかりやれば、十分に身につきます。

国語力は、すべての教科の土台と言っても過言ではありません。英語も、現代文が苦手なままでは、抽象的な英文を読解できませんし、美しい日本語訳を作ることもできません。

また、参考書や過去問を自分で正しく読み進められないので、独学が進まないのです。

『田村のやさしく語る現代文』が完ぺきになった後も、毎日、現代文の問題を解いていき、フィーリング、つまり〝なんとなく〟で解くのではなく、ハッキリとした根拠をもって、答えを導き出す練習をしましょう。

理系の受験生の場合、11月以降は共通テストの過去問に専念できるよう、10月までに以下の問題集から1～2冊選んで解いていきましょう。

現代文の問題演習のステップ

▼基礎～共通テストレベル

『田村のやさしく語る現代文』の後は、次の教材から1～2冊選んで取り組みましょう。

『入試現代文へのアクセス（基本編）』荒川久志・著（河合出版）

『全レベル問題集　現代文①～②』梅澤慎由起・著（旺文社）

『極める現代文⓪～②』板野博行・著（スタディカンパニー）

▼難関私大・国公立大学レベル

私立文系や国公立で現代文が出題される人は、さらに次の問題集に取り組みましょう。

『入試現代文へのアクセス（発展編）～（完成編）』荒川久志・著（河合出版）

『全レベル問題集　現代文③～⑥』梅澤慎由起・著（旺文社）

『極める現代文③～④』板野博行・著（スタディカンパニー）

12月以降は共通テストの過去問をメインで解いていくようにしてください。

現代文の共通テスト対策は復習で決まる

共通テストの対策については特に重要なため、詳しく説明させていただきますね。

赤本は、必ず2冊用意してください。1冊は、演習用。何も書き込みません。実際に問題を解くときに使います。もう1冊は、書き込み用。問題を解いた後に復習しポイントをどんどん書き込んでいくためのものです。

目安としては、最低5年分（本試・追試で合計10回分）の過去問を完ぺきにします。可能なら、赤本に載っている過去問はすべて研究しつくしましょう。

これを、ただ解き散らかすのではなく、徹底的に吸収し尽くすのがミソなのです。

最初に解いていくときは、制限時間内に解き終えることができなかったとしても、時間を延長して必ず最後まで解き切ります。制限時間を気にして、中途半端な状態で終えても、解く意味が無いからです。そして、過去問演習は解き終わってからが重要です。

見直しをしながら、

・なぜ、この答えになるのか?
・なぜ、他の選択肢ではダメなのか?
それらを、あなた自身が誰かに解説できるようになるくらいまで徹底的に理解していきます。

そして本文の中で、答えを選ぶ〝根拠〟になる箇所に線を引き、正解に至るまでのプロセスを書き込んでいくのです。赤本が、文字でいっぱいに埋め尽くされるぐらいの勢いで、使い込めば使い込むほど、理解が深まります。

数をこなすよりも、一問一問を、復習しつくしましょう。

また、わからない語句が登場したら、語彙力アップのチャンスですから、自分で意味を調べて、書き込んでいくのも忘れないようにしてください。

一度解いた過去問を復習する際には、何も書き込んでいない反復練習用の赤本を使用します。その際に、何も書かれていない過去問を見て、書き込み用の過去問に記した内容をパッと思い出すことができ、正解に至るためのプロセスとその根拠を説明できるようにすることがゴールです。これで共通テスト対策はバッチリです。

国語編［古文］

最初に身につける5つの基礎

「黒流勉強法」では、入試の基礎を2週間で仕上げることで、最短最速で成績アップをめざします。古文も基礎は2週間で仕上げましょう。古文の読解のための基礎は、次の5つです。

①古文単語　②古典文法　③敬語　④古文常識　⑤古文読解テクニック

この5つさえ完ぺきにしてしまえば、演習を重ねていくだけで、古文は安定して高得点がとれるようになります。確実にものにしていきましょう。

①〜⑤の一部の知識は、巻末特典の「黒流マントラ」で覚えることができます。より充実したもので勉強したい方は、当塾のウェブサイト〈https://mrstepup.jp/genkaitoppa-download/〉にて、①〜⑤を集約したものがダウンロードできます。ぜひ、お使いください。

次に紹介する一般の教材を使ってもOK。さらに、詳しくみていきましょう。

①入試古文を読むために必要な古文単語は、

『マドンナ古文単語』荻野文子・著（学研）がオススメ。この本で十分身につけることができます。暗記のゴールは「スラスラよどみなくハッキリと正確に」言えること。思い出すのに数秒かかるなら、まだ練習不足です。ひとつの単語にいくつも意味がある場合、まず1つずつ覚え、それが完ぺきになれば、他の意味も追加で覚えていきましょう。英単語と同じ復習法を使って、1日10〜20個のペースで覚えていけば、1カ月以内に完ぺきにすることができます。

②古典文法については、

『吉野の古典文法 スーパー暗記帖』吉野敬介・著（学研プラス）がオススメ。巻末にある助動詞の活用表を、音読して完ぺきに覚えます。古典文法は見たり書いたりするより、声に出して覚えた方が、はるかに頭に入ります。

本気でやれば、3日以内に覚えきることも可能です。

助動詞は、例文を通して、意味の識別も完ぺきにできるようにしましょう。

助動詞が完ぺきになれば、続いて、助詞、動詞、形容詞、形容動詞も覚えます。

2週間で『吉野の古典文法スーパー暗記帖』を完ぺきに仕上げましょう。

古典文法をちゃんとマスターすれば、読みにくい古文も分析して読めます。それだけでなく、古文単語の知識も、古典文法の活用を覚えて初めて実践に活かせるのです。

③敬語を学ぶ最大のメリットは、古文の文章の主語がわかるようになること。例えば「御《おん》涙《なみだ》にくもりつつ、月の光もおぼろにぞ御覧《ごらん》ぜられける。」(訳：涙でぼやけて、月の光もかすんでご覧になっていた。)という文章において「御覧ぜられける」は二重敬語になりますが、この場合、主語はかならず天皇か、帝《みかど》になります。このように、敬語を学ぶことで、その動作の主語が分かるようになるのです。

敬語の勉強には、

『吉野式スーパー古文敬語バージョン』吉野敬介・著(学研プラス)

がオススメです。

この本の最初にある、たった30個の敬語を暗記して、演習を重ねれば敬語がすぐ身につきます。

④古文常識について。いくら単語、文法を覚えても、ぜんぜん古文が読めない受験生がいます。その原因は、古文常識を身につけていないためです。

古文常識とは、当時のしきたり・文化・恋愛・生活・宗教・仕事などの背景知識のこと。今の常識と、当時の常識はまるで違います。

たとえば平安時代、貴族の男性が、噂の女性を一目見ようと、「垣間見《かいまみ》」といって、家の垣根のスキマから女性をのぞきみる風習がありました。現代で同じことをすると、下手すれば犯罪になってしまいますが、当時は、それが常識でした。このように常識が異なると言葉のとらえかたも、変わります。そのため最低限の古文常識がなければ、たとえ現代語に訳すことができても、「結局、どういう意味かわからない」という事態になるのです。

ではどうすれば、古文常識が身につくのか?

オススメは、古文の現代語訳をどんどん読むことです。初めは古文を読解しようとしたり、問題を解こうとする必要はありません。まずは、現代語訳をスラスラ読むことができて、おおよその意味がわかるようになってから、古文を読むようにしてください。

入試問題くらいの長さの古文で、理系なら100文、文系なら200文が目安です。初めは苦労しますが、読めば読むほど、おのずと古文常識が身についていきます。

次の教材は、現代語訳を読めるようになるのにオススメです。

『マーク式総合問題集国語』（河合出版）

『マーク式基礎問題集古文』（河合出版）

『みんなのゴロゴ古文出典』ゴロゴネット編集部・著（スタディカンパニー）

もしくは学校で配布されている『国語便覧』でも重要ポイントをおさえておきましょう。

さらに、時間に余裕がある人は、古文常識を漫画や有名出典で学びましょう。

漫画『あさきゆめみし』大和和紀・著（講談社）

『1日で読めるシリーズ』吉野敬介・著（東京書籍）
『眠れないほどおもしろいシリーズ』板野博行・著（三笠書房）
『源氏物語』瀬戸内寂聴・著（講談社）
などで、『源氏物語』『枕草子』『徒然草』などの有名出典を読んでおくのもオススメです。

⑤古文読解テクニックを学ぶのにオススメの教材は、
『共通テスト古文満点のコツ』北村七呂和・著（教学社）です。

登場人物に丸をつける、接続助詞「を・に・ば・ど・ども」があれば主語は変わりやすい、などのテクニックを学び、古文をより緻密《ちみつ》に読めるようにしましょう。

この本には、予備校1年分で教わるテクニックが網羅されています。

過去問演習で総仕上げ

これら①～⑤までの勉強が終わり次第、共通テストの過去問に取り組んでいきます。現代文と同じく、はじめは制限時間を気にすることなく、納得いくまで考え抜いてください。その後、辞書や参考書で調べながらでもいいので、自力でできるところまでやりましょう。

答え合わせを終えた後は、本文で読めなかった箇所にマーカーを引いて、現代語訳と見比べるようにしてください。知らなかった単語があれば、その場で覚えてしまいましょう。

復習は音読を中心に進めます。少なくとも、ここ10年の過去問は、声に出してスラスラ読みながら、同時に現代語訳が浮かぶようになるまで、何度も音読してください。

文系なら、私立・国公立入試の対策として、次の教材がオススメです。

『中堅私大古文演習』河合塾国語科編（河合出版）
『「有名」私大古文演習』池田修二他・編著（河合出版）
『首都圏「難関」私大古文演習』池田修二他・編著（河合出版）
『古文上達読解と演習56』小泉貴・著（Z会出版）

あとは、志望校の過去問を解いていけば、完成です。

国語編［漢文］

古文の知識と句形の暗記で高得点をねらえ

共通テスト現代文で満点をとるのは、かなり訓練してもなかなか難しいことです。しかし、漢文はちょっとその気になれば満点が狙えます。漢文で満点を狙うための条件は、次のふたつ。

①古典文法をマスターしていること。

②基本句形（約１００種類）を暗記していること。

たったこれだけです。漢文とは、「昔の中国語を、日本語（古文）で読む」というものです。

そのため漢文の成績は、古文を正確に読めるかどうかにかかっています。

見方を変えれば、ちゃんと古文が読める人は、漢文における最低限のルールさえ覚えてしまえば、意外なほど簡単に理解できるようになるということです。

句形の暗記は**『漢文早覚え速答法』田中雄二・著（学研プラス）**がオススメです。

この本の「考試之道」を暗唱すれば、漢文の基礎は完ぺきになります。

例文がスラスラと音読でき、ノータイムで現代日本語訳ができるようにしてください。

過去問は古文と同じやり方で取り組みましょう。

古文も漢文も、過去問10年分の音読が最も効率よく成績を上げる方法です。

これだけの勉強で漢文は十分満点を目指せます。

理科編

基礎の暗記と教科書でスタートダッシュを切る

理科は、最初が肝心です。「黒流勉強法」の「英数でぶっちぎれ！」で、先に数学に時間とエネルギーをかけておくと、理科の完成は早くなります。

さらに、理科は基礎知識を絞って、たった2週間で終わらせます。すると、普通の受験生の2倍、3倍のスピードで成績を上げることができます。そのために必要なのが、重要用語の暗記。まず、最初にやってほしいのは巻末特典の「黒流マントラ」です。これを、2週間で覚えきりましょう。多少、理解できない用語があっても大丈夫。理解できてるかどうかではなく、スラスラ言えるかどうかが大事。「17族の元素は？」と聞かれたときに、間髪入れず「フッ素、塩素、臭素、ヨウ素、アスタチン！」と言えるかどうかです。この時点で、「ヨウ素ってどんな物質？アスタチンなんて聞いたことないわ！」とツッコみを入れる必要はありません。わからない用語があっても、あとで繋がりますから、とにかく覚えてください。「黒流マントラ」を覚えきったら、準備完了。

化学、生物は巻末特典の「黒流ヤントラ」を写経して、白紙から再現できるようにしましょう。この「黒流マントラ・ヤントラ」を使い、最初の2週間で、一気に覚えきりましょう。すると、そこから問題集を解いていくときに、立ち止まることはありません。

理科も最初に勉強するときは、用語や公式が頭に入らず立ち止まってしまいがちです。

「化学の電子親和力って、なんだっけ……」

「物理の公式の読み方がわからない！」

「生物の用語と図がつながらない」

そんな状態では、問題や解説を読むのに、時間がかかり、何カ月たっても成績は伸びません。ぜひ「黒流マントラ・ヤントラ」を2週間で覚えきりましょう。過去のミスターステップアップの塾生たちで、東大・京大・医学部などの最難関に合格した受験生たちも、短期間で理科を仕上げました。

畑地《はたじ》さんは医学部志望でしたが、一般の教育課程の高校に通っておらず、数Ⅲや理科の授業を一切受けたことがありませんでした。それでも、「何がなんでも、医学部に行きたいんです！受かるためなら、なんでもやります」という決意で、ミスターステップアップに入塾。

そんな彼女に渡したのが、「黒流ヤントラ」をさらに拡張させた「有機反応全経路図」です（当塾のウェブサイト〈https://mrstepup.jp/genkaitoppa-download/〉からもダウンロードできます）。有機化学で学ぶ、すべての化学反応がB４用紙2枚にまとまったものです。有機化合物の構造、名称も全て載っていて、覚えると、有機化合物の知識と関係性が一気に頭につながります。

これを、一言一句そのまま書き出せるようになった頃には、最初はちんぷんかんぷんだった有機化学で、どの大学でもらくらく高得点を取得。その成長は、すさまじく、何よりもすごいのは、初学なのに、最短最速で勉強が進み、化学が得点源になっていたこと。あまりにも分からなすぎて「もう、やってらんない‼」と、幾度《いくど》となく弱音を吐いていた彼女が、「黒流ヤントラ」で絶望的な状態を一気に打開したのです。無事に、大阪医科薬科大学・医学部医学科に合格。この威力たるや、絶大です。

理科の勉強に教科書が良い理由

ここからは一気に、入試問題が解けるレベルまで仕上げていきます。入試問題に通用するレベルになるまで3カ月もかからないでしょう。そのために、最短最速で成績を上げるコツをお伝えしますね。

まずは3日間で、全体像をつかみます。そのためにやってほしいのが、実は〝教科書〟。

教科書で全体像をつかみ、基礎をガチガチに固めます。「え〜っ、ほんとに教科書でいいの？」と思うかもしれません。ですが、忘れてはいけません。すべての入試問題は、教科書の内容を中心に作成されているのです。

教科書を甘く見ちゃいけません。むしろ使い方次第で、最高の教材となります。

実際に入試問題を見てみると、教科書からそのまま出題されているものも多くあります。

理科においては、受験の全範囲が偏りなく、きれいな図表入りでわかりやすく説明されているという点で、教科書に勝るものはありません。そして、基本知識と公式・定理が、漏れなく載っています。


教科書の使い方を説明しますね。まず、教科書を最初から最後まで一気に読みきってしまいます。目安は3日以内。

最初は暗記したり、ノートに写したりする必要はありません。

ダラダラ時間をかけると、各分野のつながりがわからなくなってしまいます。

その科目の〝全体像〟を把握することを優先して、とにかく読み進めてください。

一度、読み終わった後も、2〜3回は繰り返し通読します。


教科書は少々骨のある教材ですが、ここをやり切れるかどうかが、後の成績アップを大きく左右しますから、ここはやり切ってください。

理科は巻末特典「黒流マントラ」を覚えて教科書を通読し終えたら、問題集で実践練習していきます。すると、教科書を暗記して覚えた知識が次々とつながります。

最低1冊、できれば2冊の問題集を7回以上、反復練習します。

ここで、数学編でも紹介した高速学習法セルフレクチャーを実践しましょう。

やり方を、おさらいしますね（詳しくは本章の226ページ参照）。

1　問題を見る（読む）

2　解法をブツブツ言いながら、計算問題の場合は、式だけ作る
記述式の場合は、口で言うだけにする
選択式の場合は、それを選んだ理由も言う

3　計算式は解かずに、解答を見て（読んで）、確認する
1分以上、じっと考えてもわからない問題は、解答を見て覚える
長時間考えこまず、1問あたり5分以内に

反復した問題は、次のような印をつけて、仕分けしていきます。

◎・・百発百中で解ける

○：だいたい解けるが、◎ほど自信はない（たぶん解けるが、間違うかもしれない）
△：解けないが、解答は理解できる
×：解けないし、解答を見て（読んで）も理解できない

回数をこなすうちに、だんだんと◎が増え、×が消えていきます。すべての問題に◎がついたら、1冊まるごと、完ぺきになったということです。

各科目で使う、オススメの問題集は次のとおりです。

【化学】

「黒流マントラ・ヤントラ」で覚えた知識をさらに固める教材

『早わかり一問一答（化学基礎／化学）』西村能一・著（KADOKAWA）

初級　『らくらくマスター化学基礎・化学』生田泰朗、宮原正樹・共著（河合出版）

『化学（化学基礎・化学）入門問題精講』鎌田真彰、橋爪健作・共著（旺文社）

中級　『化学（化学基礎・化学）基礎問題精講』鎌田真彰、橋爪健作・共著（旺文社）

上級　余裕があれば次のどちらか1冊に取り組みます。

『化学（化学基礎・化学）標準問題精講』鎌田真彰、橋爪健作・共著（旺文社）

『実戦　化学重要問題集。化学基礎・化学』数研出版編集部・編（数研出版）

【物理】

初級『物理のエッセンス』浜島清利・著（河合出版）

中級　次のどちらか1冊に取り組みます。

『体系物理』下妻清・著（数学社）※通称『体系』

『物理 重要問題集 物理基礎・物理』数研出版編集部・編（数研出版）※略称「重問」

『体系』は問題量が多いため、時間がない場合は『重問』を選びましょう。

上級　東大・京大・東工大・東京医科大・京都府立医科大など、物理の難易度が高い大学を志望する場合、

『難問題の系統とその解き方』服部嗣雄・著（ニュートンプレス）※略称「難系解」

問題文と「考え方の基本」を、目を閉じても思い出せるほど、よく読み込みます。その後、解答を読めば、効率よくマスターできます。「解説」は、難解なので、読み飛ばしてもかまいません。時間がない場合は、例題のみを反復練習します。

【生物】

初級『生物基礎の必修整理ノート 新課程版』文英堂編集部・編（文英堂）

『生物の必修整理ノート 新課程版』文英堂編集部・編（文英堂）

『らくらくマスター生物基礎・生物』河合塾物理科・編（河合出版）
中級『生物（生物基礎・生物）基礎問題精講　三訂版』大森徹・著（旺文社）
上級『生物―理系標準問題集』大森徹・著（駿台受験シリーズ）

いずれの科目も、問題集の反復を進めながら、常に教科書と照らしあわせて、基礎の確認を忘れないようにしてください。実際に問題を解いてみると「なるほど、ここは覚えないと！」と、教科書を読むだけでは見えなかった大事なポイントが見えてきます。

最後は、過去問です。

共通テストの場合は、過去問5年分と、大手予備校から出ている予想問題集をやります。

それが終わったら、国立二次や私大の志望大学の過去問も同様に解いていきます。できなかった問題は、問題と解答をコピーしてノートに貼り付けて、ストックしていきます。過去問は、解きっぱなしでは意味がありません。弱点を確実に埋めていきましょう。

最終的には、〝試験時間の半分で満点〟をとれるようになるまで反復練習します。

また、過去問演習をやった後は、できなかったところを、教科書や序盤・中盤の教材に戻って確認することを忘れずに！　これを繰り返していくと、問題を解き進める中で、「あ、そうか。この公式ってこういう意味か！」とか、

「なるほど、こうして覚えたらいいのか！」など、ひらめいたり、コツがつかめる瞬間が何度も訪れるはずです。

そういう時は、わかった感覚を忘れないうちに、教科書や教材に書き込んでおきましょう。

教材がさらに強化されて、あなただけのオリジナルテキストに進化していきます。

ここまでやれば、あなたの理科力は不動のものとなります。

社会編

進め方はシンプル

社会は、基礎知識の暗記量に比例して点数が上がるため、進め方はシンプルです。

バイブル本を1冊完ぺきに覚えた後に、共通テスト対策or論述対策を行うこと。

■世界史・日本史・地理

- 『書き込み教科書詳説日本史』『同 世界史』（山川出版社）
- 『時代と流れで覚える日本史』『同 世界史』（山川出版社）

・『山岡の地理B教室』山岡信幸・著（東進ブックス）

■公民

・『一問一答倫理、政治・経済ターゲット3000』金城透・著（旺文社）

・『現代社会早わかり 一問一答（大学合格新書）』蔭山克秀・著（KADOKAWA）

バイブル本を暗記したら、次の問題集で共通テスト演習をしていきましょう。

・『共通テストへの道』（山川出版社）

『共通テストへの道』を完ぺきにしたら、7～8割程度の得点は期待できます。高得点を目指すなら、さらに過去問やマーク模試問題集を10～20回ほど解いていきましょう。

志望校に合わせた脳を作る

ここからは、過去問を演習する際にぜひ知っておいてほしい、とっておきの復習法をお伝えします。過去問研究を通して、志望大学に合わせた脳をつくる方法です。

現在、某行政機関のエリート官僚である原さん（仮名）は、関西屈指の進学校をトップの成績で卒業し、全国模試でも偏差値80以上をコンスタントにとっていたにもかかわらず、なぜか志望校である東京大学文科I類には、2年連続で不合格（2浪）になりました。不合格になった理由が自分でもよくわかりません。そんなとき、南極青年のうわさを聞きつけ、相談に行った時の話です。

※この話は、原さんご本人のインタビューをもとに作られましたが、話題にあげた東大の過去問が入手困難なため、最近の入試問題に置き換えて内容を再現しています。文中の過去問の年度が新しいのはそのためです。ご了承ください。

原さんが当時を振り返ります。

「落ちる理由がわからない。理由がわからないから、どうすることもできない。それが、私の偽らざる本音でした。私は、自暴自棄《じぼうじき》になりかけていました。一時は、模試の全国順位でいうと5位とか10位とか。悪くて50位くらいでした。東大の文Ⅰに合格するためには十分な成績だったのに」

原さんは南極青年に質問したそうです。

「なぜ、私は落ちるんでしょうか？」

少々投げやりぎみの原さんの語気《ごき》をそらしつつ、和らげるように、南極青年は、尋ねました。

「ひとつ聞いていいかい？　この問題を見てどう思う？」

「なんとなく解法は思いつくので、解けると思います」

「それ以外に、なにか気づく点はないかな？」

「特にはありませんねぇ……」

「この問題に見覚えは？」

「どっかで見たことありますねぇ……」

と答える原さんに、南極青年は、微笑《ほほえ》みながら、こう言ったそうです。

「なぜキミは落ちるのか、理由は明白だ。キミは、たしかに優秀だ。ある意味、並みの東大合格者よりも学力は上かもしれない。しかし、合否は学力だけでは決まらない。僕の表現で言うと、キミはまだ〝東大脳〟が目覚めていないようだ」

「東大脳ですか？」

「そうだ。たとえば、この２００３年の数学の第１問を見た瞬間に、２００２年の第３問をパッと思い出せないようでは〝東大脳〟、すなわち、東大入試に即応した問題の考え方、答え方、予想の仕方が身についているとはいえない。それゆえ、どれだけ偏差値が高くても、運が悪けりゃ不合格、運が良ければ合格、ということになってしまう」

南極青年は、原さんが不合格になる原因をズバリと言い当てました。

「そうだったのか…」と落ち込む原さんに対して、さらに南極青年は続けます。

「２００３年の第１問と、２００２年の第３問。僕からすれば、この２つは同じ問題だ。まず、与えられた条件をXに代入する。次に、文字の種類を減らす。この後、元の関数に再度代入し、インテグラルの式を展開すれば、正解が求められる。まるでワンパターンだ」

「本当だ……。今まで僕は、問題が〝解けるか、解けないか〟ということしか考えていませんでした」

「過去問が整形手術をして数年後、違う問題に変身させられて出題される。これが、毎年、どこの大学でも行われている恒例行事だと思えばいい。それを、『あっ、同じ問題だ』と見抜けた受験生から合格する。入試とは、そういうゲームだ。仮に、数学の入試問題が、全部で10万題あるとしよう。そのうち、東大に出題されそうな問題は1万題もない。残りの9万題は、東大とは無関係。さらにその1万題も、整形手術か化粧で違う問題に変身しただけで、結局のところは、100題ぐらいになる。毎年、100題の焼き直しが、違う問題のフリして出題されているだけだ。つまり、初めて見る入試問題なんかないし、解けない問題もないんだ」

南極青年の話に対して、原さんは興味津々《きょうみしんしん》で質問しました。

「残りの9万題が東大と無関係って、どうやったらわかるんですか?」

南極青年が答えました。

「〝東大脳〟が目覚めたら、そういうことが直感的にわかるようになる。〝東大脳〟を目覚めさせるには、過去問を10年分、頭の中に写し取ればいい。それもやらずに勉強するのは、東大入試に無関係な9万題を勉強するようなもの。明らかに時間のムダだよ」

原さんはびっくりしました。こんな話は誰にも聞いたことがないし、聞けば聞くほど、いかに自分が甘かったのかを反省させられたのでした。

「じゃあ次は、英作文を見てみよう。僕の考えでは、東大の過去問10年分、模範解答を全部覚

東京大学　文系　2002年度

③　2つの関数

$f(x) = ax^3 + bx^2 + cx \quad g(x) = px^3 + qx^2 + rx$

が次の5つの条件を満たしているとする。

$f'(0) = g'(0),\ f(-1) = -1,\ f'(-1) = 0,\ g(1) = 3,\ g'(1) = 0$

ここで、$f(x), g(x)$の導関数をそれぞれ$f'(x), g'(x)$で表している。

このような関数のうちで、定積分$\displaystyle\int_{-1}^{0} \{f''(x)\}^2 dx + \int_{0}^{1} \{g''(x)\}^2 dx$

の値を最小にするような$f(x)$と$g(x)$を求めよ。

ただし、$f''(x), g''(x)$はそれぞれ$f'(x), g'(x)$の導関数を表す。

解答　$f(x) = ax^3 + bx^2 + cx$より　$f'(x) = 3ax^2 + 2bx + c$

$g(x) = px^3 + qx^2 + rx$より　$g'(x) = 3px^2 + 2qx + r$

$f'(0) = g'(0)$　より　$c = r$　……①

$f(-1) = -1$　より　$-a + b - c = -1$　……②

$f'(-1) = 0$　より　$3a - 2b + c = 0$　……③

$g(1) = 3$　より　$p + q + r = 3$　……④

$g'(1) = 0$　より　$3p + 2q + r = 0$　……⑤

②、③より　$b = 2a + 1, c = a + 2$

よって、①より　$r = a + 2$であるから

④、⑤より　$p = a - 4, q = -2a + 5$

である。次に

$f''(x) = 6ax + 2b = 2(3ax + b),\ g''(x) = 6px + 2q = 2(3px + q)$であるから

$$\int_{-1}^{0} \{f''(x)\}^2 dx + \int_{0}^{1} \{g''(x)\}^2 dx$$

Ⅱで作った式を代入

$$= 4\left\{\int_{-1}^{0} (9a^2x^2 + 6abx + b^2)\,dx + \int_{0}^{1} (9p^2x^2 + 6pqx + q^2)\,dx\right\}$$

$$= 4\left(\Big[3a^2x^3 + 3abx^2 + b^2x\Big]_{-1}^{0} + \Big[3p^2x^3 + 3pqx^2 + q^2x\Big]_{0}^{1}\right)$$

$$= 4(3a^2 - 3ab + b^2 + 3p^2 + 3pq + q^2)$$

$$= 4\{3a^2 - 3a(2a + 1) + (2a + 1)^2 + 3(a - 4)^2 + 3(a - 4)(-2a + 5) + (-2a + 5)^2\}$$

$$= 4(2a^2 - 4a + 14) = 8(a - 1)^2 + 48 \geqq 48$$

等号は、$a = 1$のときに限り成り立つから、上式を最小にするaの値は$a = 1$

よって、求める関数は$f(x) = x^3 + 3x^2 + 3x,\ g(x) = -3x^3 + 3x^2 + 3x$　……(答)

Ⅰ与えられた条件を使い式を作る。
Ⅱ文字の数を減らす。
Ⅲ微分する。
Ⅳ求める式に代入。

同じ解法が使える例

このように東京大学の文系 2002 年度の問題と、2003 年度の問題は、同じ解法で解くことができる。

東京大学　文系　2003年度

I 与えられた条件を使い式を作る。
II 文字の数を減らす。
III 微分する。
IV 求める式に代入。

1 a, b, c を実数とし、$a \neq 0$ とする。
2 次関数 $f(x) = ax^2 - bx + c$ が次の条件(A), (B)を満たすとする。
(A)　$f(-1) = -1,\ f(1) = 1,\ f'(1) \leqq 6$
(B)　$-1 \leqq x \leqq 1$ を満たすすべての x に対し、$f(x) \leqq 3x^2 - 1$
この式に
このとき、積分 $I = \int_{-1}^{1} \{f'(x)\}^2 dx$ の値をとりうる範囲を求めよ。

解答　$f(-1) = a + b + c = -1$
$f(1) = a - b + c = 1$
$a + c = 0 \quad b = -1 \quad \therefore \quad f(x) = ax^2 + x - a,\ f'(x) = 2ax + 1$

さらに、条件 $f'(1) \leqq 6$ から　$a \leqq \dfrac{5}{2}$　……①

II で作った式を代入

また　$I = \int_{-1}^{1} (2ax+1)^2 dx \quad = \int_{-1}^{1} (4a^2x^2 + 4ax + 1)\,dx = 2\int_{0}^{1} (4a^2x^2 + 1)\,dx$
$= 2\left[\dfrac{4}{3}a^2x^3 + x\right]_0^1 = \dfrac{8}{3}a^2 + 2$　……②

条件(B)は
「$-1 \leqq x \leqq 1$ でつねに $3x^2 - 1 - f(x) \geqq 0$ すなわち $(3-a)x^2 - x + a - 1 \geqq 0$ である」
ことと同値である。このための a の条件を求める。
$g(x) = (3-a)x^2 - x + a - 1$ とおく。

①から、$y = g(x)$ のグラフは下に凸な放物線であり、軸の方程式は、$x = \dfrac{1}{2(3-a)}$ である。

$0 < \dfrac{1}{2(3-a)} \leqq 1$（①より $2(3-a) \geqq 1$）であるから、条件(B)が成り立つための条件は、

$g(x) = 0$ の判別式 $D = 1 - 4(3-a)(a-1) = 4a^2 - 16a + 13$ が 0 以下となることである。

$a \leqq \dfrac{5}{2}$ かつ $4a^2 - 16a + 13 \leqq 0$　より　$\dfrac{4-\sqrt{3}}{2} \leqq a \leqq \dfrac{5}{2}$　……③

②と③より I の値のとりうる範囲は

$\dfrac{8}{3}\left(\dfrac{4-\sqrt{3}}{2}\right)^2 + 2 \leqq I \leqq \dfrac{8}{3}\left(\dfrac{5}{2}\right)^2 + 2$

$\therefore \dfrac{44 - 16\sqrt{3}}{3} \leqq I \leqq \dfrac{56}{3}$　……(答)

**このように比べて見てみると２つの問が、I～IVまでのプロセスが同じになっている。
志望大学の丸呑みがいかに大事かを物語っている。**

えれば、その応用ですべての問題を解くことができる。違いは、使っている語句が異なっているだけだ。たとえば、2007年の第2問(A)の英作文の解答を見ると、次のようになっている。

過去問の丸呑みでは、『赤本』(教学社)の正解を1つだけ暗記しているという状態ではまだまだだ。可能ならば、『赤本』、『青本』(駿台)、『全国入試問題正解』(旺文社)、『緑本』(Z会)などの解答例をすべて丸呑みすることだ。しかも、1つの解答例だけでなく、別解まで丸呑みすべきなのは言うまでもない」

南極青年は、原さんの目の前で、東大の過去問の英文を暗唱しながら、次々に入試問題を解いてみせました。

原さんは、南極青年のことを「スゴイ!」と認めながらも、偏差値80以上で、かつ、関西屈指の進学校をトップで卒業するほどの実力があるがゆえに、自分とたった2歳しか違わない南極青年のアドバイスをすぐに受け入れることができませんでした。そして、つづけて尋ねました。

「『赤本』がいいんですか?『青本』がいいんですか?」

南極青年は直感的に、まだ原さんが過去問の重要性について悟りきれていないように思えたので、すかさずこう答えました。

東京大学（2007年）の第2問（A）　英作文の解答

① The student finds it impossible to understand spoken
S(主語)　V(動詞)　O(目的語)　C(補語)
English. ② He watches and listens to English news programs for native speakers, mistakenly thinking all he has to do is
分詞構文
listen to as much English as possible. ③ The teacher advises
S　V
him to listen to easier English daily, adding that he should
O　to do（=C）　分詞構文
carefully read related stories, while using a dictionary.
分詞構文

東大の過去問10年分を覚えていれば、
その応用ですべて解くことができる！

find を使った第5文型。it は仮目的語で、to 不定詞が真目的語である部分も同じ。

2002年 2-A「私はそこにいるのが快適すぎて」

I'd find it so comfortable to stay there that....
S　V　O　C

第2文の後半（thinking ～）や、第3文の後半（adding ～、using ～）で使われているのは、いずれも分詞構文。

2005年 2 －A「誰がそれを壊したのかと思っている」

wondering who broke it.
分詞構文

第3文は V（動詞）O（目的語）to do（＝C）という第5文型だが、こちらも次の文を参考にすれば良い。

2002年 2 －B「そうすることで教師は生徒に教えることができる」

it would enable teachers to teach their students
S　V　O　to do

「全部だ。たとえば1983年度の東大の英作文は……、Z会の解答には……と書いてあるはず。しかし、駿台では……と書いてあって、こっちのほうが、個人的には、整っている答えだと思うから、僕は好きだ。しかし、受験生にとって無理のない表現という観点からすると、赤本の……という表現が妥当《だとう》だと思うよ」

南極青年は、実際に原さんの目の前で赤本、青本、Z会の解答例をすべてスラスラと答えてみせました。そして、最終的には、

「でも、僕としてはこれらすべての解答例が気にいらないな。できれば、こういう表現のほうがいいんじゃないかなぁ」

といって、どこの解答例にもないような、南極青年オリジナルの解答例をホワイトボードに書き出したのです。

「あぁ、この人は次元が違う！」

と、原さんは完全に打ちのめされてしまいました。原さんが落ちた理由。それは、別の言い方をすれば、天狗《てんぐ》になっていたからです。関西屈指の進学校で主席。全国模試で1ケタ台の成績。にもかかわらず2浪してしまったこと。それらの諸事情が複雑に絡み合って、心が閉じて、自分の殻から抜け出せない、潜在意識がひねくれた状態に陥り、南極青年はそこに気づいていました。

鼻を折られて、あぜんとなった原さんに、南極青年は、やさしく、〝東大脳〟の作り方を指

南しました。

ところで、原さんは、東大の過去問を解いていましたが、問題文・解答例までを完全に頭に入れてはいませんでした。模試が良かったので、過去問の研究を甘く見ていたのです。そのため、東大入試を解くために、どのような考え方や知識が必要なのか、といったような潜在意識レベルでの方向付けがされていないことが敗因でした。

南極青年からアドバイスをもらい、彼は東大入試の10年分の研究を猛然と開始。そして、見事に〝東大脳〟を完成させた彼は、翌年、東大に合格。

〝東大脳〟を完成させると、

「○○○○年の東大の数学の大問2はどんな問題だった?」

「○○○○年の東大の英作文は? その答えは?」

といった質問に対しても、スラスラと答えられるようになります。そのとき〝東大脳〟ができており、さらに東大が好きそうな問題や来年出題されそうな問題に対して、直感やひらめきが降りてくるのです。それが過去問の丸呑みの真の威力です。受験の中盤期から終盤期にかけて、志望大学脳をつくり、合格力を高めてください。

おわりに

その昔、〈錬金術〉と呼ばれる魔法が存在した。

鉄（Fe）や、アルミニウム（Al）などの〈卑《ひ》金属〉を〈貴金属〉に、

すなわち、金《きん》（Au）に変える術だ。

今のところ、実験室でそれをやるのは難しいが、

宇宙では、超新星爆発《ちょうしんせいばくはつ》のとき。

地球でも、地殻変動、火山爆発、巨大地震のとき、〈錬金術〉は起きている。

金（Au）が大量に作られるらしい。

〈化学〉＝chemistory《ケミストリー》は、Alchemy《アルケミー》＝〈錬金術〉からできた言葉だが、

もともと、〈錬金術〉の目的は、金《きん》（Au）を作ることなんかじゃなかった。

物質としての、金《きん》ではなく、内的輝きとしての金《ゴールド》を創ること。眩《まばゆ》い、黄金の心を創ることだ。

もっとわかりやすく言えば、凡才の天才化であり、

さえない人生から、〝神《かみ》ってる〟人生にジャンプすること。

つまり、素晴らしい人間を創ることなのだ。

この本、『限界突破勉強法』は、かつて存在した、黄金の心を創る〈錬金術〉をふまえて、

受験生用に再構築した、現代版〈錬金術〉と言えよう。

この本で勉強したキミは、将来、

苦しみよ、ありがとう

さみしさよ、ありがとう

と、心の底から、言える日が来るだろう。

そのとき、キミは、レジェンドたちや、賢者たちのように、

かしこくて、やさしくて、勇気ある大人に近づいていることだろう。

ぜひ、この先もずっと、ずっと、学び続けてほしい。

それこそが、『限界突破勉強法』の真のゴールなのだから。

南極老人

Profile

監　修／南極流宗家（南極老人）

大学受験塾ミスターステップアップの創始者。

受験生時代、数多くの模擬試験で全国1位をとる。自身の経験をもとに、「南極流勉強法」と「黒流勉強法」を大成。数千人の受験生を指導し、数多くの受験生を難関大学合格に導く。

柏村真至

（かしむら まさし）

大学受験塾ミスターステップアップ専任講師
京都大学文学部卒業。落ちこぼれの高校時代を過ごすが、浪人時代に受験勉強の達人「南極老人」に出会い、E判定からの逆転合格を果たす。「南極流勉強法」と「黒流勉強法」を執筆。全国から問い合わせが殺到し、一躍カリスマ講師となる。師匠である南極老人いわく、「彼ほどパーフェクトに南極流を実践した受験生を私は知らない。その後も現場で改良と工夫を重ねて『戦闘値』がアップしたスーパー南極流勉強法に出会える受験生は幸運だ」と。著書に大学受験の指南書として累計14万部を突破した『E判定』シリーズ『図解 E判定からの大逆転勉強法』『改訂第2版 E判定からの大逆転勉強法』『E判定からの一発合格勉強法』『受験生が絶対使ってはいけない100の言葉』（いずれもＫＡＤＯＫＡＷＡ）、『ゴールから発想する合格手帳』（学研プラス）がある。

武田 康

（たけだ やすし）

大学受験塾ミスターステップアップ専任講師
東京大学卒業・東京大学理学部大学院博士課程修了・理学博士。大学院時代は世界レベルの研究に従事する。化学の鬼才。長年、大手予備校で理系科目の講師を歴任。専門外の物理、生物、数学、小論文も、常識と教養だけで、こともなげに満点をとってしまうほどの驚異の知性の持ち主。指導を受けた生徒からは「雑談をするだけでＩQが上がった」とか、「わずか3時間の授業で偏差値が10上がった」という、にわかには信じられないような体験談が続出する。

村田 明彦

（むらた あきひこ）

大学受験塾ミスターステップアップ塾長
同志社大学在学中に読んだ本は2000冊以上。話を聞くだけで成績アップの秘訣がわかり、人生において、どう生きれば成功と幸福を同時に手に入れられるのかがわかる「南極流」受験指導の後継者。「人生は親子関係で決まる」というテーマで、親向け勉強会やYouTubeで情報発信中。保護者から絶大な信頼を得ている。

弓場 汐莉

（ゆば しおり）

大学受験塾ミスターステップアップ専任講師
京都大学農学部卒業。『E判定からの大逆転勉強法』に感銘を受けてミスターステップアップに入塾することを決意。大逆転勉強法を忠実に実践することで、E判定からわずか３カ月でA判定をとり、憧れの京都大学に合格。自身の経験を活かして、受験生を応援し続けるお姉さん的存在。YouTube『リケジョの相談室』の登録者数6.2万人。

与那嶺 隆之

（よなみね たかゆき）

大学受験塾ミスターステップアップ専任講師
偏差値38の落ちこぼれ状態から、効率的な勉強法を研究し、４カ月で偏差値70を達成。自宅浪人で早稲田大学に合格。在学中に学習塾を立ち上げ、多くの受験生を合格に導いてきた通信教育のエキスパート。人生ドン底の時、南極老人と出会い、教育の真髄を伝授される。YouTube『よなたんチャンネル』の登録者数は6.7万人。総再生回数は1700万回を超える。

巻末特典

黒流
マントラ・ヤントラ

限界突破はここから始まる ≫≫≫

「黒流マントラ・黒流ヤントラ」の使い方

「黒流マントラ・黒流ヤントラ」には、受験で問われる知識の中から、**ポイントとなる部分を絞って絞って絞りぬいた内容が圧縮**されています。

この内容を最初に一気に覚えてしまうことで、黒流勉強法を実践するためのスタートをきることができます。理解していなくても構いませんから、どんどん暗記してください。

まずは「黒流マントラ・黒流ヤントラ」のページを**Ｂ４サイズに各ページ１０枚ほど拡大コピーします。**毎日いつでもどこでも持ち歩くようにして、スキマ時間も活用できるようにしてください。用紙が汚れたり、見にくくなったりすれば、すぐに交換しましょう。覚える期間は２週間です。

✔**黒流マントラ（読経用）**は毎日、何度も音読して覚えます（小さな声でブツブツでもＯＫ）。黒流マントラのゴールは、用語を見ただけで説明ができるようにすることです。赤シートで答えを隠し間髪《かんはつ》いれずに、答えを言えるようにしてください。「え〜っと」とか「う〜ん」とかいうような状態は、完ぺきとはいえません。覚えた知識を入試本番で使いこなすには、「スラスラと、よどみなく、ハッキリと、正確に言える」ようにしておかなければならないのです。

（本書に赤シートはついておりません。市販の赤シートをお使いください。シートによっては、うっすらと答えが見える場合があります。）

✔**黒流ヤントラ（写経用）**は毎日、白紙に書き写して覚えましょう。黒流ヤントラのゴールは、白紙に何も見ないでヤントラの内容をすべて書き出せる状態です。こちらもマントラと同じで、途中で止まることなく、スラスラと図を再現できなければなりません。記憶（頭）に頼りながら書くというよりも、身体が勝手に動くという状態がベストです。

「黒流マントラ・黒流ヤントラ」ダウンロードページはこちら。
https://mrstepup.jp/genkaitoppa-download/

一問一答

before long を英語 1 語で言うと soon すぐに　比較級・最上級を強める「ずっと」という語 4 つは much, far, still, even　〈人〉に〈事〉をわびる apologize to〈人〉for〈事〉　of＋抽象名詞は 形容詞　of＋use は useful 役に立つ　five furnitures 誤りを訂正すると five pieces of furniture　彼女が目を開けたままで（　）her eyes（　）空所をうめると（with）her eyes（open）「get＋形容詞」と「be＋形容詞」の違いは「ある状態になる」と「ある状態である」　2 つあるうちの 1 つは〜で、もう 1 つは… one 〜, the other …　〈人〉の〈体の一部〉をつかむ catch〈人〉by the〈体の一部〉　lie と lay の違いは lie は自動詞 横になる 活用は lie-lay-lain-lying lay は他動詞 〜を横にする 活用は lay-laid-laid-laying　もし明日雨が降ったら、if it rains tomorrow,　A を B に注文する order A（　）B 空所をうめると order A（from）B　know 名詞形にすると knowledge 知識　必ずしも〜とは限らない 2 通りで英訳すると ①not always 〜 ②not necessarily 〜　目的語になれる品詞は 名詞　〜する価値がある 4 通りで英訳すると ①worth 〜 ing ②worth＋名詞 ③worth while 〜 ing ④worth while to 〜　彼らは黙ったままだった They（　）（　）. 空所をうめると They（remained）（silent）. discuss about the plan 誤りを訂正すると discuss the plan　我慢する put（　）（　）空所をうめると put（up）（with）　put up with を英語 1 語で 4 通りに言い換えると ①bear ②stand ③endure ④tolerate　resemble 似ているを見てすぐに思い出す 3 つの事柄は ①進行形にしない ②他動詞である（to をつけない）③take after に書き換え可　〜もいるし、…もいる some 〜, others …　in any case を英語 1 語で言い換えると anyway とにかく compete 名詞形にすると competition 競争　〜, yet … この yet の訳は しかし（but）〈人〉から〈物〉を奪う rob〈人〉of〈物〉（rob の代わりに deprive も可）　The bag is too large for me to move. 書き換えると The bag is so large that I can't move it. そのカバンは大きすぎて私は動かせない　too 〜 to … の書き換えは so 〜 that S（主語）can't …　I do love you. この do の働きは 動詞 love を強調している　finish＝be（　）with 空所をうめると be（through）with 〜を終える　私は彼の宿題を手伝った I helped him with his homework.　〈人〉の〈事〉を手伝う 英訳すると help〈人〉with〈事〉　新しい自転車をあげよう You shall have a new bicycle.　out of the question 2 通りで和訳すると ①考えられない unthinkable ②不可能な impossible　分単位で by the minute　He could not avoid to laugh. 誤

りを訂正すると He could not avoid laughing. 彼は笑いをこらえられなかった **wise 名詞形にすると** wisdom 知恵 **cannot help ～ingの書き換えは** cannot but +動詞の原形 **used to 2通りの意味は** ①よく～したものだ ②以前は～だった **the number of と a number of を違いに気をつけて和訳すると** the number of の意味は ～の数 単数扱い、a number of の意味は たくさんの 複数扱い **respectable と respectful と respective を違いに気をつけて和訳すると** respectable 立派な respectful 敬意を表す respective 各々の **provided 接続詞の意味は** もし～なら (if) **My uncle died ten years ago. 私のおじは10年前に死んだ 3通りに書き換えると** ①My uncle has been dead for ten years. ②Ten years have passed since my uncle died. ③It is ten years since my uncle died. **…と同じ～ the same ～( ) … 空所をうめると** (as) **approach to the airport 誤りを訂正すると** to を削除 **君、どうかしたの 2通りに英訳すると** ①What's the matter with you? ②What's wrong with you? **第1文型は** S（主語）V（動詞） **第2文型は** S（主語）V（動詞）C（補語） **第3文型は** S（主語）V（動詞）O（目的語） **第4文型は** S（主語）V（動詞）O（目的語）O（目的語） **第5文型は** S（主語）V（動詞）O（目的語）C（補語） **名詞の働きは** 主語・動詞の目的語・前置詞の目的語・補語 **形容詞の働きは** 名詞修飾・補語 **副詞の働きは** 動詞修飾・形容詞修飾・他の副詞修飾・文修飾 **前置詞の働きは** 前置詞+名詞で形容詞句 or 副詞句となる **like A better than B の書き換えは** prefer A to B **exciting と excited を違いに気をつけて和訳すると** exciting は興奮してしまうような excited は興奮している **～する（目的の）ために 6通りに英訳すると** ①to ～ ②so as to ～ ③in order to ～ ④so that S（主語）may ～ ⑤for the purpose of ～ing ⑥with a view to ～ing **respect=( )( )( ) 空所をうめると** (look) (up) (to) 尊敬する **とても背の高い少年 3通りに英訳すると** ①a very tall boy ②such a tall boy ③so tall a boy **abolish=( )( )( ) 空所をうめると** (do) (away) (with) 廃止する **long 動詞の意味は** 切望する **〈人〉が～するのを可能にする 英訳すると** enable〈人〉to ～ **Her help will enable me to do the job sooner. 和訳すると** 彼女が手伝ってくれれば、もっと早く仕事を済ませられる

英単語

admire アドマイヤ 称賛する **allow** アラウ 許す **cost** コースト 費用がか

かる expect イクスペクト 予想する・期待する tend テンド 傾向がある blame ブレイム 非難する refuse リフューズ 拒否する depend ディペンド 依存する borrow バロウ 借りる prepare プリペア 準備する recognize レコグナイズ 認める waste ウェイスト 浪費する compare コンペア たとえる・比べる decide ディサイド 決める graduate グラヂュエイト 卒業する rob ロブ 奪う suffer サファ 苦しむ contain コンテイン 含む object オブジェクト 反対する respect リスペクト 尊敬する affect アフェクト 影響する develop ディベロップ 発達させる occur オカー 起こる accept アクセプト 受け入れる aim エイム 狙う relate リレイト 関係づける achieve アチーヴ 達成する exchange イクスチェインヂ 交換する gain ゲイン 得る increase インクリース 増加する resemble リゼンブル 似ている behave ビヘイヴ ふるまう insist インスィスト 主張する provide プロヴァイド 供給する abandon アバンダン 捨てる cooperate コーオペレイト 協力する reduce リデュース 減らす prove プルーヴ 証明する discuss ディスカス 議論する progress プログレス 進歩する require リクワイア 要求する steal スティール 盗む prefer プリファー 好む attend アテンド 注意する complain コンプレイン 不平を言う improve インプルーヴ 改良する confine コンファイン 制限する employ エンプロイ 雇う determine ディターミン 決定する obtain オブテイン 得る own オウン 所有する remain リメイン ～のままである receive リスィーヴ 受け取る supply サプライ 供給する accomplish アカンパリッシュ 成し遂げる claim クレイム 要求する・主張する include インクルード 含む experience イクスピアリエンス 経験する maintain メインテイン 維持する inform インフォーム 知らせる postpone ポウストポウン 延期する succeed サクスィード 成功する argue アーギュー 議論する involve インヴォルヴ 巻き込む realize リーアライズ 実現する・理解する protect プロテクト 保護する share シェア 分ける warn ウォーン 警告する deny ディナイ 否定する examine イグザミン 調べる exist イグズィスト 存在する intend インテンド 意図する manage マネッヂ 経営する seek スィーク 探し求める stand スタンド 我慢する suspect サスペクト 疑う appear アピア 現れる escape エスケイプ 逃げる permit パーミット 許可する reflect リフレクト 反射する acquire アクワイア 習得する accompany アカンパニィ ついていく injure インヂャア 傷つける concentrate カンセントゥレ

イト 集中する regret リグレット 後悔する search サーチ 捜す remind リマインド 思い出させる treat トゥリート 扱う add アッド 加える decrease ディクリース 減る notice ノウティス 気づく order オーダァ 命じる adopt アダプト 採用する・養子にする create クリエイト 創造する consider コンシダー ～と考える devote ディヴォウト ささげる enable イネイブル 可能にする long ローング 切望する afford アフォード ～する余裕がある trade トゥレイド 交換する compel コンペル 無理に～させる propose プロポウズ 提案する transport トゥランスポート 輸送する possess ポゼス 所有する protest プロテスト 抗議する guess ゲス 推量する raise レイズ 育てる remark リマーク 述べる force フォース 強いる reveal リヴィール 明らかにする state ステイト 述べる construct コンストゥラクト 建設する

英熟語

a good deal of アグッドディールオブ 多量の according to～ アコーディングトゥー ～によれば account for～ アカウントフォー ～を説明する after all アフターオール 結局は and so on アンドソーオン など anything but エニシングバット 少しも～でない as～as possible アズアズパッセボー できる限り～ as a matter of fact アズアマターオブファクト 実を言うと as far as～ アズファーアズ ～する限り as for～ アズフォー ～に関しては as if … アズイフ まるで…であるかのように as is often the case with～ アズイズオーフンザケイスウィズ ～にはよくあることだが as it were アズイットワー いわば as long as～ アズロングアズ ～する限り as to～ アズトゥー ～に関しては A as well as B エーアズウェルアズビー Bと同様にAも at a loss アットアロス 途方に暮れて at first アットファースト 最初は at least アットリースト 少なくとも at once アットワンス すぐに at one's best アットワンズベスト 最高の状態で be about to do ビーアバウトトゥードゥ まさに～しようとしている be accustomed to～ ビーアカスタムドトゥー ～に慣れている be acquainted with～ ビーアクウェインティッドウィズ ～を知っている be afraid of～ ビーアフレイドオブ ～を恐れる be anxious for～ ビーアンクシャスフォー ～を切望している be apt to do ビーアプトトゥードゥ ～する傾向がある be ashamed of～ ビーアシェイムドオブ ～を恥じる be bound to～ ビーバウンドトゥー きっと～する be concerned with～ ビ

ーコンサーンドウィズ ～に関係している **be content with ～** ビーカンテントウィズ ～に満足している **be familiar with ～** ビーファミリアーウィズ ～をよく知っている **be famous for ～** ビーフェイマスフォー ～で有名だ **be full of ～** ビーフルオブ ～でいっぱいである **be good at ～** ビーグッドアット ～が上手である **be in charge of ～** ビーインチャージオブ ～の責任を負っている **be independent of ～** ビーインディペンデントオブ ～から独立している **be known to ～** ビーノウントゥー ～に知られている **be likely to ～** ビーライクリートゥー ～しそうだ **be proud of ～** ビープラウドオブ ～を誇りに思う **be responsible for ～** ビーリスパンスィブルフォー ～に対して責任がある **be satisfied with ～** ビーサティスファイドウィズ ～に満足している **be similar to ～** ビーシミラートゥー ～と似ている **be subject to ～** ビーサブジェクトトゥー ～を受けやすい **be superior to ～** ビーシューペリアトゥー ～よりすぐれている **be supposed to do** ビーサポーズドトゥードゥー ～する予定になっている **be sure to do** ビーシュアトゥードゥー きっと～する **be surprised at ～** ビーサプライズドアット ～に驚く **be used to ～** ビーユーストトゥー ～に慣れている **because of ～** ビコーズオブ ～のために **before long** ビフォーロング すぐに **believe in ～** ビリーブイン ～の存在を信じる **beside oneself with ～** ビサイドワンセルフウィズ ～にわれを忘れて **blame ～ for …** ブレイムフォー …のことで～を非難する **break down** ブレイクダウン 故障する **break out** ブレイクアウト 勃発《ぼっぱつ》する **bring up ～** ブリングアップ ～を育てる **burst into laughter** バーストイントゥーラフター どっと笑い出す **but for ～** バットフォー ～がなければ **by accident** バイアクスィデント 偶然 **by means of ～** バイミーンズオブ ～によって **by no means** バイノウミーンズ 決して～ない **by oneself** バイワンセルフ ひとりで **by way of ～** バイウェーオブ ～経由で **call for ～** コールフォー ～を必要とする **call on ～** コールオン ～を訪問する **can afford to ～** キャンアフォードトゥー ～する余裕がある

数学ⅠA

二次方程式 **$ax^2+bx+c=0$の解は？** エーエックスのにじょう プラス ビーエックス プラス シー イコール ぜろのかいは？ $x=\frac{-b\pm\sqrt{b^2-4ac}}{2a}$ エックス イコール にエーぶんの マイナスビー プラス マイナス ルート ビーのにじょう マイナス よんエーシー **$ax^2+bx+c=0$の判別式は？** エーエックスのにじょう プラス ビーエックス プラス シー イコール ぜろの はんべつしきは？ $D=b^2-4ac$ ディー イコール ビーのにじょう マイナス よんエーシー **判別式Dと解の関係は？** はんべつしきディーとかいのかんけいは？ $D>0$で、異なる2つの実数解をもつ。$D=0$で、実数の重解をもつ。$D<0$で、実数解をもたない。ディーダイナリぜろで、ことなる ふたつのじっすうかいをもつ。ディーイコールぜろで、じっすうのじゅうかいをもつ。ディーショウナリぜろで、じっすうかいをもたない。 **$y=f(x)$をx軸方向にa, y軸方向にb移動した式は？** ワイ イコール エフエックス をエックスじくほうこうにエー，ワイじくほうこうにビーいどうしたしきは？ $y-b=f(x-a)$ ワイマイナスビー イコール エフ（エックスマイナスエー） **$y=f(x)$をx軸に関して対称移動した式は？** ワイ イコール エフエックス を エックスじくに かんして たいしょういどうしたしきは？ $-y=f(x)$ マイナス ワイ イコール エフエックス **$y=f(x)$をy軸に関して対称移動した式は？** ワイ イコール エフエックスを ワイじくに かんして たいしょういどうしたしきは？ $y=f(-x)$ ワイ イコール エフ（マイナスエックス） **$y=f(x)$を原点に関して対称移動した式は？** ワイ イコール エフエックスをげんてんにかんして たいしょういどうしたしきは？ $-y=f(-x)$ マイナスワイ イコール エフ（マイナスエックス） **二次関数の基本形の式は？** にじかんすう の きほんけいのしきは？ $y=a(x-p)^2+q$ ワイ イコール エー かっこ エックス マイナス ピー かっことじる のにじょうプラスキュー **二次関数の一般形の式は？** にじかんすうの いっぱんけいのしきは？ $y=ax^2+bx+c$ ワイ イコール エーエックスのにじょう プラスビーエックス プラスシー **x^2の係数が正のとき、二次関数のグラフの形は？** エックスにじょうのけいすうがせいのとき、にじかんすうのグラフのかたちは？ 下に凸 したにとつ **x^2の係数が負のとき、二次関数のグラフの形は？** エックスにじょうのけいすうがふのとき、にじかんすうのグラフのかたちは？ 上に凸 うえにとつ **$y=ax^2+bx+c$の頂点の座標は？** ワイ イコール エーエックスのにじょうプラス ビーエックス プ

ラスシーのちょうてんのざひょうは？ $\left(-\frac{b}{2a},\ -\frac{b^2-4ac}{4a}\right)$（マイナスにエーぶん のビー，マイナスよんエーぶんの ビーのにじょう マイナスよんエーシー） **$y=ax^2+bx+c$ が x 軸より常に上側、常に下側にあるための条件は？ ワイ イコール エーエックスのにじょうプラス ビーエックスプラス シーが エックスじく より つねにうえがわ、つねにしたがわにあるための じょうけんは？** 常に上側：グラフが下に凸（$a>0$）かつ x 軸と共有点なし（$D<0$）。常に下側：グラフが上に凸（$a<0$）かつ x 軸と共有点なし（$D<0$）。つねにうえがわ：グラフがしたにとつ（エーダイナリぜろ）かつエックスじくときょうゆうてんなし（ディーショウナリぜろ）。つねにしたがわ：グラフがうえにとつ（エーショウナリぜろ）かつエックスじくときょうゆうてんなし（ディーショウナリぜろ）。 **下に凸の放物線 $y=f(x)$ が「x 軸の正の部分と異なる2点で交わる」条件は？ したにとつのほうぶつせんワイ イコール エフエックスが「エックスじく の せいのぶぶんと ことなるにてんで まじわる」じょうけんは？** ①$D>0$ ②$f(0)>0$ ③軸>0（上に凸なら①$D>0$ ②$f(0)<0$ ③軸>0）①ディーダイナリぜろ②エフぜろダイナリぜろ③じくダイナリぜろ（うえにとつなら①ディーダイナリぜろ②エフぜろショウナリぜろ③じくダイナリぜろ） **下に凸の放物線 $y=f(x)$ が「x 軸の正の部分および負の部分と1点ずつで交わる」条件は？ したに とつのほうぶつせんワイ イコール エフエックスが「エックスじくの せいのぶぶん および ふのぶぶんといってんずつで まじわる」じょうけんは？** $f(0)<0$（上に凸なら $f(0)>0$）エフぜろショウナリぜろ（うえにとつなら エフぜろダイナリぜろ）

三角比 **三角比の定義は？ さんかくひのていぎは？** $\sin\theta=\frac{縦}{斜辺}$，$\cos\theta=\frac{横}{斜辺}$，$\tan\theta=\frac{縦}{横}$ サインシータ イコール しゃへんぶんのたて，コサインシータ イコール しゃへんぶんのよこ，タンジェントシータ イコール よこ ぶんのたて **三角比の相互関係の公式は？ さんかくひのそうごかんけいのこうしきは？** $\tan\theta=\frac{\sin\theta}{\cos\theta}$，$\sin^2\theta+\cos^2\theta=1$，$1+\tan^2\theta=\frac{1}{\cos^2\theta}$ タンジェント シータ イコール コサインシータぶんの サインシータ，サインにじょうシータ プラス コサインにじょうシータ イコール いち，いち プラス タンジェントにじょうシータ イコール コサインにじょうシータぶんのいち

正弦定理は？ せいげんていりは？ $\dfrac{a}{\sin A}=\dfrac{b}{\sin B}=\dfrac{c}{\sin C}=2R$ サインエーぶんのエー イコール サインビーぶんのビー イコール サインシーぶんのシー イコール にアール **余弦定理は？** よげんていりは？ $a^2=b^2+c^2-2bc\cos A$, $\cos A=\dfrac{b^2+c^2-a^2}{2bc}$ エーのにじょう イコール ビーのにじょう プラス シーのにじょう マイナス にビーシーコサインエー，コサインエーイコール にビーシーぶんのビーのにじょう プラス シーのにじょう マイナス エーのにじょう **sinを使う三角形の面積公式は？** サインをつかうさんかっけいのめんせきこうしきは？ $S=\dfrac{1}{2}bc\sin A$ エスイコール にぶんのいちビーシーサインエー **内接円の半径rのとき三角形の面積は？** ないせつえん の はんけいアール のとき さんかっけいのめんせきは？ $S=\dfrac{1}{2}r(a+b+c)$ エス イコール にぶんのいちアール かっこエープラスビープラス シーかっことじる

論理と集合 **「$p\Rightarrow q$」が成り立つとき、pはqであるための何条件か？ また、qはpであるための何条件か？**「ピーならばキュー」がなりたつとき、ピーはキューであるためのなにじょうけんか？ また、キューはピーであるためのなにじょうけんか？「$p\Rightarrow q$」であればpはqであるための十分条件、qはpであるための必要条件。「ピーならばキュー」であればピーはキューであるためのじゅうぶんじょうけん、キューはピーであるためのひつようじょうけん。 **命題「$p\Rightarrow q$」の逆・裏・対偶は？** めいだい「ピーならばキュー」のぎゃく・うら・たいぐうは？ 逆：$q\Rightarrow p$ 裏：$\overline{p}\Rightarrow\overline{q}$ 対偶：$\overline{q}\Rightarrow\overline{p}$ ぎゃく：キューならばピー うら：ピーバーならばキューバー たいぐう：キューバーならばピーバー **「$x\leqq 0$または$y>0$」の否定は？**「エックスショウナリイコールぜろ またはワイダイナリぜろ」のひていは？ $x>0$かつ$y\leqq 0$ エックスダイナリぜろ かつ ワイショウナリイコール ぜろ **ある命題と真偽が一致するのは？** あるめいだいとしんぎがいっちするのは？ 対偶 たいぐう **$\sqrt{2}$や$\sqrt{3}$が無理数であることの証明は？** ルートに や ルートさんがむりすうで あることのしょうめいは？ 背理法 はいりほう **ド・モルガンの法則は？** ド・モルガンのほうそくは？ $\overline{A\cap B}=\overline{A}\cup\overline{B}$ $\overline{A\cup B}=\overline{A}\cap\overline{B}$ エーかつビーバー イコール エーバーまたはビーバー エーまたはビーバー イコール エーバーかつビーバー

場合の数・確率 **6!は？** ろくのカイジョウは？ 720（$6!=6\times5\times4$

×3×2×1) ななひゃくにじゅう（ろくのカイジョウ イコール ろくカケル ご カケル よん カケル さんカケル に カケル いち） **$P(A \cup B) = P(A) + P(B)$が成り立つとき、$A$と$B$の関係は？** ピー（エーまたはビー）イコール ピー（エー）プラスピー（ビー）がなりたつとき、エーとビーのかんけいは？ 互いに背反 たがいにはいはん **「少なくとも～」で考えることは？**「すくなくとも～」でかんがえることは？ 余事象 $P(\overline{A}) = 1 - P(A)$ よじしょう ピー（エーバー）イコール いちマイナス ピー（エー） **起こる確率Pの事象がn回中r回起こる確率は？** おこるかくりつピーのじしょうがエヌかいちゅうアールかいおこるかくりつは？ ${}_nC_r \times p^r(1-p)^{n-r}$ エヌ コンビネーション アール カケル ピーのアールじょう かっこ いち マイナス ピー かっことじる エヌ マイナス アールじょう

平面図形 **三角形の外心、内心、重心とは？** さんかっけいのがいしん、ないしん、じゅうしんとは？ 外心は三角形の辺の垂直二等分線の交点。内心は三角形の内角の二等分線の交点。重心は三角形の中線の交点。がいしん は さんかっけい の へんのすいちょくにとうぶんせん の こうてん。ないしんは さんかっけい のないかくのにとうぶんせんのこうてん。じゅうしん は さんかっけい のちゅうせんのこうてん。 **三角形の外心、内心、重心の特徴は？** さんかっけいのがいしん、ないしん、じゅうしんの とくちょうは？ 外心は三角形の3つの頂点から等距離にある。内心は三角形の3つの辺から等距離にある。重心は3本の中線をそれぞれ2：1に内分する。がいしん は さんかっけい の みっつのちょうてんから とうきょり にある。ないしん は さんかっけいのみっつのへん から とうきょりにある。じゅうしん は さんぼん の ちゅうせんをそれぞれにタイいちに ないぶんする。 **四角形が円に内接するための条件は？** しかっけい が えんにないせつ するための じょうけんは？ 1組の対角の和が180° ひとくみの たいかく の わ が ひゃくはちじゅうど

数学ⅡB

複素数と方程式 **a, bが実数で$a+bi=0$のとき何が言えるか？** エー、ビーがじっすうでエープラスビーアイ イコール ぜろのときなにがいえるか？ $a=b=0$ エー イコール ビー イコール ぜろ **$a>0$で、$-a$の平方根は？** エーダイナリぜろで、マイナスエーのへいほうこんは？ $\pm\sqrt{a}\,i$ プラス マイナス ルート エー アイ **二次方程式の解と判別式の関係は？** にじほうていしきのかいとはんべつしきのかんけいは？ $D>0$ ⇔異なる2つの実数解 $D=0$ ⇔実数

の重解 $D<0 \Leftrightarrow$ 異なる2つの虚数解（実数解なし）ディーダイナリぜろのとき ことなるふたつのじっすうかい ディー イコール ぜろのときじっすうのじゅうかい ディー ショウナリ ぜろのとき ことなる ふたつのきょすうかい（じっすうかいなし） **二次方程式の解のひとつが $2-3i$ ならもうひとつは？** にじほうていしきのかいのひとつがに マイナス さんアイならもうひとつは？ $2+3i$ にプラスさんアイ **二次方程式の解と係数の関係は？** にじほうていしきのかいとけいすうのかんけいは？ $\alpha+\beta=-\frac{b}{a}$, $\alpha\beta=\frac{c}{a}$ アルファプラス ベータ イコール マイナスエーぶんのビー，アルファベータ イコール エーぶんのシー

微分 **$f'(x)$ の図形的意味は？** エフダッシュエックスの ずけいてきいみは？ 曲線 $y=f(x)$ の点 $(x, f(x))$ における接線の傾き。 きょくせん ワイ イコール エフエックスのてん（エックス, エフエックス）におけるせっせんのかたむき。**$(x_1, f(x_1))$ における曲線 $y=f(x)$ の接線の方程式は？**（エックスワン，エフエックスワン）におけるきょくせんワイ イコール エフエックスのせっせんのほうていしきは？ $y-f(x_1)=f'(x_1)\cdot(x-x_1)$ ワイ マイナス エフエックスワン イコール エフダッシュエックスワン カケル かっこ エックス マイナスエックスワン かっことじる **曲線外の点 (a, b) から引いた接線の方程式は？** きょくせんがいのてん（エー，ビー）からひいた せっせんの ほうていしきは？ 曲線上の接点を $(x_1, f(x_1))$ として $y-f(x_1)=f'(x_1)(x-x_1)$ に (a, b) を代入。きょくせんじょうのせってんを（エックスワン，エフエックスワン）として ワイ マイナス エフエックスワン イコール エフダッシュエックスワン カケル かっこ エックス マイナス エックスワン かっことじる に（エー，ビー）をだいにゅう。 **三次方程式が異なる3つの実数解をもつ条件は？** さんじほうていしきがことなるみっつのじっすうかいをもつじょうけんは？（極大値）×（極小値）<0（きょくだいち）カケル（きょくしょうち）ショウナリぜろ **三次関数が極値をもたない条件は？** さんじかんすうがきょくちをもたないじょうけんは？ 微分した式の判別式が0以下。 びぶんしたしきのはんべつしきがぜろいか。

積分 **x^n の不定積分は？** エックスの エヌじょうのふていせきぶんは？ $\int x^n dx=\frac{1}{n+1}x^{n+1}+C$（$C$ は積分定数）インテグラル エックスのエヌじょう ディーエックス イコール エヌ プラス いちぶん の いち カケル エックス の エヌプラスいちじょうプラスシー（シーはせきぶんて

いすう） **$F(x)$をf(x)の原始関数とすると、区間$[a, b]$で積分した式は？** ラージエフエックス を エフエックス のげんしかんすう とするとくかん［エー, ビー］でせきぶんしたしきは？ $\int_a^b f(x)dx = F(b) - F(a)$ インテグラル エーからビーまで エフエックス ディーエックス イコール ラージエフ（ビー）マイナス ラージエフ（エー） **区間［a, b］で$kf(x)$、$f(x) \pm g(x)$を積分した式は？** くかん［エー, ビー］でケー エフエックス、エフエックス プラスマイナス ジーエックスをせきぶんしたしきは？ $k\int_a^b f(x)dx, \int_a^b f(x)dx \pm \int_a^b g(x)dx$ ケー カケル インテグラル エーからビーまで エフエックス ディーエックス, インテグラル エーからビーまで エフエックス ディーエックス プラスマイナス インテグラルエーからビーまで ジーエックス ディーエックス **奇関数の定積分の性質は？** きかんすうのていせきぶんのせいしつは？ $\int_{-a}^a f(x)dx = 0$ インテグラルマイナス エーからエーまで エフエックス ディーエックス イコール ぜろ **偶関数の定積分の性質は？** ぐうかんすうの ていせきぶんのせいしつは？ $\int_{-a}^a g(x)dx = 2\int_0^a g(x)dx$ インテグラル マイナスエーからエーまで ジーエックス ディーエックス イコール にインテグラル ぜろからエーまで ジーエックス ディーエックス **$y = f(x)$とx軸、$x = a, b$で囲む部分の面積を求める式は？** ワイ イコール エフエックスとエックスじく、エックス イコール エー, ビーでかこむぶぶんのめんせきをもとめるしきは？ $S = \int_a^b |f(x)|dx$ エス イコール インテグラル エーからビーまで ぜったいち エフエックス ディーエックス

ベクトル **$\vec{a} = (a_1, a_2)$のとき、$\vec{a}$の大きさは？** エーベクトルイコール（エーワン, エーツー）のとき、エーベクトルのおおきさは？ $|\vec{a}| = \sqrt{a_1{}^2 + a_2{}^2}$ ぜったいち エー ベクトル イコール ルートエーワンのにじょうプラスエーツー のにじょう **$\vec{a} = (a_1, a_2)$, $\vec{b} = (b_1, b_2)$が平行のときに成り立つ関係式は？** エーベクトル イコール（エーワン, エーツー）, ビーベクトルイコール（ビーワン, ビーツー）がへいこうのときになりたつかんけいしきは？ $\vec{b} = t\vec{a}$, $a_1b_2 = a_2b_1$ ビーベクトル イコール ティーエーベクトル, エーワンビーツー イコール エーツービーワン **$\vec{a} \neq \vec{0}$のとき単位ベクトルは？** エーベクトルノット イコール ぜろベクトルの

ときたんいベクトルは？ $\frac{\vec{a}}{|\vec{a}|}$ ぜったいち エーベクトルぶんの エーベクトル **$\vec{a}, \vec{b}$で同一平面上の$\vec{c}$を表すと？** エーベクトル，ビーベクトルでどういつへいめんじょうのシーベクトルをあらわすと？ $\vec{c} = k\vec{a} + l\vec{b}$ シーベクトル イコール ケー エーベクトル プラス エル ビーベクトル **$\vec{a}, \vec{b}$が1次独立であるとき、$k\vec{a} + l\vec{b} = \vec{0}$で何が言える？** エーベクトル，ビーベクトルがいちじどくりつであるとき、ケー エーベクトル プラス エル ビーベクトル イコール ぜろベクトルでなにがいえる？ $k = l = 0$ ケー イコール エル イコール ぜろ **3点A, B, Cが同一直線上にあるときは？** さんてんエー，ビー，シーがどういつちょくせんじょうにあるときは？ $\overrightarrow{AC} = t\overrightarrow{AB}$, $\overrightarrow{OC} = (1-t)\overrightarrow{OA} + t\overrightarrow{OB}$ エーシーベクトル イコール ティーエービーベクトル，オーシーベクトル イコール かっこいち マイナス ティーかっことじる オーエーベクトル プラス ティーオービーベクトル **$\vec{a}$と$\vec{b}$の内積は？** エーベクトルとビーベクトルのないせきは？ ①$\vec{a}\cdot\vec{b} = |\vec{a}|\cdot|\vec{b}|\cos\theta$ ②$\vec{a}\cdot\vec{b} = a_1b_1 + a_2b_2$ ①エーベクトルとビーベクトルのないせき イコール ぜったいち エーベクトル カケル ぜったいち ビーベクトルコサインシータ ②エーベクトルとビーベクトルのないせき イコール エーワン カケル ビーワン プラス エーツー カケル ビーツー **$\vec{a} \neq \vec{0}$, $\vec{b} \neq \vec{0}$で$\vec{a}$と$\vec{b}$が垂直のときは？** エーベクトル ノット イコールぜろベクトル，ビーベクトル ノット イコール ぜろベクトルで エーベクトル と ビーベクトルがすいちょくのときは？ $\vec{a}\cdot\vec{b} = 0$ エーベクトルとビーベクトルのないせき イコール ぜろ **$m:n$に内分、外分する点Pは？** エム タイ エヌにないぶん、がいぶんするてんピーは？ $\overrightarrow{OP} = \frac{n\overrightarrow{OA} + m\overrightarrow{OB}}{m+n}$（$m, n$同符号で内分、異符号で外分）オーピーベクトル イコール エム プラス エヌぶんの エヌオーエーベクトル プラス エムオービーベクトル （エム、エヌどうふごうでないぶん、いふごうでがいぶん） **$|\vec{a}|$, $|\vec{b}|$, $|\vec{a}+\vec{b}|$が与えられているとき$\vec{a}\cdot\vec{b}$を求める方法は？** ぜったいちエーベクトル，ぜったいちビーベクトル，ぜったいちエーベクトルプラスビーベクトルがあたえられているときエーベクトルとビーベクトルのないせきをもとめるほうほうは？ $|\vec{a}+\vec{b}|^2 = |\vec{a}|^2 + |\vec{b}|^2 + 2\vec{a}\cdot\vec{b}$から求める。ぜったいちエーベクトル プラス ビーベクトルのにじょう イコール ぜったいち エーベクトルのにじょう プラス ぜったいち ビーベクトルのにじょうプラス にカケルエーベクトルとビーベクトルのないせきからもとめる。 **三角形ABCの重心Gは？** さんかっけいエービ

ーシーのじゅうしんジーは？ $\overrightarrow{OG}=\dfrac{\overrightarrow{OA}+\overrightarrow{OB}+\overrightarrow{OC}}{3}$ オージーベクトル イコール さんぶんのオーエーベクトル プラス オービーベクトル プラス オーシーベクトル

数列 **等差数列の一般項は？** とうさすうれつのいっぱんこうは？ $a_n=a_1+(n-1)d=$ 初項＋(項数−1)・公差 エーエヌ イコールエーワンプラス かっこ エヌマイナスいち かっことじる カケル ディー イコール しょこうプラス かっこ こうすうマイナスいち かっことじる カケルこうさ **等差数列の和は？** とうさすうれつのわは？ $S_n=\dfrac{n}{2}(a_1+a_n)=\dfrac{項数}{2}$(初項＋末項) エスエヌイコールにぶんのエヌ かっこ エーワンプラス エーエヌ かっことじる イコールにぶんのこうすうカケル かっこ しょこうプラスまっこう かっことじる **等比数列の一般項は？** とうひすうれつのいっぱんこうは？ $a_n=a_1\cdot r^{n-1}$ $=$ 初項・公比$^{項数-1}$ エーエヌ イコール エーワン カケル アールのエヌマイナスいちじょう イコール しょこう カケル こうひのこうすうマイナスいちじょう **等比数列の和は？** とうひすうれつのわは？ $S_n=a_1\times\dfrac{1-r^n}{1-r}=初項\times\dfrac{1-公比^{項数}}{1-公比}$ エスエヌ イコール エーワン カケル いちマイナスアールぶんの いちマイナスアールのエヌじょう イコール しょこう カケル いちマイナスこうひぶんの いちマイナスこうひのこうすうじょう

指数対数 ① a^ma^n ② $a^m\div a^n$ ③ $(a^m)^n$ ④ $(ab)^n$ **は？** ①エーのエムじょう エーのエヌじょう ②エーのエムじょうワル エーのエヌじょう ③かっこ エーのエムじょう かっことじる のエヌじょう ④かっこ エービー かっことじる のエヌじょうは？ ① $a^ma^n=a^{m+n}$ ② $a^m\div a^n=a^{m-n}$ ③ $(a^m)^n=a^{mn}$ ④ $(ab)^n=a^nb^n$ ①エーのエムじょうエーのエヌじょう イコール エーの エムプラス エヌじょう ②エーのエムじょう ワル エーのエヌじょう イコール エーのエム マイナス エヌじょう ③かっこ エーのエムじょう かっことじる のエヌじょう イコール エーのエムエヌじょう ④かっこ エービー かっことじる のエヌじょう イコール エーのエヌじょうビーのエヌじょう ① $\sqrt[n]{a}\ \sqrt[n]{b}$ ② $\dfrac{\sqrt[n]{a}}{\sqrt[n]{b}}$ ③ $(\sqrt[n]{a})^m$ ④ $\sqrt[m]{\sqrt[n]{a}}$ **は？** ①エヌじょうこんエー エヌじょうこんビー ②エヌじょうこんビーぶんのエヌじょうこんエー ③かっこ エヌじょうこんエー かっことじる のエムじょう ④エムじょうこん エヌじょうこんエーは？ ① $\sqrt[n]{a}\ \sqrt[n]{b}=\sqrt[n]{ab}$ ② $\dfrac{\sqrt[n]{a}}{\sqrt[n]{b}}=\sqrt[n]{\dfrac{a}{b}}$ ③ $(\sqrt[n]{a})^m=\sqrt[n]{a^m}$ ④ $\sqrt[m]{\sqrt[n]{a}}=\sqrt[mn]{a}$ ①エヌじょうこんエー エヌ

じょうこんビーイコール エヌじょうこんエービー ②エヌじょうこんビー ぶんの エヌじょうこんエー イコール エヌじょうこんビーぶんのエー ③かっこ エヌじょうこんエーかっことじる のエムじょう イコール エヌじょうこんエーのエムじょう ④エムじょうこん エヌじょうこんエー イコール エムエヌじょうこんエー **$a^p=M$のとき、pは？** エーのピーじょう イコール エムのとき、ピーは？ $p=\log_a M$ ピー イコール ログエーエム **① $\log_a MN$ ② $\log_a \frac{M}{N}$ ③ $\log_a M^k$ は？** ①ログエーエムエヌ ②ログエーエヌぶんのエム ③ログエーエムのケーじょうは？ ① $\log_a MN=\log_a M+\log_a N$ ② $\log_a \frac{M}{N}=\log_a M-\log_a N$ ③ $\log_a M^k=k\log_a M$ ①ログエーエムエヌ イコール ログエーエムプラスログエーエヌ ②ログエーエヌぶんのエム イコール ログエーエムマイナスログエーエヌ ③ログエーエムのケーじょう イコール ケーログエーエム **底の変換公式は？** ていのへんかんこうしきは？ $\log_a b=\frac{\log_c b}{\log_c a}$ $\left(\text{特に}\log_a b=\frac{1}{\log_b a}\right)$ ログエービー イコール ログシーエーぶんのログシービー（とくにログエービー イコール ログビーエーぶんのいち）

$0<p<q$のとき$\log_a p$と$\log_a q$の大小関係は？ ぜろショウナリピーショウナリキューのときログエーピーとログエーキューのだいしょうかんけいは？ $a>1$ のとき $\log_a p<\log_a q$ $0<a<1$ のとき $\log_a p>\log_a q$ エーダイナリいちのときログエーピーショウナリログエーキュー ぜろショウナリエーショウナリいちのときログエーピーダイナリログエーキュー

図形と方程式 **三角形ABCの重心の座標は？** さんかっけいエービーシーのじゅうしんのざひょうは？ 重心：$\left(\frac{x_1+x_2+x_3}{3}, \frac{y_1+y_2+y_3}{3}\right)$ じゅうしん：(さんぶんのエックスワン プラス エックスツー プラス エックススリー, さんぶんのワイワン プラス ワイツー プラスワイスリー) **点と直線の距離は？** てんとちょくせんの距離は？ $\frac{|ax_1+by_1+c|}{\sqrt{a^2+b^2}}$ ルートエーのにじょうプラスビーのにじょうぶんの ぜったいちエーエックスワンプラスビーワイワンプラスシー

三角関数 **32°を弧度法で表せ。** さんじゅうにどをこどほうであらわせ。 $32\times\frac{\pi}{180}=\frac{8}{45}\pi$ さんじゅうにカケル ひゃくはちじゅうぶんのパイ イコール よんじゅうごぶんのはちパイ **半径r、中心角θの扇形の弧の長さと面積は？** はんけいアール、ちゅうしんかくシータのおうぎがたのこ

のながさとめんせきは？ $l = r\theta$、$S = \frac{1}{2}r^2\theta = \frac{1}{2}rl$ エル イコールアールシータ、エス イコール にぶのんいちアールのにじょう シータ イコール にぶんのいちアールエル）

$y = \sin\theta$, $y = \cos\theta$ は何対称で、値域、周期は？ ワイイコールサインシータ、ワイイコールコサインシータはなにたいしょうで、ちいき、しゅうきは？ $y = \sin\theta$ は原点対称。$y = \cos\theta$ は y 軸対称。どちらも値域は $-1 \leqq y \leqq 1$、周期は 2π。ワイイコールサインシータはげんてんたいしょう。ワイイコールコサインシータはワイじくたいしょう。どちらもちいきはマイナスいちショウナリイコールワイショウナリイコールいち。しゅうきはにパイ **二倍角の公式は？ にばいかくのこうしきは？** $\sin 2\alpha = 2\sin\alpha\cos\alpha$, $\cos 2\alpha = \cos^2\alpha - \sin^2\alpha = 2\cos^2\alpha - 1 = 1 - 2\sin^2\alpha$, $\tan 2\alpha = \frac{2\tan\alpha}{1-\tan^2\alpha}$ サインにアルファ イコール にサインアルファコサインアルファ，コサインにアルファ イコール コサインにじょうアルファ マイナス サインにじょうアルファ イコール にコサインにじょうアルファマイナスいち イコール いちマイナス にサインにじょうアルファ，タンジェントにアルファ イコールいち マイナス タンジェントにじょうアルファ ぶんの にタンジェントアルファ **半角の公式は？ はんかくのこうしきは？**

① $\sin^2\frac{\theta}{2} = \frac{1-\cos\theta}{2}$

② $\cos^2\frac{\theta}{2} = \frac{1+\cos\theta}{2}$

③ $\tan^2\frac{\theta}{2} = \frac{1-\cos\theta}{1+\cos\theta}$ ①サインにじょうにぶんの シータ イコール にぶんのいちマイナスコサインシータ ②コサインにじょうにぶんの シータ イコール にぶんのいちプラスコサインシータ ③タンジェントにじょうにぶんの シータ イコール いちプラスコサインシータぶんの いちマイナスコサインシータ

数学Ⅲ

極限 **逆関数の求め方は？** ぎゃくかんすうのもとめかたは？ すべての x, y を入れかえて $y=$ の式に変形する。すべてのエックス，ワイをいれかえてワイ イコール のしきにへんけいする。**分数関数の標準形への変形の仕方、定義域、漸近線の求め方は？** ぶんすうかんすうのひょうじゅんけいへのへんけいのしかた、ていぎいき、ぜんきんせんのもとめかたは？ 分子を分母で割って $y = (\text{商}) + \frac{(\text{余り})}{(\text{分母})}$ の形にする。定義域とは x の範囲で、それは、(分母) $\neq 0$ となるすべての実数。漸近線は $y = (\text{商})$、(分母) $= 0$ となるもの。ぶんし を ぶんぼ でわって ワイ イコール（しょう）プラス（ぶ

んぼ）ぶんの（あまり）のかたちにする。ていぎいきとはエックスのはんいで、それは、（ぶんぼ）ノットイコール ぜろとなるすべてのじっすう。ぜんきんせんはワイ イコール（しょう）、（ぶんぼ）イコール ぜろとなるもの。 **$\lim_{n\to\infty} a_n = \alpha$（収束）の定義は？** リミットエヌをむげんだいにちかづけるときのエーエヌイコールアルファ（しゅうそく）のていぎは？ nを限りなく大きくするとき、a_nが限りなく一定値αに近づく（収束）。エヌをかぎりなくおおきくするとき、エーエヌがかぎりなく いっていち アルファにちかづく（しゅうそく）。 **$a_n \leqq x_n \leqq b_n$のときはさみうちの原理は？** エーエヌショウナリイコール エックスエヌショウナリイコール ビーエヌのとき、はさみうちのげんりは？ $\lim_{n\to\infty} a_n = \lim_{n\to\infty} b_n = \alpha \Rightarrow \lim_{n\to\infty} x_n = \alpha$（はさまれたものは両側と同じ値に収束する）リミットエヌがむげんだいにちかづくときのエーエヌ イコール リミットエヌ が むげんだい に ちかづくときの ビーエヌ イコール アルファならば リミットエヌ が むげんだいに ちかづくときの エックスエヌ イコール アルファ（はさまれたものはりょうがわとおなじあたいにしゅうそくする） **$\lim_{n\to\infty} x^n$は？** リミットエヌがむげんだいにちかづくときの エックスのエヌ じょうは？ $x>1$のとき$\lim_{n\to\infty} x^n=\infty$, $x=1$のとき$\lim_{n\to\infty} x^n=1$, $|x|<1$のとき$\lim_{n\to\infty} x^n=0$, $x\leqq-1$のとき$\lim_{n\to\infty} x^n=$発散 エックスダイナリいちのとき リミットエヌ がむげんだいにちかづくときの エックスのエヌじょう イコール むげんだい, エックス イコールいちのときリミットエヌがむげんだいにちかづくときのエックスのエヌじょう イコール いち, ぜったいち エックス ショウナリ いちのとき リミットエヌ がむげんだいに ちかづくときの エックスのエヌじょう イコール ぜろ, エックスショウナリ イコール マイナス いちのときリミットエヌがむげんだいにちかづくときのエックスのエヌじょう イコール はっさん **極限計算のポイントは？** きょくげんけいさん のポイントは？ $\sqrt{\ }$は有理化、$\frac{一定}{\infty}=0$を作る。ルートはゆうりか、むげんだいぶんのいってい イコール ぜろをつくる。 **無限等比級数$\sum_{k=1}^{\infty} ar^{k-1}$が収束する条件とその値は？** むげんとうひきゅうすう シグマケー イコール いちから むげんだい まで エー カケル アールの ケーマイナスいちじょうがしゅうそくするじょうけんとそのときのあたいは？ 収束する

条件は$a=0$ or $|r|<1$, このとき$\sum_{k=1}^{\infty} ar^{k-1}=\frac{a}{1-r}$ しゅうそくするじょうけんはエー イコール ぜろオアぜったいちアールショウナリいち, このときシグマケー イコールいちからむげんだいまでエー カケルアールのケーマイナス いちじょうイコール いちマイナスアールぶんのエー **無限級数に関する定理は？** むげんきゅうすうにかんするていりは？ $\sum_{n=1}^{\infty} a_n$ が収束する⇒ $\lim_{n\to\infty} a_n=0$ シグマエヌ イコール いちからむげんだいまでエーエヌがしゅうそくするならばリミットエヌがむげんだいにちかづくときのエーエヌ イコール ぜろ **関数$f(x)$が$x=a$で連続とは？** かんすうエフエックスがエックス イコール エーでれんぞくとは？ $\lim_{x\to a} f(x)=f(a)$が成立すること。($x=a$でグラフがつながっているということ) リミットエックスがエーにちかづくときのエフエックス イコール エフエーがせいりつすること。(エックス イコール エーでグラフがつながっているということ) **関数$f(x)$が$x=a$で微分可能とは？** かんすうエフエックスがエックス イコール エーでびぶんかのうとは？ $f'(a)$が存在すること。($x=a$でグラフがなめらかということ) エフダッシュエーがそんざいすること。(エックス イコール エーでグラフがなめらかということ)

微分・積分 **$y=uv$の微分は？** ワイ イコール ユーブイのびぶんは？ $(uv)'=u'v+uv'$ 覚え方は微分そのまま＋そのまま微分 かっこ ユーブイ かっことじる ダッシュ イコール ユーダッシュブイプラスユーブイダッシュ おぼえかたは びぶんそのまま プラス そのままびぶん **$y=\frac{u}{v}$の微分は？** ワイ イコール ブイぶんのユーのびぶんは? $\left(\frac{u}{v}\right)'=\frac{u'v-uv'}{v^2}$ かっこ ブイぶんのユーかっことじる ダッシュ イコール ブイのにじょうぶんの ユーダッシュブイ マイナス ユーブイダッシュ **①$\sin x$ ②$\cos x$ ③$\tan x$の微分は？** ①サインエックス②コサインエックス③タンジェントエックス のびぶんは？ ①$(\sin x)'=\cos x$ ②$(\cos x)'=-\sin x$ ③$(\tan x)'=\frac{1}{\cos^2 x}$ ①(サインエックス) ダッシュ イコール コサインエックス ②(コサインエックス) ダッシュ イコール マイナスサインエックス ③(タンジェント エックス) ダッシュ イコール コサイン にじょうエックスぶん の いち **$f''(x)$と極値の関係は？** エフツーダッシュエックスときょくちのかんけいは？ $f'(a)=0$ かつ $f''(a)>0$ ⇒

数学マントラ

$f(a)$ は極小値, $f'(a)=0$ かつ $f''(a)<0 \Rightarrow f(a)$ は極大値 エフダッシュエー イコール ぜろ かつ エフツーダッシュエーダイナリぜろならば エフエーはきょくしょうち, エフダッシュエー イコール ぜろ エフツーダッシュエーショウナリぜろならば エフエーはきょくだいち **変曲点とは？** へんきょくてんとは？ その点の左右で曲線の凹凸が変化する点。 そのてんのさゆうできょくせんのおうとつがへんかするてん。 **部分積分法の式は？** ぶぶんせきぶんほうのしきは？ $\int_a^b u'v\,dx = [uv]_a^b - \int_a^b uv'\,dx$ インテグラルエーからビーまでユーダッシュブイディーエックス イコール ［ユーブイ］エーからビーまでマイナスインテグラルエーからビーまでユーブイダッシュディーエックス **積分を用いて、面積、体積を求める式は？** せきぶんをもちいて、めんせき、たいせきをもとめるしきは？ 面積 $=\int$(線分の長さ) dx, 体積 $=\int$(断面積) dx めんせき イコール インテグラル（せんぶんのながさ）ディーエックス, たいせき イコール インテグラル（だんめんせき）ディーエックス

化学マントラ・化学ヤントラ

周期表について

1族は H 水素 Li リチウム Na ナトリウム K カリウム Rb ルビジウム Cs セシウム Fr フランシウム **覚え方は** Li《リッチ》 Na《な》 K《彼女は》 Rb《ルビーを》 Cs《せしめて》 Fr《フランスへ》 **2族は** Be ベリリウム Mg マグネシウム Ca カルシウム Sr ストロンチウム Ba バリウム Ra ラジウム **覚え方は** Be《ベッドに》 Mg《もぐれば》 Ca《彼女は》 Sr《すっかり》 Ba《バ》 Ra《ラ色だ》 **11族は** Cu 銅 Ag 銀 Au 金 **覚え方は** オリンピックメダルの順 **12族は** Zn 亜鉛 Cd カドミウム Hg 水銀 **覚え方は** Zn《全》 Cd《カードが》 Hg《すぐれてる》 **13族は** B ホウ素 Al アルミニウム Ga ガリウム In インジウム Tl タリウム **覚え方は** B《ほう！》 Al《アルミ》 Ga《が》 In《イン》 Tl《テリ》 **14族は** C 炭素 Si ケイ素 Ge ゲルマニウム Sn スズ Pb 鉛 **覚え方は** C《く》 Si《さい》 Ge《ゲリ》 Sn《すん》 Pb《な》 **15族は** N 窒素 P リン As ヒ素 Sb アンチモン Bi ビスマス **覚え方は** N《ニッ》 P《ポンの》 As《明日》 Sb《スブタに》 Bi《ビール》 **16族は** O 酸素 S 硫黄 Se セレン Te テルル Po ポロニウム **覚え方は** O《おー》 S《いよ》 Se《せっ》 Te《ていは》 Po《ポロ》 **17族は** F フッ素 Cl 塩素 Br 臭素 I ヨウ素 At アスタチン **覚え方は** F《ふっ》 Cl《くら》 Br《ブラジャー》 I《あいの》 At《あと》 **18族は** He ヘリウム Ne ネオン Ar アルゴン Kr クリプトン Xe キセノン Rn ラドン **覚え方は** He《へんな》 Ne《ねえちゃん》 Ar《あるひ》 Kr《くらやみで》 Xe《キス》 Rn《れんぱつ》

原子番号

※背番号のように覚える。たとえばC炭素は6番、6番はC炭素とどちらからもいえるようにする。

1番 H 水素 **2番** He ヘリウム **3番** Li リチウム **4番** Be ベリリウム **5番** B ホウ素 **6番** C 炭素 **7番** N 窒素 **8番** O 酸素 **9番** F フッ素 **10番** Ne ネオン **11番** Na ナトリウム **12番** Mg マグネシウム **13番** Al アルミニウム **14番** Si ケイ素 **15番** P リン **16番** S 硫黄 **17番** Cl 塩素 **18番** Ar アルゴン **19番** K カリウム **20番** Ca カルシウム

理論化学

単体 1種類の元素だけからできている純物質 **化合物** 2種類以上の元素からできている純物質 **同素体《どうそたい》** 同じ元素からできているが性質が異なる単体 **原子** 物質を構成する基本的粒子 **分子** 結びついた粒子が、その物質としての性質を示す最小の粒子 **原子核《げんしかく》** 原子の中心にある粒子 **電子** 原子核のまわりを運動する負の電荷《でんか》を持った粒子 **陽子《ようし》** 原子核を構成する正の電荷《でんか》を持った粒子 **中性子《ちゅうせいし》** 原子核を構成する電荷《でんか》を持たない粒子 **原子番号** 原子核中の陽子《ようし》の数 **質量数** 陽子《ようし》と中性子《ちゅうせいし》の数の和 **同位体《どういたい》** 原子番号は同じであるが質量数が異なる原子 **電子殻《でんしかく》** 原子核のまわりにある電子の入るいく

つかの層　**最外殻電子《さいがいかくでんし》** 原子中で最も外側の電子殻《でんしかく》にある電子　**価電子《かでんし》** 原子どうしが結合するときに重要なはたらきをする電子　**族《ぞく》** 元素の周期表における縦の列　**周期** 元素の周期表における横の列　**陽イオン** 原子が電子を失うことで生じるイオン　**陰イオン** 原子が電子を得ることで生じるイオン　**イオン化エネルギー** 原子から電子１個を取り去って、１価の陽イオンとするために必要なエネルギー　**電子親和力《でんししんわりょく》** 原子が電子１個を取り込んで１価の陰イオンになるときに放出されるエネルギー　**クーロン力** 荷電粒子の間に働く力　**イオン結合** クーロン力によって生じる結合　**イオン結晶** 多数の陽イオンと陰イオンが結合してできた結晶　**電離《でんり》** イオン結晶を水に溶かした際に陽イオンと陰イオンに分かれること　**電解質《でんかいしつ》** 水に溶かすと陽イオンと陰イオンに電離《でんり》する物質　**共有《きょうゆう》結合** 原子が互いに最外殻《さいがいかく》の電子を共有《きょうゆう》して生じる結合　**共有電子対《きょうゆうでんしつい》** ２つの原子間で共有《きょうゆう》される電子の対《つい》　**不対《ふつい》電子《でんし》** 単独で存在し、共有《きょうゆう》電子対《つい》のもとになる電子　**非共有電子対《ひきょうゆうでんしつい》** 共有《きょうゆう》結合に関与していない電子対《つい》　**単結合** 共有《きょうゆう》電子対《つい》１組で結合する共有《きょうゆう》結合　**二重結合** 共有《きょうゆう》電子対《つい》２組で結合する共有《きょうゆう》結合　**自由電子** 金属全体を自由に動き回る価電子《かでんし》　**展性《てんせい》** 金属の薄く広がる性質　**延性《えんせい》** 金属の細《ほそ》く延《の》びる性質　**標準状態《ひょうじゅんじょうたい》** 0℃（ぜろど）、1.01×10^{5} Pa（いってんぜろいち カケル じゅうのごじょう パスカル）の状態　**質量保存の法則** 反応の前後で物質全体の質量の総和が変化しないという法則　**定比例の法則** 同じ化合物では構成する元素の質量比は常に一定であるという法則　**原子説** 物質はこれ以上分割できない原子からなり、原子は固有の質量と大きさを持っているという法則　**倍数比例の法則** ２種類の元素ＡとＢが化合していくつかの異なる化合物を作るとき、一定質量のＡと化合するＢの質量の間には簡単な整数比が存在するという法則　**気体反応の法則** 同温、同圧で、反応に関与する気体の体積比は簡単な整数比になるという法則　**アボガドロの法則** 気体の種類に関係なく同温・同圧で同体積の気体は同数の分子を含むという法則　**分子量** 分子を構成している原子の原子量の総和　**式量** イオン式や組成式を構成している原子の原子量の総和　**アボガドロ定数** 1 mol（モル）あたりの粒子数 6.02×10^{23}（ろくてんぜろに　カケル　じゅうのにじゅうさんじょう）個のこと　**溶質** 溶液において、溶けている物質　**溶媒《ようばい》** 溶液において、溶質を溶かした液体　**反応熱** 物質 1 mol（モル）が反応するときに出入りする熱量　**熱化学《ねつかがく》方程式** 化学反応式の右辺に反応熱を書き加え、左辺と右辺を等号で結んだ式　**昇華《しょうか》** 固体が気体に、また気体が固体に直接なる変化　**ヘスの法則** 反応熱の総和は変化する前後の物質の状態だけで決まり、途中の経路に

よらないという法則　**酸** アレーニウスの定義において、水に溶けて水素イオンを生じる物質、またブレンステッドの定義において、水素イオンを与える物質　**塩基** アレーニウスの定義において、水に溶けて水酸化物イオンを生じる物質、またブレンステッドの定義において、水素イオンを受け取る物質　**強酸** 電離度《でんりど》が1に近い酸　**強塩基** 電離度《でんりど》が1に近い塩基　**弱酸** 電離度《でんりど》が1よりもかなり小さい酸　**弱塩基** 電離度《でんりど》が1よりもかなり小さい塩基　**pH（ピーエイチ）** 水溶液の［H^+］（エイチプラスのモルのうど）が 1.0×10^{-x} mol/L（いってんぜろ カケル じゅうのマイナスエックスじょう モルパーリットル）のときの x の値　**指示薬** pH（ピーエイチ）によって色が変わることを利用して、水溶液のpH（ピーエイチ）を調べるのに使われる試薬　**変色域《へんしょくいき》** 指示薬が変色するpH（ピーエイチ）の範囲　**フェノールフタレイン** 変色域《へんしょくいき》がpH（ピーエイチ）8.3〜9.8で無色から赤色を呈色《ていしょく》する指示薬　**メチルオレンジ** 変色域《へんしょくいき》がpH（ピーエイチ）3.1〜4.4で赤色から黄色を呈色《ていしょく》する指示薬　**中和** 酸から生じる H^+（エイチプラス）と、塩基から生じる OH^-（オーエイチマイナス）が反応して互いの性質を打ち消し合う反応　**塩《えん》** 酸の陰イオンと塩基の陽イオンから生じた化合物　**中和点** 酸と塩基が過不足なく反応して中和が完了する点　**酸化反応** 酸素を得る、あるいは水素や電子を失う反応、酸化数は増加する　**還元反応** 酸素を失う、水素や電子を得る反応、酸化数は減少する　**酸化数** 電子の偏《かたよ》り状態を表している数値で、＋であると酸化、－であると還元されている　**イオン化傾向《けいこう》** 金属が水溶液中で電子を放出して陽イオンになろうとする性質　**不動態《ふどうたい》** 表面に緻密《ちみつ》な酸化被膜《ひまく》が生じ、金属内部が保護される状態　**電池** 酸化還元反応を利用して、化学変化のエネルギーを電気エネルギーに変える装置　**負極** 電子を放出する（酸化反応が起こる）極　**正極** 電子を受け取る（還元反応が起こる）極　**起電力** 両極間に生じる電位差（電圧）　**電気分解** 電解質の水溶液や高温の融解塩に、外部から直流電流を流して酸化還元反応を起こさせること　**陰極** 負極につないだ電極であり、還元反応が起こる　**陽極** 正極につないだ電極であり、酸化反応が起こる　**C（クーロン）** 電気量の単位、1A（アンペア）の電流を1秒間流した時の電気量が1C（クーロン）に相当する　**ファラデー定数** 電子1mol（モル）が流れたときの電気量の絶対値 9.65×10^4 C/mol（きゅうてんろくご カケル じゅうのよんじょう クーロンパーモル）で表される　**陽性** 陽イオンになりやすい性質　**陰性** 陰イオンになりやすい性質　**結晶格《こう》子《し》** 結晶中の規則正しい粒子の配列　**イオン結晶** イオン結合でできた結晶　**組成式** イオンの種類と数の比を示す式　**電子式** 元素記号のまわりに最外殻《さいがいかく》

電子だけを点で表したもの　**電子対《つい》**二つで対《つい》になった電子　**構造式**価標《かひょう》を用いて分子内の原子の結びつきを表した化学式　**共有《きょうゆう》結合結晶**共有結合《きょうゆうけつごう》によって原子が規則正しく配列してできた結晶　**配位結合**一方の原子の非《ひ》共有《きょうゆう》電子対《つい》が結合電子として提供されてできている共有《きょうゆう》結合　**錯《さく》イオン**中心の金属イオンに、非共有《きょうゆう》電子対《つい》をもつ分子または陰イオンが配位結合してできたイオン　**配位子**金属イオンに配位結合した分子またはイオン　**錯塩《さくえん》**錯イオンを含む塩　**電気陰性度《でんきいんせいど》**共有《きょうゆう》結合している異種原子間で、原子が共有《きょうゆう》電子対《つい》を引きよせる強さを数値で表したもの　**極性《きょくせい》分子**分子が全体として電荷の偏りをもつ分子　**無極性《むきょくせい》分子**分子が全体として電荷の偏りをもたない分子　**ファンデルワールス力**無極性《むきょくせい》分子どうしに働く弱い引力　**分子間力**分子間に働く弱い力　**水素結合**水素原子をなかだちとして分子間にできる結合　**分子結晶**分子間力により分子が規則正しく配列してできた結晶　**結合エネルギー**共有《きょうゆう》結合している原子同士を引き離すのに必要なエネルギー　**金属結合**自由電子が全ての金属原子に共有《きょうゆう》されてできる結合　**金属の特徴**①金属光沢②熱伝導性や電気伝導性が大きい③展性《てんせい》や延性《えんせい》を示す　**蒸発**液体から気体へと状態が変化すること　**凝縮**気体から液体へと状態が変化すること　**融解**固体から液体へと状態が変化すること　**凝固《ぎょうこ》**液体から固体へと状態が変化すること　**圧力**単位面積あたりに働く力　**平衡《へいこう》状態**実際に変化が起きているにも関《かか》わらず、見かけ上蒸発が止まって見える状態　**気液平衡《へいこう》**気体と液体の２つの相《そう》の間《あいだ》の平衡状態　**飽和《ほうわ》蒸気圧（蒸気圧）**気液平衡《へいこう》のとき蒸気が示す圧力　**蒸気圧曲線**温度と蒸気圧の関係を示す曲線　**沸騰《ふっとう》**液面だけでなく液面内部からも激しく変化が起こるようになる現象　**ボイルの法則**温度一定のとき、一定量の気体の体積 v は圧力 p に反比例する（pv ピーブイ一定）　**シャルルの法則**一定圧力において、一定量の気体の体積 v は、絶対温度 T に比例する $\left(\frac{v}{T}\right.$ ティーぶんのブイ一定$\left.\right)$　**ボイル・シャルルの法則**一定量の気体の体積 v は、圧力 p に反比例し、絶対温度 T に比例する $\left(\frac{pv}{T}\right.$ ティーぶんのピーブイ一定$\left.\right)$　**気体定数 R** 気体 1 mol について、その種類・圧力・体積・温度に関係なく一定の値　**気体の状態方程式** $pv = nRT$（ピーブイ　イコール　エヌアールティー）　**分圧の法則**同温、同容積の容器内の混合気体について、混合気体の全圧は成分気体の分圧の和に等しい　**実在気体**実際に存在する気体（状態方程式に従わない）　**理想気体**分子間力がなく、分子自身の体積を０と想定した状態方程式

に厳密《げんみつ》に従う気体　**水和**　イオンが水分子に囲まれて、他のイオンと離れた状態で存在する現象　**溶解平衡《へいこう》**　見かけ上溶解が止まった状態　**飽和《ほうわ》溶液**　溶解平衡《へいこう》に達している溶液　**溶解度**　溶媒100 gに溶かすことができる溶質のg単位の質量の数値　**溶解度曲線**　温度と溶解度の関係を示す曲線　**反応速度**　単位時間あたりの反応物または生成物の変化量（(反応[生成]物の濃度の減少[増加]量)÷(反応時間)）　**反応速度式《はんのうそくどしき》**　反応速度と濃度の関係を表した式　**電離平衡《でんりへいこう》**　電離《でんり》して生じたイオンと、電離《でんり》していないもとの化合物との間で平衡《へいこう》状態となる　**電離度《でんりど》** α　水に溶かした溶質の化合物のうち、電離《でんり》したものの割合　**水のイオン積**　$[H^+][OH^-]$（エイチプラスのモルのうど　カケル　オーエイチマイナスのモルのうど）$=1.0\times10^{-14}$ $(mol/L)^2$（いってん　ぜろ　カケル　じゅうのマイナスじゅうよんじょう　モルパーリットルのにじょう）

無機化学

希ガス　周期表18族に属する。価電子数が0で、他の原子に比べて極めて安定しており、他の原子と結合しにくい　**ハロゲン**　周期表17族に属する。原子番号の小さいものほど強い酸化作用を示す　**酸素 O_2**　空気中に体積で約21%含まれる。過酸化《かさんか》水素水 H_2O_2 に二酸化マンガン MnO_2 を触媒《しょくばい》として加え、過酸化水素を分解して発生させる　**硫黄**　斜方硫黄《しゃほういおう》、単斜硫黄《たんしゃいおう》、ゴム状硫黄《いおう》などの同素体がある　**窒素 N_2**　空気中に体積で約78%含まれる。常温では、安定な無色・無臭の気体である　**アンモニア NH_3**　工業的にはハーバー・ボッシュ法で合成される無色、刺激臭のある気体で、水によく溶ける。水溶液は弱塩基性を示す　**アルカリ金属**　1個の価電子をもつため、1価の陽イオンになりやすい。単体は融解塩電解《ゆうかいえんでんかい》によって得られ、還元力が大きく、常温で激しく水と反応して水素を発生する　**アルカリ土類《どるい》金属**　2個の価電子をもち、2価の陽イオンになりやすい。単体は、常温で水と反応し、水素を発生して水酸化物となり、強塩基性を示す。　**両性《りょうせい》元素**　酸および強塩基の水溶液と反応して水素を発生するような元素　**アルミニウム Al**　銀白色《きんはくしょく》の軟らかい軽金属であり、展性《てんせい》、延性《えんせい》に富み、電気伝導性も高い。　**遷移《せんい》元素**　3～11族の元素ですべて金属元素である。

有機化学

有機化合物 炭素を骨格として組み立てられている化合物である。 **炭化水素** 炭素と水素のみからなる最も基本的な有機化合物。 **官能基《かんのうき》** 有機化合物の性質を決めるはたらきをもつ原子や原子団 **アルカン** 鎖式《さしき》飽和《ほうわ》炭化《たんか》水素の総称。一般式 C_nH_{2n+2}（シーエヌ エイチにエヌプラスに）（n は分子中の炭素原子数） **異性体《いせいたい》** 同じ分子式で表される化合物で、分子の構造が異なるために性質の異なる化合物 **構造異性体《いせいたい》** 分子の構造式が異なるために生じる異《い》性体《せいたい》 **置換《ちかん》反応** 分子中の原子が他の原子や原子団に置き換わる反応。 **シクロアルカン** 環状《かんじょう》構造をもつ飽和炭化《ほうわたんか》水素で、一般式 C_nH_{2n}（n ≧3）（シーエヌエイチにエヌ（エヌダイナリイコールさん））で表される **アルケン** 分子中に二重結合を１個もつ鎖式不飽和《さしきふほうわ》炭化水素で、一般式 C_nH_{2n}（シーエヌエイチにエヌ）で表される **立体異性体《いせいたい》** 分子の立体的な構造が異なるために生じる異性体《いせいたい》 **幾何異性体《きかいせいたい》（シス－トランス異性体《いせいたい》）** 二重結合についた置《ち》換基《かんき》の配置が異なる立体異性体《いせいたい》。置換基が同じ側にあるものをシス形、反対側にあるものをトランス形という **付加《ふか》反応** 二重結合にハロゲンや水素などの原子および原子団が結合し、二重結合が単結合になる反応 **付加重合《ふかじゅうごう》** 付加反応により多数の分子が次々に結合していく反応 **シクロアルケン** 環《かん》状《じょう》構造中に二重結合を１個もつ不飽和《ふほうわ》炭化水素。一般式 C_nH_{2n-2}（n ≧3）（シーエヌ エイチにエヌマイナスに（エヌ ダイナリイコール さん） **アルキン** 分子中に三重結合を1個もつ鎖式不飽和《さしきふほうわ》炭化水素。一般式 C_nH_{2n-2}（n ≧2）（シーエヌ エイチにエヌマイナスに（エヌ ダイナリイコール に））で表される。 **アルコール** 鎖式《さしき》炭化水素の水素原子をヒドロキシル基－OH（オーエイチ）で置換したもの。 **エーテル** 酸素原子に２個の炭化水素基が結合した化合物。 **アルデヒド** 第一級アルコールを酸化すると得られる。 **ケトン** 第二級アルコールを酸化すると得られる。 **カルボン酸** カルボキシル基－COOH（シーオーオーエイチ）をもつ化合物。第一級アルコールやアルデヒドを酸化すると得られる **エステル** カルボン酸とアルコールが縮合《しゅくごう》して生成する化合物。 **油脂《ゆし》** 高級脂肪酸《こうきゅうしぼうさん》とグリセリン $C_3H_5(OH)_3$（シーさん エイチご オーエイチさん）のエステル **セッケン** 高級脂肪酸の塩のこと。油脂《ゆし》に水酸化ナトリウム（強塩基）水溶液を加えて加熱し、けん化することで得られる **芳香族《ほうこうぞく》炭化水素** ベンゼン環《かん》をもつ炭化水素をいう。 **フェノール** 室温では無色の固体で特有のにおいをもち、有毒で皮膚をおかす **芳香族《ほうこうぞく》カルボン酸** ベンゼン環にカルボキシル基－COOH（シーオーオーエイチ）が結合した構造の化合物

計算式

物質量（mol）を粒子数から求める式は？ ぶっしつりょう（モル）をりゅうしすう から もとめるしきは？ $\frac{粒子数}{6.02 \times 10^{23}}$ ろくてんぜろに カケル じゅうのにじゅうさんじょう ぶんの りゅうしすう **物質量（mol）を原子の質量から求める式は？** ぶっしつりょう（モル）をげんしのしつりょう から もとめるしきは？ $\frac{原子の質量(g)}{原子量}$ げんしりょうぶんの げんしのしつりょう（グラム） **物質量（mol）を分子の質量から求める式は？** ぶっしつりょう（モル）をぶんしのしつりょう からもとめるしきは？ $\frac{分子の質量(g)}{分子量}$ ぶんしりょうぶんの ぶんしのしつりょう（グラム） **物質量（mol）を標準状態で、気体の体積から求める式は？** ぶっしつりょう（モル）をひょうじゅんじょうたいで、きたいのたいせき からもとめるしきは？ $\frac{標準状態における気体の体積(L)}{22.4}$ にじゅうにてんよん ぶんの ひょうじゅんじょうたい における きたいのたいせき（リットル） **電流 *I*（アンペア）で時間 *t*（秒）間に、流れた電子の物質量（mol）は？** でんりゅうアイ（アンペア）でじかんティー（びょう）かんに ながれた でんしのぶっしつりょう（モル）は？ $\frac{I(アンペア) \times t(秒)}{96500}$(mol) きゅうまんろくせんごひゃくぶんの アイ（アンペア）カケル ティー（びょう）（モル） **質量パーセント濃度は？** しつりょうパーセントのうどは？ $\frac{溶質の質量(g)}{溶液の質量(g)} \times 100$ ようえきのしつりょう（グラム）ぶんの ようしつのしつりょう（グラム）カケル ひゃく **モル濃度は？** モルのうどは？ $\frac{溶質の物質量(mol)}{溶液の体積(L)}$ ようえきのたいせき（リットル）ぶんのようしつのぶっしつりょう（モル） **質量モル濃度は？** しつりょう モルのうどは？ $\frac{溶質の物質量(mol)}{溶媒の質量(kg)}$ ようばいのしつりょう（キログラム）ぶんの ようしつのぶっしつりょう（モル） ***m* mol/L の溶液 *V* mL 中の溶質は何 mol？** エムモル パーリットルのようえき ブイ ミリリットル ちゅうの ようしつはなんモル？ $\frac{m \times V}{1000}$(mol) せんぶんの エ

ムカケル ブイ（モル） **電離度とは？　でんりど とは？**

$\text{電離度}=\dfrac{\text{電離した電解質の物質量(mol)}}{\text{溶解した電解質の物質量(mol)}}$ でんりど イコールようかいした でんかいしつの ぶっしつりょう（モル）ぶんの でんりした でんかいしつの ぶっしつりょう（モル）

全圧から分圧を求めるとき、物質量から算出する式は？　ぜんあつから ぶんあつをもとめるとき、ぶっしつりょう から さんしゅつするしきは？ $\text{分圧}=\text{全圧}\times\dfrac{\text{成分気体の物質量(mol)}}{\text{混合気体の物質量(mol)}}$ ぶんあつ イコール ぜんあつ カケル こんごうきたいの ぶっしつりょう（モル）ぶんの せいぶんきたいの ぶっしつりょう（モル） **全圧から分圧を求めるとき、体積%から算出する式は？　ぜんあつ から ぶんあつをもとめるとき たいせきパーセントからさんしゅつするしきは？** $\text{分圧}=\text{全圧}\times\dfrac{\text{体積\%}}{100}$ ぶんあつ イコール ぜんあつ カケル ひゃくぶんの たいせきパーセント **摂氏温度の絶対温度への変換の仕方は？せっしおんど の ぜったいおんどへの へんかんのしかたは？** 絶対温度＝273＋摂氏温度 ぜったいおんど イコール にひゃくななじゅうさん プラス せっしおんど **反応速度の表し方は？　はんのうそくど の あらわしかたは？** $\text{反応速度}=\dfrac{\text{反応[生成]物の濃度の減少[増加]量}}{\text{反応時間}}$ はんのうそくど イコール はんのうじかん ぶんの はんのう［せいせい］ぶつの のうどのげんしょう［ぞうか］りょう **ドルトンの分圧の法則とは？どるとんのぶんあつのほうそくとは？** 混合気体では各成分気体の分圧の和が、混合気体の全圧になる。全圧＝各成分気体の分圧の和　こんごうきたいでは かくせいぶんきたいのぶんあつのわが、こんごうきたいの ぜんあつになる。ぜんあつイコール かくせいぶんきたいの ぶんあつのわ **質量作用の法則（化学平衡の法則）とは？しつりょうさようの ほうそく（かがくへいこうのほうそく）とは？**

$\dfrac{\text{生成物の各成分のモル濃度を係数乗したものの積}}{\text{反応物の各成分のモル濃度を係数乗したものの積}}=\text{平衡定数}$ はんのうぶつの かくせいぶんの モルのうどを けいすうじょうしたものの せき ぶんの せいせいぶつの かくせいぶんの モルのうどを けいすうじょうしたものの せき イコール へいこうていすう

金属のイオン化傾向（左にあるものほどイオンになりやすい）

K Ca Na Mg Al Zn Fe Ni Sn Pb (H) Cu Hg Ag Pt Au

貸そうかな　ま　あ　あ　て　に　すん　な　ひ　ど　す　ぎる借金

代表的な酸化剤・還元剤の半反応式

	物質	半反応式	価数
酸化剤	過マンガン酸カリウム（酸性下）	$MnO_4^- + 8H^+ + 5e^- \rightarrow Mn^{2+} + 4H_2O$	5
	過酸化水素	$H_2O_2 + 2H^+ + 2e^- \rightarrow 2H_2O$	2
	塩素	$Cl_2 + 2e^- \rightarrow 2Cl^-$	2
	二クロム酸カリウム（酸性下）	$Cr_2O_7^{2-} + 14H^+ + 6e^- \rightarrow 2Cr^{3+} + 7H_2O$	6
	酸化マンガン（Ⅳ）	$MnO_2 + 4H^+ + 2e^- \rightarrow Mn^{2+} + 2H_2O$	2
	酸素	$O_2 + 4H^+ + 4e^- \rightarrow 2H_2O$	4
	希硝酸	$NO_3^- + 4H^+ + 3e^- \rightarrow NO + 2H_2O$	3
	濃硝酸	$NO_3^- + 2H^+ + e^- \rightarrow NO_2 + H_2O$	1
	過マンガン酸カリウム（中・塩基性下）	$MnO_4^- + 2H_2O + 3e^- \rightarrow MnO_2 + 4OH^-$	3
	二酸化硫黄	$SO_2 + 4H^+ + 4e^- \rightarrow S + 2H_2O$	4
	硫酸（濃硫酸）	$SO_4^{2-} + 4H^+ + 2e^- \rightarrow SO_2 + 2H_2O$	2
還元剤	ナトリウム	$Na \rightarrow Na^+ + e^-$	1
	過酸化水素	$H_2O_2 \rightarrow 2H^+ + O_2 + 2e^-$	2
	シュウ酸	$(COOH)_2 \rightarrow 2H^+ + 2CO_2 + 2e^-$	2
	水素	$H_2 \rightarrow 2H^+ + 2e^-$	2
	硫化水素	$H_2S \rightarrow 2H^+ + S + 2e^-$	2
	塩化スズ（Ⅱ）	$Sn^{2+} \rightarrow Sn^{4+} + 2e^-$	2
	二酸化硫黄	$SO_2 + 2H_2O \rightarrow SO_4^{2-} + 4H^+ + 2e^-$	2
	ヨウ化カリウム	$2I^- \rightarrow I_2 + 2e^-$	1
	硫酸鉄（Ⅱ）	$Fe^{2+} \rightarrow Fe^{3+} + e^-$	1

電池

	ボルタ電池	ダニエル電池	鉛蓄電池
負極	$Zn \rightarrow Zn^{2+} + 2e^-$	$Zn \rightarrow Zn^{2+} + 2e^-$	$Pb + SO_4^{2-} \rightarrow PbSO_4 + 2e^-$
正極	$2H^+ + 2e^- \rightarrow H_2$	$Cu^{2+} + 2e^- \rightarrow Cu$	$PbO_2 + 4H^+ + SO_4^{2-} + 2e^- \rightarrow PbSO_4 + 2H_2O$

ハーバー・ボッシュ法（アンモニアの製法）

$$N_2 + 3H_2 \rightleftarrows 2NH_3$$

アンモニアソーダ法（炭酸ナトリウムの製法）

$$2NaCl + CaCO_3 \rightarrow Na_2CO_3 + CaCl_2$$

オストワルト法（硝酸の製法）

$$4NH_3 + 5O_2 \rightarrow 4NO + 6H_2O$$

$$2NO + O_2 \rightarrow 2NO_2$$

$$3NO_2 + H_2O \rightarrow 2HNO_3 + NO$$

まとめて

$$NH_3 + 2O_2 \rightarrow HNO_3 + H_2O$$

化学ヤントラ

電気分解

[陰極]・H_2よりイオン化傾向の小さい金属のイオンなら、その金属が析出する。
・H_2よりイオン化傾向の大きい金属のイオンのみならH_2が発生する。

[陽極]・電極がPt, C以外なら電極が溶解。
・電極がPt, Cなら陰イオンのイオン化傾向（SO_4^{2-}, NO_3^- > OH^- > Cl^- > I^-）に従ってO_2やCl_2やI_2が発生する。

	水溶液のイオン	極	生成物	反応
陰極	K^+, Ca^{2+}, Na^+, Mg^{2+}, Al^{3+}	白金（炭素）	H_2	$2H_2O + 2e^- \rightarrow 2OH^- + H_2\uparrow$
	Cu^{2+}	〃	Cu	$Cu^{2+} + 2e^- \rightarrow Cu$
	Ag^+	〃	Ag	$Ag^+ + e^- \rightarrow Ag$
陽極	Cl^-	〃	Cl_2	$2Cl^- \rightarrow Cl_2\uparrow + 2e^-$
	OH^-	〃	O_2	$4OH^- \rightarrow 2H_2O + O_2\uparrow + 4e^-$
	SO_4^{2-}, NO_3^-	〃	O_2	$2H_2O \rightarrow 4H^+ + O_2\uparrow + 4e^-$
	SO_4^{2-}	銅	Cu^{2+}	$Cu \rightarrow Cu^{2+} + 2e^-$

覚えておきたい気体の製法

(HF) $2F_2 + 2H_2O \rightarrow 4HF + O_2$

(NO) $3Cu + 8HNO_3$(希) $\rightarrow 3Cu(NO_3)_2 + 4H_2O + 2NO$

(NO_2) $Cu + 4HNO_3$(濃) $\rightarrow Cu(NO_3)_2 + 2H_2O + 2NO_2$

(SO_2) $Cu + 2H_2SO_4 \rightarrow CuSO_4 + 2H_2O + SO_2$

(H_2S) $FeS + 2HCl \rightarrow FeCl_2 + H_2S$

$FeS + H_2SO_4 \rightarrow FeSO_4 + H_2S$

(HCl) $Cl_2 + H_2O \rightleftarrows HCl + HClO$

$CaCl_2 + H_2SO_4 \rightarrow CaSO_4 + 2HCl$

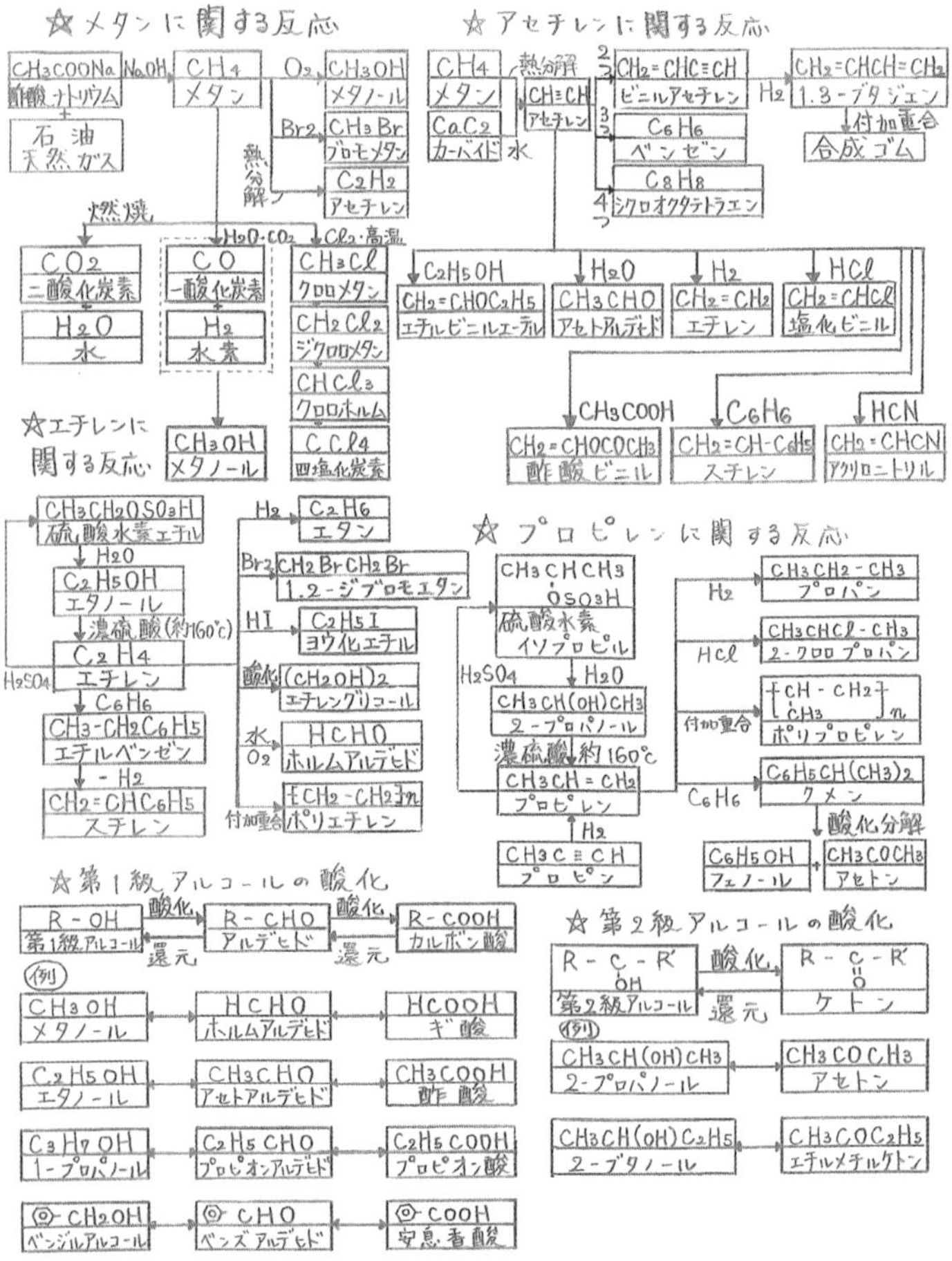

☆ヨードホルム反応

$CH_3-CH(OH)-$ または $CH_3-C(=O)-$ の形をもつものがヨードホルム反応を示す。

反応後には (式) CHI_3 (色) 黄色 (名称) ヨードホルム がでてくる。CHI_3 は特異臭をもつ。

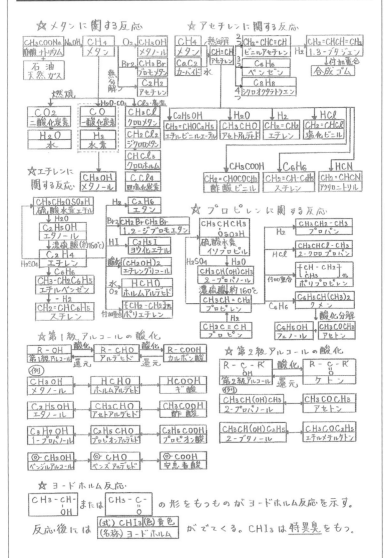

☆ エタノールに関する反応

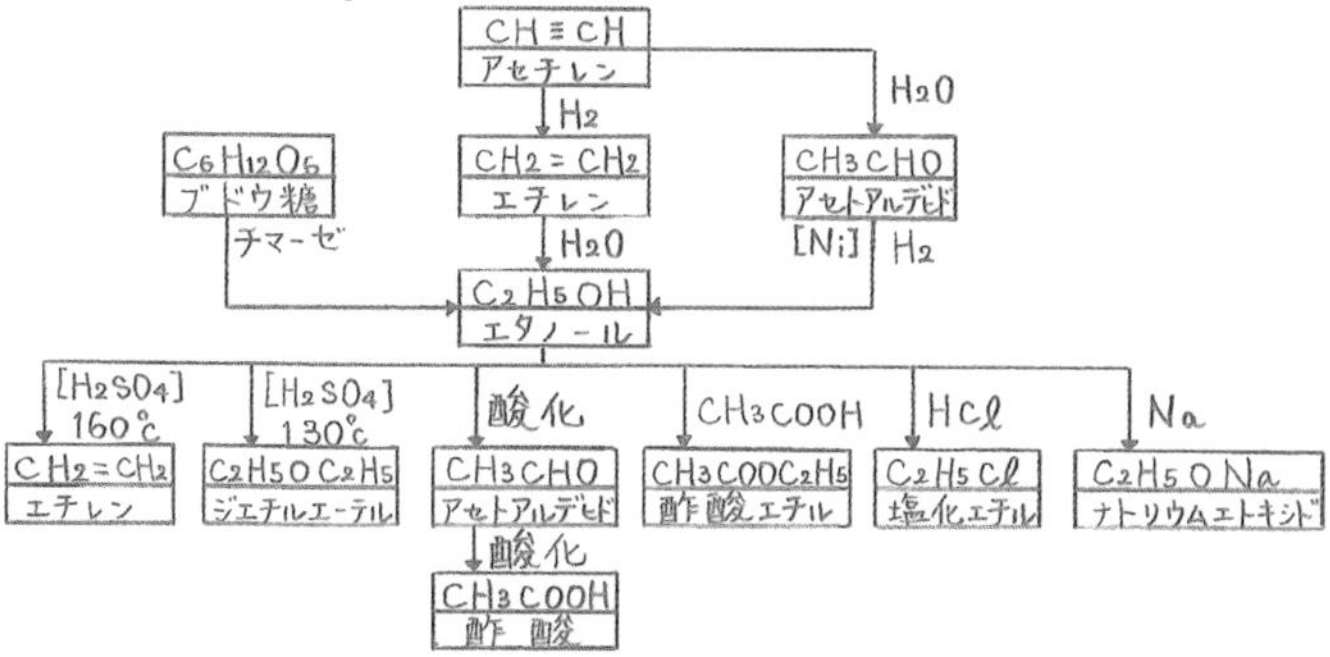

☆ ベンゼンに関する反応

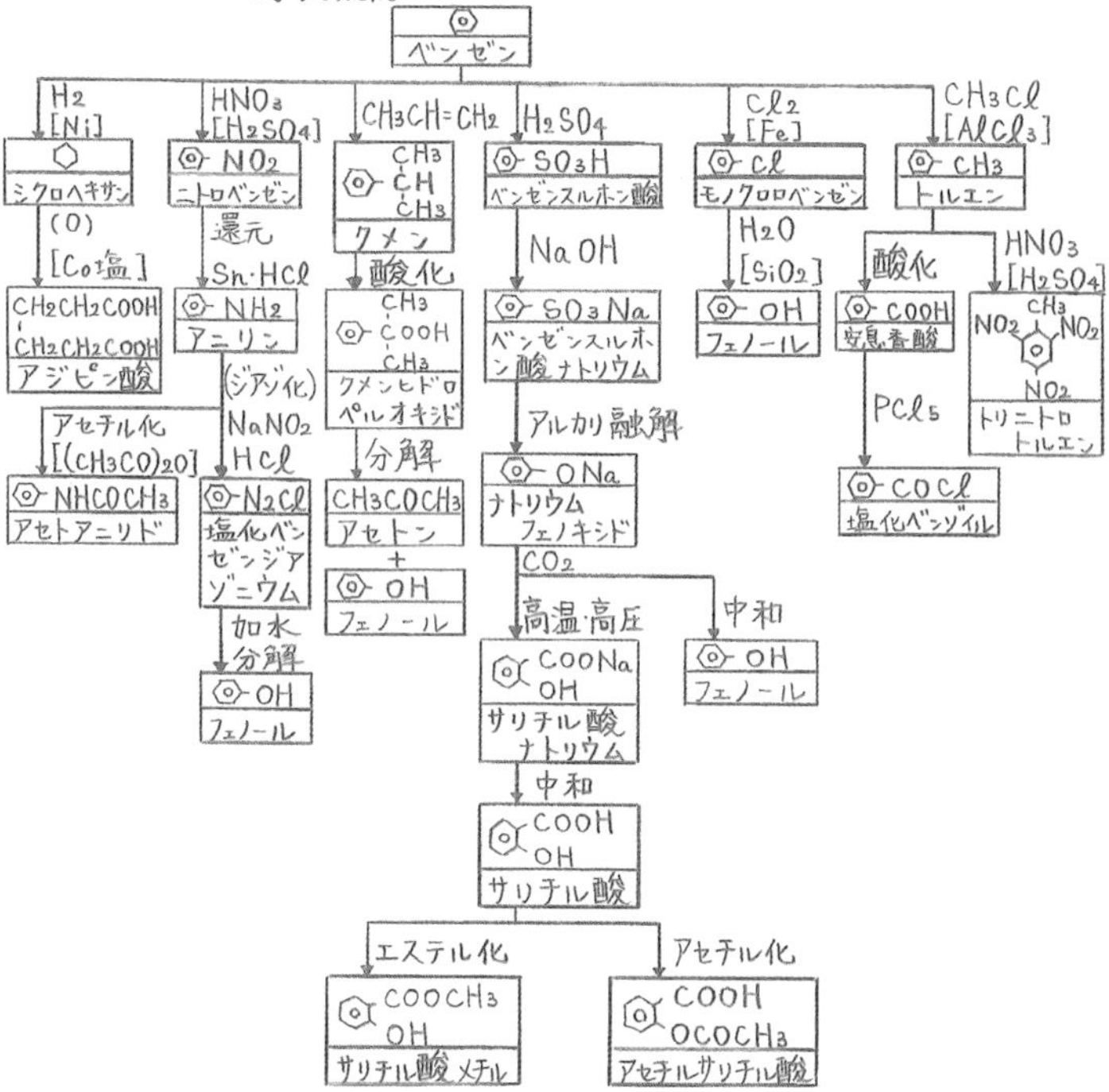

単位など

ギリシャ文字の読み方 α アルファ β ベータ γ ガンマ δ デルタ ε イプシロン η イータ θ シータ λ ラムダ μ ミュー ν ニュー π パイ ρ ロー σ シグマ ω オメガ

SI 基本単位 長さ m メートル 質量 kg キログラム 時間 s びょう 電流 A アンペア 熱化学温度 K ケルビン 物質量 mol モル 光度 cd カンデラ

SI 接頭語（10の整数乗倍の単位を表すときに使う） 10^{12} じゅうのじゅうにじょう T テラ 10^{9} じゅうのきゅうじょう G ギガ 10^{6} じゅうのろくじょう M メガ 10^{3} じゅうのさんじょう k キロ 10^{-3} じゅうのマイナスさんじょう m ミリ 10^{-6} じゅうのマイナスろくじょう μ マイクロ 10^{-9} じゅうのマイナスきゅうじょう n ナノ 10^{-12} じゅうのマイナスじゅうにじょう p ピコ

固有の名称を持つ SI 組立単位 振動数 Hz ヘルツ 力 N ニュートン 圧力 Pa パスカル エネルギー・仕事・熱量 J ジュール 仕事率 W ワット 電気量・電荷 C クーロン 電圧・電位 V ボルト 電気容量 F ファラド 電気抵抗 Ω オーム 磁束《じそく》 Wb ウェーバ 磁束密度 T テスラ インダクタンス H ヘンリー

基礎定数 真空中の光の速さ c シー アボガドロ定数 N_A エヌエー 万有引力定数 G ジー 真空の透磁率《とうじりつ》 μ_0 ミューゼろ 真空の誘電率 ε_0 イプシロンぜろ 電気素量 e イー 電子の比電荷 $\frac{e}{m_e}$ エムイーぶんのイー 気体定数 R アール 標準状態・理想気体の体積 V_m ブイエム

力学

「速さ」と「速度」の違いは？ はやさとそくどのちがいは？ 「速さ」は大きさのみ表し、「速度」は大きさと向きを表す。「はやさ」はおおきさのみあらわし、「そくど」はおおきさとむきをあらわす。 **位置座標 x_1 から x_2 への変位は？** いちざひょう えっくすわんからえっくすつーのへんいは？ $x_2 - x_1$ エックスツーマイナスエックスワン **単位時間あたりの座標の変化は？** 速度 そくど **大きさと向きを含むものは？** おおきさ と むきをふくむものは？ ベクトル べくとる **単位時間の速度の変化量は？ またそれは、ベクトルかスカラーか？** たんいじかんの そくどの へんかりょう は？ またそれは、べくとるか すからーか？ 加速度、ベクトル かそくど、べくとる **「速度の向き」と「加速度の向き」が同じとき、減速か、加速か？**「そくどのむき」と「かそくどのむき」がおなじとき、げんそくか、かそくか？ 加速 かそく **等加速度運動の公式は？** とうかそくどうんどうのこうしきは？ $v = v_0 +$

at, $x = v_0t + \frac{1}{2}at^2$ $v^2 - v_0^2 = 2ax$ ブイ イコール ブイぜろ プラス エーティー，エックス イコール ブイゼロティー プラス にぶんのいちエーティーにじょう ブイにじょう マイナス ブイぜろにじょう イコール にエーエックス **$v-t$グラフの傾きは？** ブイ マイナス ティーグラフのかたむきは？ 加速度 a かそくどエー **鉛直投げ上げの公式は？** えんちょくなげあげのこうしきは？ $v = v_0 - gt$, $y = v_0t - \frac{1}{2}gt^2$ $v^2 - v_0^2 = 2gy$ ブイ イコール ブイぜろ マイナス ジーティー，ワイ イコール ブイぜろティー マイナス にぶんのいちジーティーにじょうブイにじょう マイナス ブイぜろにじょうイコール マイナス にジーワイ **投げ上げで、最高点の速度は？** なげあげで、さいこうてんのそくどは？ $v = 0$ ブイ イコール ぜろ **投げ上げで、最高点の高さは？** なげあげで、さいこうてんのたかさは？ $h = \frac{v_0^2}{2g}$ エイチイコールにジーぶんのブイぜろのにじょう **斜方投射の公式は？** しゃほうとうしゃのこうしきは？ $v_x = v_0\cos\theta$, $v_y = v_0\sin\theta - gt$ $x = v_0\cos\theta\cdot t$, $y = v_0\sin\theta\cdot t - \frac{1}{2}gt^2$ ブイエックス イコール ブイぜろ コサインシータ，ブイワイイコールブイぜろ サインシータ マイナス ジーティー エックス イコール ブイぜろ コサインシータ ティー，ワイイコールブイぜろサインシータティー マイナス にぶんのいちジーティーにじょう **速度v_1の物体から速度v_2の物体を見たときの相対速度は？** そくどブイいちのぶったいからそくどブイにのぶったいをみたときのそうたいそくどは？ $v_2 - v_1$ ブイツー マイナス ブイワン **最大摩擦力は？** さいだいまさつりょくは？ $F_m = \mu N$ μ：静止摩擦係数 エフエム イコール ミューエヌ ミュー：せいしまさつけいすう **物体に外力が働けば、「速度」が生ずるのではなく、何が生ずるか。** ぶったいにがいりょくがはたらけば、「そくど」がしょうずるのではなくなにがしょうずるか。 加速度 かそくど **運動方程式と式が表す意味は？** うんどうほうていしきとしきがあらわすいみは？ $ma = F$ 質量mの物体に外力Fを加えると加速度aが生じる。 エムエー イコール エフ しつりょうエムのぶったいにがいりょくエフをくわえるとかそくどエーがしょうじる。 **質量mと重さWの関係は？** しつりょうエムとおもさダブリューのかんけいは？ $mg = W$ エムジー イコール ダブリュー **仕事率の定義は？** しごとりつのていぎは？ 単位時間あたりの仕事 たんいじかんあたりのしご

と　**基準点よりhだけ高い位置の物体がもつ位置エネルギーは？**　きじゅんてんよりエイチだけたかいいちのぶったいがもついちえねるぎーは？　mgh　エムジーエイチ　**xだけ伸び縮みしたばねの弾性エネルギーは？**　エックスだけのびちぢみしたばねのだんせいえねるぎーは？　$\frac{1}{2}kx^2$　にぶんのいちケーエックスのにじょう　**保存力は？**　ほぞんりょくは？　重力　弾性力　クーロン力　じゅうりょく　だんせいりょく　くーろんりょく

波

媒質の振動方向と波の進行方向が平行な波、垂直な波、をそれぞれ何というか。　ばいしつの しんどうほうこうと なみのしんこうほうこうがへいこうな なみ、すいちょくな なみ、をそれぞれなんというか。縦波、横波　たてなみ、よこなみ　**波長λ、周期Tの波の速さvは？**　はちょうラムダ、しゅうきティーの なみのはやさブイは？　$v=\frac{\lambda}{T}$　ブイ イコール ティーぶんのラムダ　**振動数f、波長λの波の速さvは？**　しんどうすうエフ、はちょうラムダの なみのはやさブイは？　$v=f\lambda$　ブイ イコール エフラムダ　**反射の際、半波長分の位相差が起こるのは、自由端反射か、固定端反射か。**　はんしゃのさい、はんはちょうぶんの いそうさが おこるのは、じゆうたんはんしゃか、こていたんはんしゃか。固定端反射　こていたんはんしゃ　**波長のわずかに異なる2つの波が重なると、振幅が交互に大小を繰り返す波ができる。この現象をなんというか。**　はちょうの わずかに ことなる ふたつの なみが かさなると、しんぷくが こうごに だいしょうをくりかえす なみができる。このげんしょうを なんというか。うなり　うなり　**振動数f、f_0（$f \fallingdotseq f_0$）の波が重なるとき生ずるうなりの数nは？**　しんどうすうエフ、エフぜろ（エフ ニアリーイコール エフぜろ）のなみがかさなるとき しょうずるうなりのかずエヌは？　$n=|f-f_0|$　エヌ イコール ぜったいち エフ マイナス エフぜろ　**同位相の波の干渉が強め合う条件は？**　どういそうのなみのかんしょうがつよめあうじょうけんは？（経路差）＝（波長の整数倍）（けいろさ）イコール（はちょうのせいすうばい）　**弦の固有振動では、固定端は節か？　腹か？**　げんのこゆうしんどうではこていたんはせつか？　はらか？　節　せつ　**自由端は節か？　腹か？**　じゆうたんはせつか？　はらか？　腹　はら　**50 m/sで走っている列車から、進行方向に50 m/sの速さでピストルの弾を打ち出せば、弾は地面に対して何m/sでとぶか。**　ごじゅうメートルま

物理マントラ

いびょうで はしっているれっしゃから、しんこうほうこうに ごじゅうメートルまいびょう のはやさでピストルのたまを うちだせば、たまは じめんにたいして なんメートルまいびょうでとぶか。 100 m/s ひゃくメートルまいびょう **50 m/sで走っている列車が、音速340 m/sの音を出すと、音は列車の進行方向にいくらの速さで伝わるか。** ごじゅうメートルまいびょうで はしっているれっしゃが、おんそく さんびゃくよんじゅうメートルまいびょうの おとを だすと、おとは れっしゃのしんこうほうこうにいくらの はやさで つたわるか。 340 m/s さんびゃくよんじゅうメートルまいびょう **振動数fの波源が速さvで接近してくるとき、静止観測者に観測される波の振動数は？** しんどうすうエフの はげんが はやさブイで せっきんしてくるとき、せいしかんそくしゃに かんそくされる なみの しんどうすうは？ $\frac{V}{V-v}f$ ラージブイマイナスブイ ぶんの ラージブイ エフ **振動数fの波源が速さvで離れて行くとき、静止観測者に観測される波の振動数は？** しんどうすうエフの はげんが はやさブイで はなれていくとき、せいしかんそくしゃに かんそくされる なみの しんどうすうは？ $\frac{V}{V+v}f$ ラージブイプラスブイ ぶんの ラージブイ エフ **振動数fの静止波源に、速さuで接近する運動観測者が観測する振動数は？** しんどうすうエフの せいしはげんに、はやさユーで せっきんする うんどうかんそくしゃが かんそくする しんどうすうは？ $\frac{V+u}{V}f$ ラージブイ ぶんの ラージブイプラスユー エフ **振動数fの静止波源から、速さuで離れる運動観測者が観測する振動数は？** しんどうすうエフの せいしはげんから、はやさユーで はなれる うんどうかんそくしゃが かんそくする しんどうすうは？ $\frac{V-u}{V}f$ ラージブイ ぶんの ラージブイマイナスユー エフ

電気

オームの法則は？ おーむのほうそくは？ $V = RI$ ブイ イコール アール アイ **電気を通す物質、電気を通しにくい物質をそれぞれ何というか。** でんきを とおす ぶっしつ、でんきを とおしにくい ぶっしつを それぞれなんというか。 導体、不導体 どうたい、ふどうたい **帯電体間で電荷の移動があっても、電気量の総和は変わらない。このことを何というか。** たいでんたいかんで でんかの いどうが あっても、でんきりょうの そうわは かわらない。このことを なんというか。 電気量保存の法

則 でんきりょう ほぞんの ほうそく　**磁石のまわりの空間は運動電荷に力を加える。この空間の名前は？** じしゃくの まわりの くうかんは うんどうでんかに ちからを くわえる。この くうかんの なまえは？ 磁界 じかい　**磁界をつくるのは何か。** じかいを つくるのは なにか。 電荷の運動 でんかのうんどう　**電流 I のつくる磁界 B の向きは、電流 I の向きとどんな関係にあるか。** でんりゅうアイの つくる じかいビーのむきは、でんりゅうアイの むきとどんなかんけいにあるか。 右ねじの法則 みぎねじの ほうそく **右ねじの法則では電流の向きを右ねじの進む向きに合わせたとき、何の向きが磁界の向きに一致しているか。** みぎねじの ほうそくでは でんりゅうの むきを みぎねじの すすむむきにあわせたとき、なにのむきが じかいのむきに いっちしているか。 ねじの回転 ねじの かいてん　**誘導電流が流れる方向は、磁界の変化をどのようにする向きか。** ゆうどうでんりゅうが ながれるほうこうは、じかいの へんかを どのようにするむきか。 変化を妨げる向き へんかを さまたげる むき　**フレミングの左手の法則で、中指・人差し指・親指は、それぞれ何の向きか。** ふれみんぐの ひだりての ほうそくで、なかゆび・ひとさしゆび・おやゆびは、それぞれなんの むきか。 電流・磁界・力 でんりゅう・じかい・ちから

原核細胞 核膜で囲まれた核をもたない細胞 **真核細胞《しんかくさいぼう》** 核膜で囲まれた核をもつ細胞 **染色体** 真核細胞《しんかくさいぼう》の核内にあり、遺伝情報をもつ構造体 **浸透圧** 半透膜によって水溶液と蒸留水を隔てたとき、蒸留水側から水溶液側に浸透しようとする水の圧力 **膨圧《ぼうあつ》** 植物細胞において、水が内部に浸透することにより、細胞が膨らんだときに生じる圧力 **原形質分離** 高張液《こうちょうえき》に浸した植物細胞において、原形質が収縮して細胞壁から離れる現象 **吸水力** 植物細胞が蒸留水から水を吸う力 **体細胞分裂** 分裂前後で染色体数が変化しない細胞分裂 **体細胞分裂間期** 細胞周期で、核の形態的変化が観察されない時期 **体細胞分裂前期** 核膜・核小体が消失し、染色体が太く短くなる **体細胞分裂中期** 紡錘体《ぼうすいたい》が完成し、すべての染色体が赤道面に並ぶ **体細胞分裂後期** 赤道面に並んだ各染色体が分離し、両極への移動が完了する **体細胞分裂終期** 細胞質分裂が起こる **上皮組織《じょうひそしき》** 多細胞動物の体の内外のすべての表面を被《おお》う組織 **結合組織** 組織と組織の間にあって、それらを支えたり、結びつけたりする組織 **神経組織** 神経系を構成する主要な組織 **筋組織《きんそしき》** 筋細胞が集まった組織 **無性生殖《むせいせいしょく》** 配偶子を用いない生殖法 **有性《ゆうせい》生殖** 配偶子を用いる生殖法 **減数分裂** 2回の連続した分裂によって染色体数の半減が起こる細胞分裂 **相同《そうどう》染色体** 減数分裂において対合《たいごう》する染色体 **始原生殖細胞《しげんせいしょくさいぼう》** 多細胞動物において、生殖細胞のもととなる細胞 **原腸《げんちょう》** 細胞の陥入《かんにゅう》により生じる外界《がいかい》と通じた空間 **原口《げんこう》** 陥入《かんにゅう》により生じた原腸《げんちょう》の外部への開口部 **遺伝子** 遺伝形質を支配する因子 **メンデルの遺伝の法則** 優性の法則、分離の法則、独立の法則 **連鎖** 同じ染色体上に存在する二つ以上の遺伝子が連なって遺伝する現象 **オーキシン** 植物ホルモンのうち、成長促進や落果・落葉の抑制などの作用をもつ物質 **限界暗期** 植物が花芽《かが》形成するために必要な最大あるいは最小限の連続した暗期の長さ **代謝《たいしゃ》** 生物体内で起こっている物質の化学反応 **同化** 外界から物質をとり入れ、それを材料に生物体を構成する物質を合成する働き **異化** 体内の有機物を簡単な物質に分解する働き **触媒《しょくばい》** 自身は反応の前後で変化せず化学反応の速度を速める物質 **基質特異性《きしつとくいせい》** 個々の酵素がそれぞれ特定の基質にだけ作用する性質 **嫌気《けんき》呼吸** 酸素を使わずに呼吸基質が部分的に分解される呼吸 **好気《こうき》呼吸** 酸素を用いて呼吸基質が水と二酸化炭素にまで分解される呼吸 **アルコール発酵** 嫌気呼吸の1つで、グルコースから二酸化炭素とエタノールを生成する反応 **乳酸《にゅうさん》発酵** 嫌気呼吸の1つで、グルコースから乳酸を生成する反応

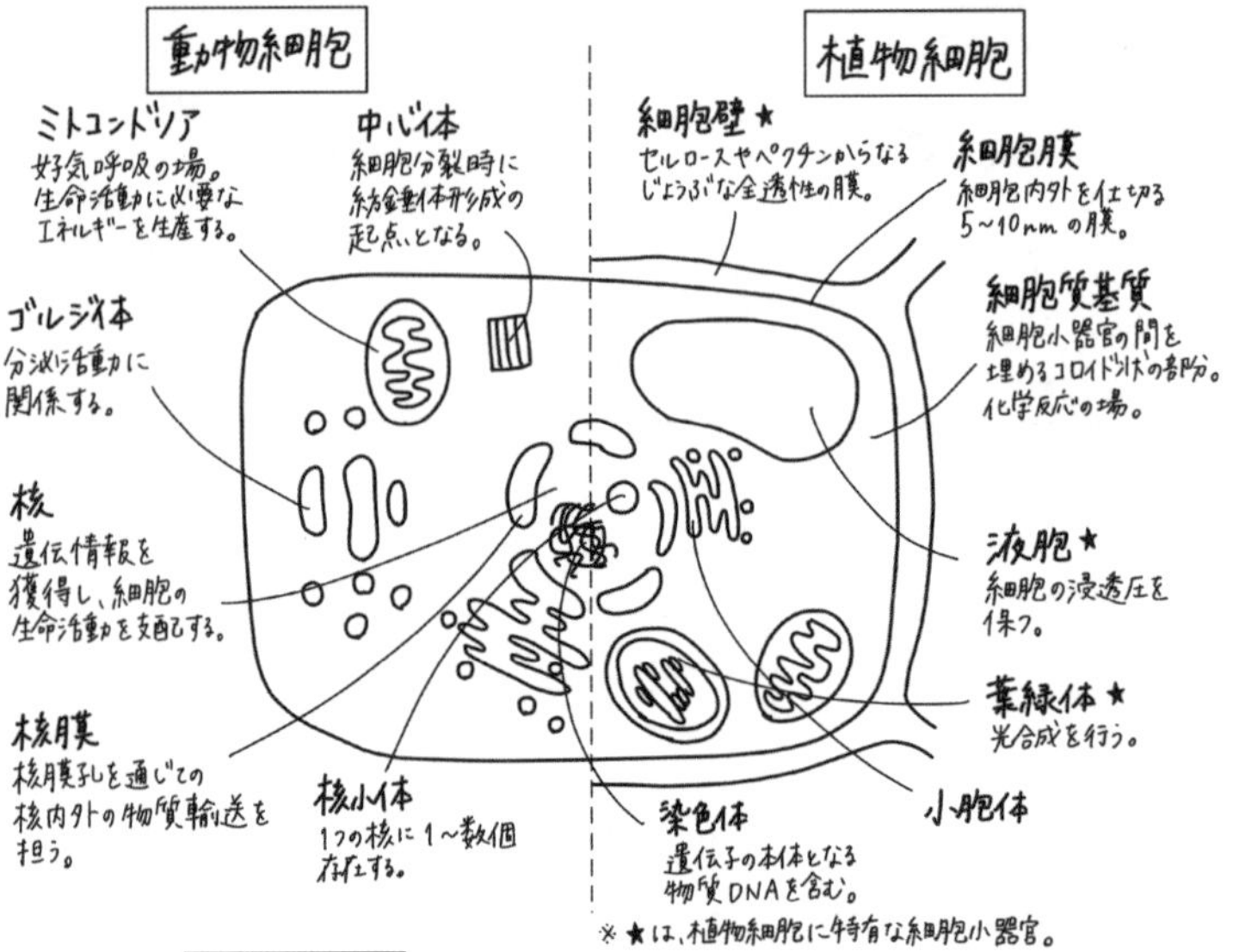
動物細胞
植物細胞
ミトコンドリア
好気呼吸の場。
生命活動に必要な
エネルギーを生産する。
中心体
細胞分裂時に
紡錘体形成の
起点となる。
ゴルジ体
分泌活動に
関係する。
核
遺伝情報を
獲得し、細胞の
生命活動を支配する。
核膜
核膜孔を通じての
核内外の物質輸送を
担う。
核小体
1つの核に1〜数個
存在する。
細胞壁★
セルロースやペクチンからなる
じょうぶな全透性の膜。
細胞膜
細胞内外を仕切る
5〜10nmの膜。
細胞質基質
細胞小器官の間を
埋めるコロイド状の部分。
化学反応の場。
液胞★
細胞の浸透圧を
保つ。
葉緑体★
光合成を行う。
染色体
遺伝子の本体となる
物質DNAを含む。
小胞体
※★は、植物細胞に特有な細胞小器官。

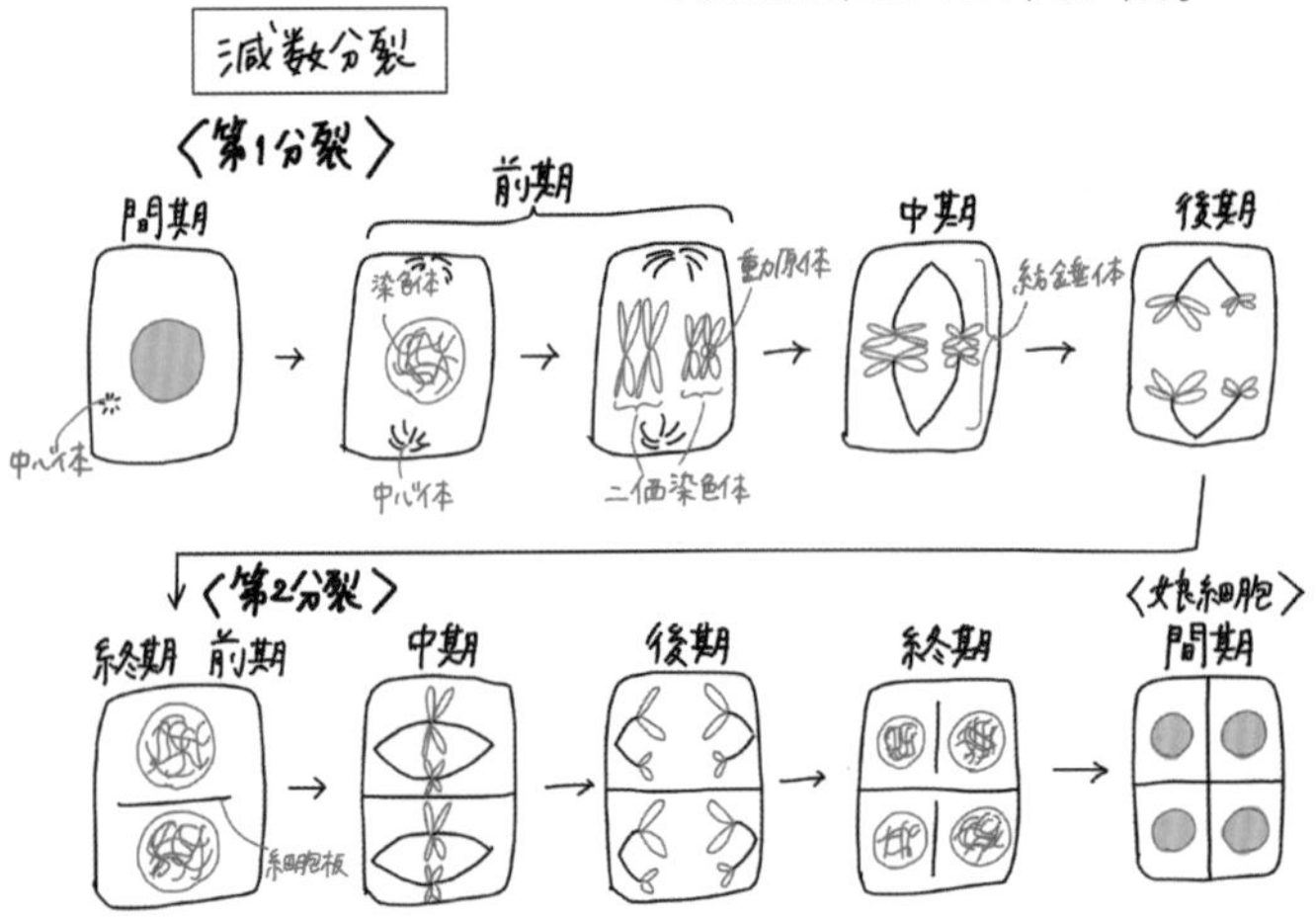
減数分裂
〈第1分裂〉
間期
前期
中期
後期
染色体
動原体
紡錘体
中心体
中心体
二価染色体
〈第2分裂〉
終期 前期
中期
後期
終期
〈娘細胞〉
間期
細胞板

タンパク質の合成

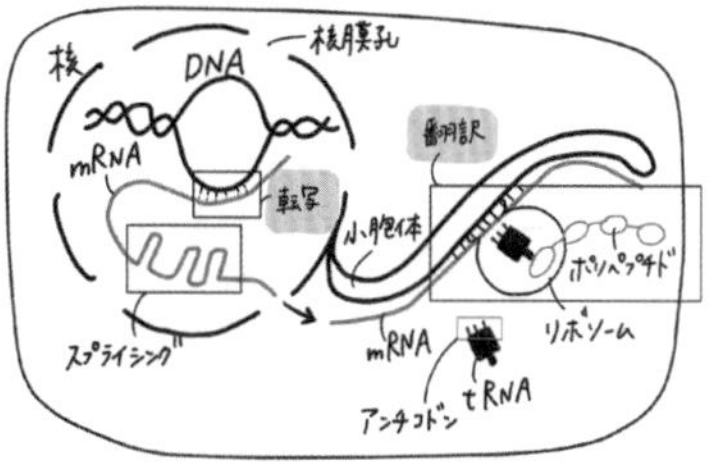

光－光合成曲線

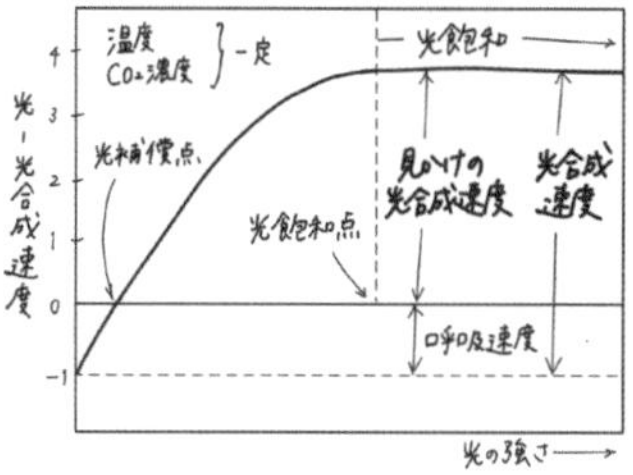

呼吸の反応

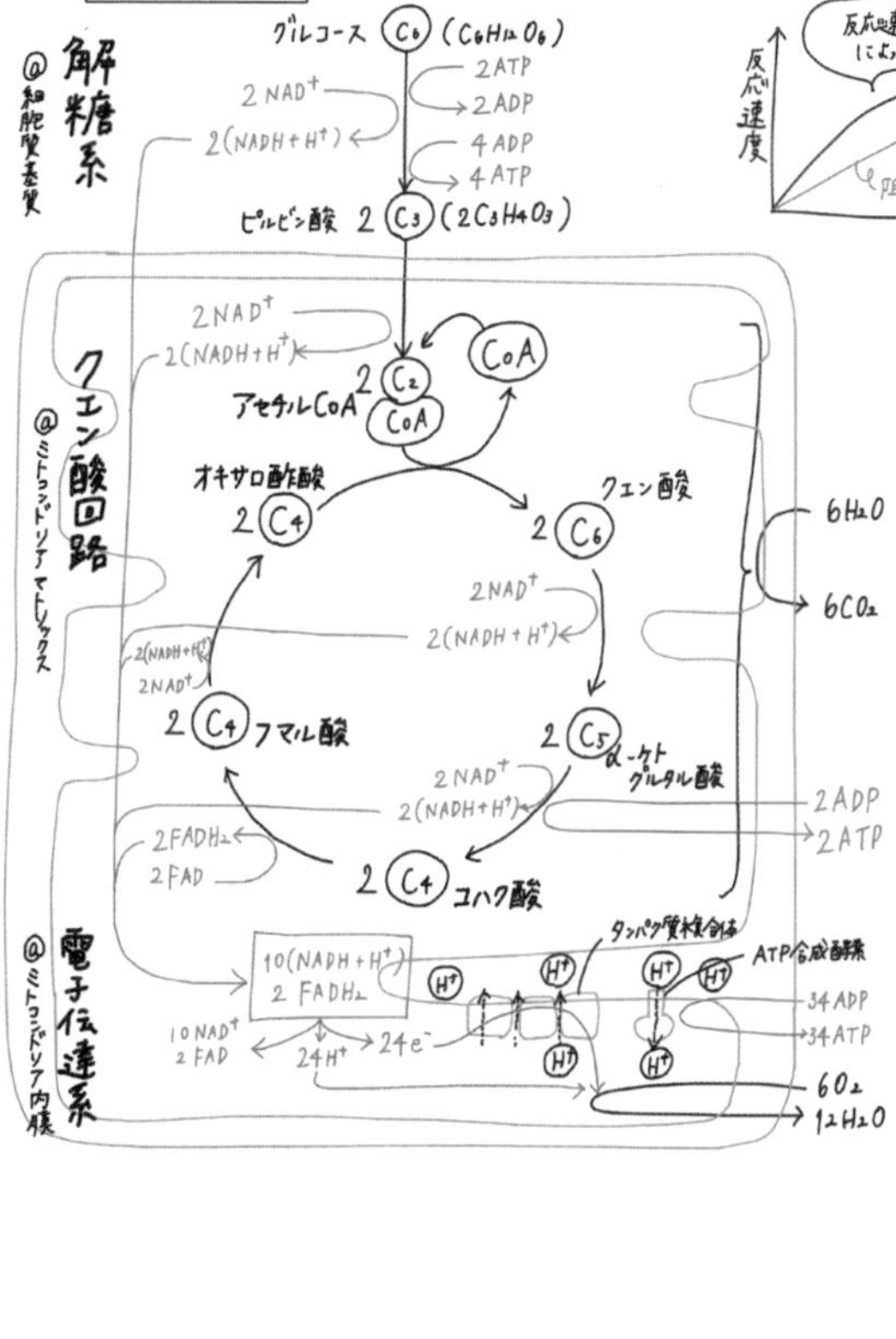

基質濃度と反応速度

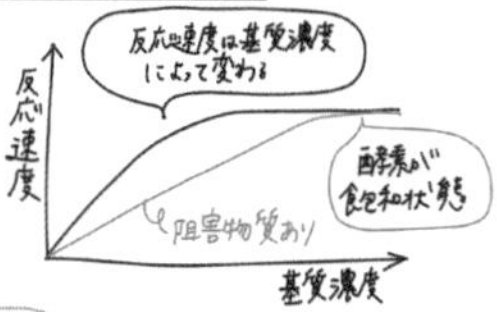

評論用語

神話《しんわ》 偶像《ぐうぞう》 啓示《けいじ》 超越《ちょうえつ》 体系《たいけい》 銘記《めいき》 風土《ふうど》 淘汰《とうた》 自我《じが》 固有《こゆう》 輪郭《りんかく》
優位《ゆうい》 受容《じゅよう》 変容《へんよう》 主題《しゅだい》 主眼《しゅがん》 享受《きょうじゅ》 吟味《ぎんみ》 吐露《とろ》 表白《ひょうはく》 誇張《こちょう》 修辞《しゅうじ》
珠玉《しゅぎょく》 類型《るいけい》 趣向《しゅこう》 磁場《じば》 透徹《とうてつ》 礼賛《らいさん》 結晶《けっしょう》 官能《かんのう》 余韻《よいん》 母語《ぼご》 語彙《ごい》
緒言《しょげん》 美学《びがく》 高踏《こうとう》 追体験《ついたいけん》 寓喩《ぐうゆ》 背馳《はいち》 不条理《ふじょうり》 因果律《いんがりつ》 風雅《ふうが》 造化《ぞうか》
発句《ほっく》 不可避《ふかひ》 言霊《ことだま》 遁世《とんせい》 戯作《げさく》 絶唱《ぜっしょう》 唯物論《ゆいぶつろん》 月並《つきなみ》 次元《じげん》 位相《いそう》 前《ぜん》
提《てい》 命題《めいだい》 属性《ぞくせい》 逆説《ぎゃくせつ》 洞察《どうさつ》 思惟《しい》 決定論《けっていろん》 省察《せいさつ》 思弁《しべん》 思索《しさく》 総括《そうかつ》
包摂《ほうせつ》 敷衍《ふえん》 援用《えんよう》 詭弁《きべん》 実存《じつぞん》 即物《そくぶつ》 懐疑《かいぎ》 直観《ちょっかん》 表象《ひょうしょう》 差異《さい》 領域《りょういき》
通念《つうねん》 秩序《ちつじょ》 因襲《いんしゅう》 鳥瞰《ちょうかん》 啓蒙《けいもう》 終焉《しゅうえん》 匿名《とくめい》 一回性《いっかいせい》 疎外《そがい》 媒介《ばいかい》 介《かい》
在《ざい》 雄弁《ゆうべん》 是認《ぜにん》 順境《じゅんきょう》 楽観《らっかん》 慎重《しんちょう》 希薄《きはく》 曖昧《あいまい》 弛緩《しかん》 野暮《やぼ》 凡庸《ぼんよう》
卑近《ひきん》 謙虚《けんきょ》 既知《きち》 能動《のうどう》 流動《りゅうどう》 多様《たよう》 巨視《きょし》 内発《ないはつ》 独白《どくはく》 前衛《ぜんえい》 異端《いたん》
架空《かくう》 虚構《きょこう》 模倣《もほう》 精神《せいしん》 自律《じりつ》 狭義《きょうぎ》 分析《ぶんせき》 潜在《せんざい》 主体《しゅたい》 観念《かんねん》 有機《ゆうき》
合理《ごうり》 必然《ひつぜん》 恒常《こうじょう》 世界《せかい》 宇宙《うちゅう》 コスモス 神《かみ》 超越者《ちょうえつしゃ》 宗教《しゅうきょう》 人間《にんげん》
自然《しぜん》 環境《かんきょう》 個《こ》 私《わたくし》 公《おおやけ》 文化《ぶんか》 文明《ぶんめい》 近代《きんだい》 主義《しゅぎ》 空間《くうかん》 時間《じかん》 知《ち》
識《しき》 学問《がくもん》 テクノロジー 情報《じょうほう》 秩序《ちつじょ》 混沌《こんとん》 カオス 二元論《にげんろん》 フィジカ
ル 形而下《けいじか》 メタフィジカル 形而上《けいじじょう》 意識《いしき》 無意識《むいしき》 潜在意識《せんざいいしき》 深層心《しんそうしん》
理《り》 概念《がいねん》 観念《かんねん》 理念《りねん》 イデア イメージ 心象《しんしょう》 イデオロギー パラダ
イム 理性《りせい》 悟性《ごせい》 感性《かんせい》 人為《じんい》 心身二元論《しんしんにげんろん》 精神《せいしん》 機械《きかい》 物質《ぶっしつ》 身体《しんたい》 人《じん》
工《こう》 分節《ぶんせつ》 自己同一性《じこどういつせい》 アイデンティティー 近代的自我《きんだいてきじが》 自我《じが》 自己《じこ》 ア
イデンティティーの危機《きき》 帰属意識《きぞくいしき》 比喩《ひゆ》 直喩《ちょくゆ》 明喩《めいゆ》 隠喩《いんゆ》 暗喩《あんゆ》 メ
タファー 擬人《ぎじん》 レトリック 象徴《しょうちょう》 シンボル 情報化《じょうほうか》 メディア 媒《ばい》
体《たい》 コミュニケーション マスメディア マスコミュニケーション 虚構《きょこう》
ノンフィクション リアリティ 絶対《ぜったい》 相対《そうたい》 一義《いちぎ》 一元《いちげん》 多義《たぎ》 多元《たげん》 一《いっ》
般《ぱん》 普遍《ふへん》 特殊《とくしゅ》 個別《こべつ》 演繹《えんえき》 帰納《きのう》 還元《かんげん》 具体《ぐたい》 具象《ぐしょう》 捨象《しゃしょう》 抽象《ちゅうしょう》
合理《ごうり》 不合理《ふごうり》 非合理《ひごうり》 分析《ぶんせき》 総合《そうごう》 アナロジー 類比《るいひ》 類推《るいすい》 対比《たいひ》 二項《にこう》
対立《たいりつ》 ディジタル アナログ 有機《ゆうき》 無機《むき》 主体《しゅたい》 客体《きゃくたい》 対象《たいしょう》 主観《しゅかん》
客観《きゃっかん》 自律《じりつ》 他律《たりつ》 能動《のうどう》 受動《じゅどう》 ペシミズム 悲観《ひかん》 厭世《えんせい》 オプティミズ
ム 楽天《らくてん》 ポジティブ ネガティブ 聖《ひじり》 俗《ぞく》 先験《せんけん》 先天《せんてん》 アプリオリ
後天《こうてん》 創造《そうぞう》 模倣《もほう》 本音《ほんね》 建前《たてまえ》 生理《せいり》 心理《しんり》 逆説《ぎゃくせつ》 パラドックス 矛盾《むじゅん》
撞着《どうちゃく》 二律背反《にりつはいはん》 皮肉《ひにく》 アイロニー 価値《かち》 原理《げんり》 体系《たいけい》 システム 因果《いんが》
偏見《へんけん》 固定観念《こていかんねん》 先入観《せんにゅうかん》 拘束《こうそく》 束縛《そくばく》 制約《せいやく》 ファジー 契機《けいき》 遠近法《えんきんほう》
信仰《しんこう》 崇拝《すうはい》 想像力《そうぞうりょく》 交感《こうかん》 対話《たいわ》 常識《じょうしき》 コモンセンス 禁忌《きんき》 タブー
アニミズム 共通感覚《きょうつうかんかく》 無為《むい》 個人主義《こじんしゅぎ》 集団主義《しゅうだんしゅぎ》 ヒューマニズム 利《り》
己主義《こしゅぎ》 エゴイズム 家族主義《かぞくしゅぎ》 共同体《きょうどうたい》 文化相対主義《ぶんかそうたいしゅぎ》 文明開化《ぶんめいかいか》 和魂《わこん》

洋才《ようさい》 弁証法《べんしょうほう》 テーゼ 実証《じっしょう》 命題《めいだい》 措定《そてい》 定立《ていりつ》 止揚《しよう》 揚棄《ようき》 実存《じつぞん》 テキスト コード 文脈《ぶんみゃく》 コンテクスト 韻文《いんぶん》 散文《さんぶん》 強迫観念《きょうはくかんねん》 優越感《ゆうえつかん》 コンプレックス 劣等感《れっとうかん》 追体験《ついたいけん》 ユーモア 諧謔《かいぎゃく》 滑稽《こっけい》 グロテスク 風刺《ふうし》 寓話《ぐうわ》 無常《むじょう》 儚《はかな》さ 幽玄《ゆうげん》 侘《わ》び 寂《さ》び 辞世《じせい》 ロマン主義 ロマンティシズム 浪漫主義《ろうまんしゅぎ》 リアリズム 叙情《じょじょう》 郷愁《きょうしゅう》 ノスタルジー 享楽《きょうらく》 禁欲《きんよく》 虚無《きょむ》 ニヒル 相貌《そうぼう》 趨勢《すうせい》 恣意《しい》 懐疑《かいぎ》 詮索《せんさく》 模索《もさく》

古文単語

あはれなり しみじみとした趣がある おもしろし 楽しい・風流な をかし 趣がある 美《うつく》し 小さくてかわいい 愛《かな》し 深く心をうたれるほどかわいい 労痛《らうた》し かわいい 優《いう》なり 優美だ・上品だ 生《なま》めかし 優美だ 艶《えん》なり 優美だ 麗《うるは》し きちんとしている 真実《まめ》なり 誠実だ 後《うし》ろ安《やす》し 将来が安泰だ 懐《なつ》かし 心ひかれる ゆかし 見たい・聞きたい・知りたい 有《あ》り難《がた》し めったにない 畏《かしこ》し おそれおおい 双無《さうな》し 比類ない・立派だ 恥《は》づかし 立派だ 愛《め》でたし すばらしい・立派だ 宜《よろ》し 悪くない 悪《あ》し 悪い 悪《わろ》し よくない 止《や》む事無《ごとな》し 高貴だ・身分が高い 有《あ》らまほし 理想的だ・好ましい 貴《あて》なり 上品だ 心憎《こころにく》し 奥ゆかしい 付《つ》き付《づ》きし につかわしい・ふさわしい 目安《めやす》し 感じがよい 好《す》き好《ず》きし 風流だ 隈無《くまな》し はっきりした 著《しる》し はっきりした 果果《はかばか》し しっかりした 大人《おとな》し しっかりしている 大人大人《おとなおとな》し 大人びている 長長《をさをさ》し 大人びている 実実《まめまめ》し まじめだ 懇《ねんご》ろなり 親しい 憂《う》し 不快だ うたてし 不快だ 心《こころ》付《づ》き無《な》し 不快だ 付《つ》き無《な》し ふさわしくない 難《むつか》し うっとうしい うるさし わずらわしい 所狭《ところせ》し きゅうくつだ 後《うしろ》目《め》痛《た》し 気がかりだ 覚束《おぼつか》なし 気がかりだ 心許無《こころもとな》し 気がかりだ 便無《びんな》し 具合が悪い 不便《ふびん》なり 不都合だ あいなし つまらない 寂寂《さうざう》し つまらない 味気無《あぢきな》し つまらない 寂《さび》し もの足りない 徒然《つれづれ》なり 退屈だ・つまらない 口惜《くちを》し 残念だ・情けない 惜《あたら》し 残念だ 悔《くや》し 残念だ 侘《わ》びし つらい 怪《あや》し 身分が低い 卑《いや》し 身分が低い 唯《ただ》 ひたすら 果無《はかな》し むなしい・たよりない かまし うるさい 徒《あだ》なり いいかげんだ 疎《おろ》かなり いいかげんだ 徒《いたづ》らなり むなしい・ひまである あさまし 驚きあきれた いとほし 気の毒だ 難《かた》し むずかしい 傍《かたは》ら痛《いた》し みっともない 凄《すさ》まじ 興ざめだ 端《はした》なし みっともない あからさまなり ほんのちょっと 賢《さか》し りこうぶった 賢《かしこ》し 尊い 稚《いは》けなし 子供っぽい 性無《さがな》し たちが悪い なめし 無礼だ 目覚《めざ》まし 心外だ 心無《こころな》し 分別がない 連《つ》れ無《な》し 無関心だ 未《ま》だし 未熟だ 更《さら》なり 言うまでもない 理《ことわり》なり 当然だ ゆくりなし 突然だ 即《すなは》ち すぐに 漸《やうや》う しだい

に　やがて　そのまま　斜《なの》めなり　普通だ　並《な》べて　普通　例《れい》　普通　理無《わりな》し　どうしようもない　文無《あやな》し　筋が通らない　忌《い》みじ　大変だ・並々でない　おどろおどろし　大げさだ　言痛《こちた》し　大げさだ　事事《ことごと》し　大げさだ　ゆゆし　並々でない　忌《い》ま忌《い》まし　不吉だ　切《せち》なり　痛切だ　強《あなが》ちなり　強引だ　無下《むげ》なり　ひどい　漫《すず》ろなり　むやみやたらである　然《さ》ながら　そのまま　流石《さすが》に　そうはいってもやはり　猶《なほ》　やはり　然《さ》るは　そうはいっても　中中《なかなか》　かえって　如何《いか》で　どうして・何とかして～たい　何時《いつ》しか　はやく　な～そ　～するな　え～打消　～できない　煩《わづら》ふ　～しかねる・苦しむ　よも～じ　まさか～まい　更《さら》に～打消　決して～ない　つゆ～打消　少しも～ない　かけて～打消　少しも～ない　長長《をさをさ》～打消　ほとんど～ない　つやつや～打消　少しも～ない　何《な》でふ　どうして　聞《き》こゆ　申し上げる　給《たま》ふ　お与えになる　御座《おは》す　いらっしゃる　乱《らう》がはし　やかましい　愛《め》づ　ほめる・感動する　珍《めづら》し　すばらしい　被《かづ》く　かぶる・いただく　傅《かしづ》く　大切に育てる　物《もの》す　行く・くる　具《ぐ》す　連れて行く　行《おこな》ふ　仏道修行をする　障《さは》る　邪魔される・さしつかえる　怠《おこた》る　休む　やつす　目立たなくする　時《とき》めく　寵愛される　驚《おどろ》く　目がさめる　念《ねん》ず　がまんする　眺《なが》む　物思いに沈む　あはれがる　悲しがる　目守《まも》る　じっと見る　厭《いと》ふ　嫌う　侘《わ》ぶ　なやむ・困る　気色《けしき》　様子　頼《たよ》り　よりどころ　験《しるし》　霊験・ご利益　契《ちぎ》り　約束　設《まう》け　準備　つとめて　翌朝・早朝　文《ふみ》　書物・漢文　故《ゆゑ》　理由・風情・由緒　徒歩《かち》　徒歩　有《あ》らぬ　別の・他の　有《あ》りつる　先ほどの・以前の　罵《ののし》る　大騒ぎする・うわさが立つ　契《ちぎ》る　約束する・結婚する　をこがまし　ばからしい　飽《あ》かず　もの足りない・飽きることがない　更《さら》なり　言うまでもない　辛《から》し　つらい　等閑《なほざり》なり　ほどほどである　匂《にほ》ふ　美しく照りはえる・つややかで美しい　言《い》い遣《おこ》す　言ってよこす　夕《ゆう》されば　夕方になると　夜《よ》もすがら　夜通し　公《おほやけ》　天皇　月影《つきかげ》　月の光　年頃《としごろ》　長い間　例《れい》の　いつものように　悩《なや》む　病気になる　集《すだ》く　群がる　あから目《め》　よそ見　頓《とみ》に　急に　まだき　早くも　本意《ほい》なし　もの足りない　よすが　身を寄せる所　移《うつろ》ふ　色があせる・花が散る　託《かこ》つ　不平を言う　漬《ひ》つ　ぬれる　答《いら》ふ　返事をする　頑《かたく》ななり　頑固で気がきかない　怖《お》づ　恐れる　されば　だから　手《て》づから　自分の手で　有《あ》りし　以前の　かたへ　そば　いかがせむ　どうしようもない

古文読解のポイント

登場人物が出てくるたびに必ずマルをつける。会話文（＝言った文）や心内文（＝思った文）にかぎカッコをつける。「と・とて・など」の前が会話文や心内文であることが多い。接続助詞「ば・に・を・ど・ども」の後は

主語が変わる場合が多い。 接続助詞「て・で」の後は主語が変わらない場合が多い。 述語部分の敬語から主語を推測する。尊敬語が用いられている場合の主語は身分の高い人、尊敬語が用いられていない場合の主語は身分の高くない人であると考えられる。 強調の意味となる「ぞ・なむ・こそ」はカッコでくくって訳さない。疑問・反語の「や・か」はカッコでくくって疑問・反語の意味をそえる。 リード文や脚注を参考にする。

漢文読解

再読文字 **未** いまダ〜ず まだ〜しない **将** まさニ〜ントす いまにも〜しようとする **且** まさニ〜ントす いまにも〜しようとする **当** まさニ〜べし 当然〜すべきだ・きっと〜するにちがいない **応** まさニ〜べし 当然〜すべきだ・きっと〜するにちがいない **宜** よろシク〜べし 〜するのがよい **須** すべかラク〜べし 〜する必要がある **猶** なホ〜スルガごとシ ちょうど〜のようだ **盍** なんゾ〜ざル どうして〜しないのか・〜してはどうか **否定形** **不** ず 〜しない **無** なシ 〜がない **莫** なシ 〜がない **非** 〜ニあらズ 〜ではない **勿** なカレ 〜してはいけない **毋** なカレ 〜してはいけない **無不** 〜セざルハなシ 〜しないものはない **無非** 〜ニあらザルハなシ 〜でないものはない・みな〜である **無A不** 〜ざルハAトシテなシ どんなAでもみな〜する **未嘗不** いまダかつテ〜ずンバアラず いつもきっと〜した **不敢不** あヘテ〜ずンバアラず 〜しないわけにはいかない **不可不** 〜ざルベカラず 〜しなければならない **不必** かならズシモ〜ず 必ず〜するとは限らない **未必** いまダかならズシモ〜ず 必ず〜するとは限らない **必不** かならズ〜ず 必ず〜しない **不復** まタ〜ず もう二度と〜しない **復不** まタ〜ず 今度もまた〜しない **不常** つねニハ〜ず いつも〜するとは限らない **常不** つねニ〜ず いつも〜しない **不尽** ことごとクハ〜ず すべてが〜するとは限らない **尽不** ことごとク〜ず すべて〜しない **不倶** ともニハ〜ず 両方とも〜するとは限らない **倶不** ともニ〜ず 両方とも〜しない **不甚** はなはダシクハ〜ず それほど〜しない **甚不** はなはダ〜ず ひどく〜しない **不敢** あヘテ〜ず 決して〜しない・進んでは〜しない **無A無B** AトなクBトなク AとBの区別なくみな **無AB** ABトなク AとBの区別なくみな **疑問形・反語形** **何** いづレ どちら・どの いづクニカ どこ なにヲカ なにを なんノ どんな なんゾ どうして・なんであるか **何時** いづレノとき いつ **何処** いづレノところ どこ **何為** なんすレゾ どうして **何以** なにヲもつテカ どうして・どうやって **何由** なにニよリテカ どうして・どうやって **乎**

スルか　～するのか　んや　～しようか、いやしない　**何也**　なんゾや　どうしてか　**誰**　たれ　だれ　**孰**　たれ　だれ　いづレ　どちら　**安**　いづクンゾ　どうして　いづクニカ　どこ　**如何**　いかんゾ　どうして　いかんセン　どうしたらよいのか　**何如**　いかん　どうであるか　**感嘆形**　**～哉**　～かな　～だなあ　**豈不～哉**　あニ～ずや　なんと～ではないか　**何其～也**　なんゾそレ～や　なんとまあ～であろう　**不亦～乎**　また～ずや　なんと～ではないか　**受身形**　**為A所□**　Aノ～スルところトなル　Aに□される　**見**　る・らル　される　**被**　る・らル　される　**使役形**　**令A**　Aヲシテ～しム　Aに～させる　**使A**　Aヲシテ～しム　Aに～させる　**命A**　Aニめいジテ～シム　Aに命令して～させる　**遣A**　Aヲつかハシテ～シム　Aを派遣して～させる　**比較形**　**A不如B**　AハBニしかず　AはBに及ばない・AよりBの方がよい　**A不若B**　AハBニしカず　AはBに及ばない・AよりBの方がよい　**莫若**　～ニしクハなシ　～に及ぶものはない・～が一番だ　**無如**　～ニしクハなシ　～に及ぶものはない・～が一番だ　**寧A、無B**　むしロAトモ、Bなカレ　むしろAしても、Bするな　**寧A、不B**　むしロAトモ、Bず　むしろAしても、Bするな　**与其A、孰若B**　そノAセンよりハ、Bニいづレゾ　AよりBの方がよい　**限定形**　唯～　たダ～ノミ　ただ～だけだ　**独**　ひとリ～ノミ　ただ～だけだ　**耳**　～ノミ　～だけだ　**累加形**　**不唯～、亦～**　たダニノミナラず～、また～　ただ単に～だけでなく、また～でもある　**非独～、亦～**　ひとリ～ノミニあらズ、また～　ただ単に～だけでなく、また～でもある　**豈唯**　あニたダニ～ノミナランヤ　どうして～だけであろうか、いや～だけではない　**豈独**　あニひとリ～ノミナランヤ　どうして～だけであろうか、いや～だけではない　**抑揚形**　**A且～、況B乎**　Aスラかツ～、いはンヤBヲや　Aでさえ～だ。ましてBなら、なおさら～だ。　**願望形**　**願**　ねがハクハ～セヨ　どうか～してください　**請**　こフ～セヨ　どうか～してください　**仮定形**　**如～、**　もシ～バ、もし～ならば、　**若～、**　もシ～バ、もし～ならば、　**苟～、**　いやしクモ～バ、もし～ならば、　**縦**　たとヒ～トモ　たとえ～としても　**雖**　～トいへどモ　たとえ～であっても・～であるけれども　**漢文重要語**　**相**　しょう　宰相　**朕**　ちん　天子の自称　**小人**　しょうじん　つまらぬ人物　**人間**　じんかん　人の世　**大人**　たいじん　高徳者　**故人**　こじん　親友　**左右**　さゆう　王の側近　**夫子**　ふうし　先生・孔子　**君子**　くんし　道徳優れた人　**字**　あざな　実名以外の名　**遠慮**　えんりょ　先まで見通す考え　**百姓**　ひゃくせい　人民　**伯楽**　はくらく　優れた指導者　**傑・紂**　けっ・ちゅう　暴君の代名詞　**断腸**　だんちょう　つらく悲しいこと　**諫言**　かんげん　主君の非を諫めること　**師**　し　軍隊

ここは、
「黒流マントラ・ヤントラ」の
最後のページです。

the End

黒流マントラ・ヤントラを始める場合、
<<<<<< 巻末からページをめくってください

改訂第《かいていだい》2版《はん》　E判定《はんてい》からの限界突破勉強法《げんかいとっぱべんきょうほう》

2024年1月31日　初版発行
2024年3月20日　再版発行

監　修／南極流宗家《なんきょくりゅうそうけ》
著　者／柏村真至《かしむらまさし》、武田康《たけだやすし》、村田明彦《むらたあきひこ》、弓場汐莉《ゆばしおり》、与那嶺隆之《よなみねたかゆき》

発行者／山下直久
発　行／株式会社KADOKAWA
〒102-8177　東京都千代田区富士見2-13-3
電話 0570-002-301（ナビダイヤル）

●お問い合わせ
https://www.kadokawa.co.jp/（「お問い合わせ」へお進みください）
※内容によっては、お答えできない場合があります。
※サポートは日本国内のみとさせていただきます。
※Japanese text only

定価はカバーに表示してあります。

印刷所／図書印刷株式会社　製本所／図書印刷株式会社

ISBN 978-4-04-606705-0　C7030

本書は2010年に刊行した『E判定からの限界突破勉強法』を
再編集、再構成した内容になっています。

カバーデザイン／Isshiki（石川清香）
本文デザイン、DTP／Isshiki（河野博之）
章扉の写真／トラ（photolibrary）
校正／合同会社鼎
スペシャルサンクス／大学受験塾ミスターステップアップ
編集協力／坂野りんこ
編集／清水静子（KADOKAWA）